「外国人住民票」
その渉外民事実務上の課題と対応

日本司法書士会連合会「外国人住民票」検討委員会　[編]

発行　民事法研究会

序

　平成24年7月9日に施行された住民基本台帳法の一部を改正する法律により、外国人住民についても住民基本台帳法の適用対象とされました。その結果、外国人住民にも世帯ごとに住民票が編成されることになり、さらに、平成25年7月8日から、外国人住民も住民基本台帳ネットワークシステムおよび住民基本台帳カードの適用の対象となることになりました。

　この法改正を受けて、平成24年5月に日本司法書士会連合会「外国人住民票」検討委員会編として『外国人住民票の創設と渉外家族法実務』を発刊したところ、実務家を始め多くの方々に活用されています。

　本書は、この『外国人住民票の創設と渉外家族法実務』の続編と位置づけることができるもので、法改正による影響を、とりわけ登記実務に与える影響について、実務的視点から多くの問題点を指摘しています。私たちは、今後もこれらの問題の解決を模索するとともに、「外国人との共生社会」のあり方についても併せて問題意識を持つ必要があると思います。本書が、多くの方に利用されるとともに、これら諸問題解決のための一助になれば望外の喜びです。

　最後に、本書の刊行にあたり、執筆・編集にご尽力いただいた当連合会「外国人住民票」検討委員会の委員各位に深甚の謝意を表します。

　平成25年6月

　　　　　　　　　　　　　日本司法書士会連合会
　　　　　　　　　　　　　　会長　細　田　長　司

まえがき

「全国に隈なく均在する司法書士は、日本に在留する外国人住民の生活に寄り添いながら日々生起する民事法上の問題に関するアシストを行い、外国人住民の市民生活の円滑な営みに助力しているところである」(平成25年3月26日法務省入国管理局長宛て日本司法書士会連合会「外国人住民にかかる渉外民事実務の課題について(提言)」前文より)

私が入管法等が改正されるとの報に接したのは、2006年(平成18年)の夏頃と記憶している。

2007年(平成19年)には「法の適用に関する通則法」の施行、2008年(平成20年)には国籍法3条1項の最高裁違憲判決を受けた改正国籍法の施行と、渉外民事実務・渉外家事実務に欠かせない改正法の施行が続いた後に、2009年(平成21年)3月「入管法等改正法案」「住基法改正法案」が国会に上程された。両法案は、一部修正の後に同年7月8日に国会で成立、同年7月15日に公布された。いずれの法も、2012年(平成24年)7月9日に施行されている。

渉外民事・家事事件の当事者となる者の多くは、「入管法」「入管特例法」が定める在留資格を有し、「外国人住民票」の対象者となる外国人住民である。本書の基本モチーフは、「入管法等改正法」「住基法改正法」の施行が、外国人住民の渉外民事実務、渉外家事実務にどのような変化と問題点をもたらしたのか、その問題点を克服するにはどのような課題があるのか、それらを司法書士の職務領域から提起することにある。

この2年間、私の脳裏に浮かんでは消える言葉があった。「多文化社会」「共生社会」「本質は細部に宿る」「個別から普遍へ」。他方で、次の言葉を自戒を込めて噛みしめていた。「今ではなく、10年後20年後をみつめる」「問題を次世代に先送りしない」「解決の糸口を示して次世代に継承する」。

日本司法書士会連合会(日司連)「外国人住民票」検討委員会(委員会)は、期間を2年間とするアドホックな委員会である。2011年6月開催の日司連定

時総会で、組織員提案により設置が決定された。その設置の趣旨は、「『外国人住民票』が在留外国人の思いと利便性を看過している点が多々あるので、『外国人住民票』の在り方を検討しその改善策について提言を行う」ことであった。約2年間の委員会の活動がその趣旨を叶える活動ができたかどうかは、前著『外国人住民票の創設と渉外家族法実務』(民事法研究会)と本書から汲み取っていただければ幸いである。

　ここでは、2013年(平成25年) 3月26日、日司連執行部に、法務省民事局宛て「質問書」と総務省自治行政局外国人住民基本台帳室宛て「質問書」を提出したこと。同日、法務省入国管理局に赴き、委員会の意見をとりまとめた「日司連提言書」を直接手渡したこと。それにより、委員会の活動を終えたことを述べるに留めたい。

　平成24年度の委員会の活動も多くの方々に支えられた(本書の補章参照)。「仮住民票」を提供していただいた司法書士ほかの皆さん、「外国人住民票に関するアンケート」に協力していただいた自治体担当者の皆さん、「今後の在留外国人の身分登録」についてのご意見を賜った6名の司法書士の皆さん、委員会の細部にわたる質問に3回にわたって丁寧にお答えいただいた法務省入国管理局入国管理企画室の皆さん、突然の訪問にもかかわらず親切に応対していただいた浜松市役所の国際企画調整課の方と「ワンストップサービス」の職員の皆さん、「外国人住民票に関するアンケート」をお寄せいただいた全国の司法書士の皆さん、そして、細田長司日司連会長、山本一宏日司連専務理事、櫻井清日司連常任理事を始めとする日司連の役員の皆さんである。とりわけ、委員会の伴走者であった加藤憲一日司連常任理事と委員会の雑務をこなしていただいた三浦太郎日司連事務局員には感謝の念でいっぱいである。

　前著同様に、本書も㈱民事法研究会から出版して頂くことになった。出版事情の良くないこの時期に、本書出版を快く引き受けていただいた田口信義代表取締役、前著と同じく編集作業を担っていただいた田中敦司編集部長に謝意を表したい。

　最後に、昨年6月から本年5月までの約1年の間、共に「走りながら考え、

まえがき

考えながら走りぬいた」委員会の各位、姜信潤副委員長、高山駿二委員、北田五十一委員、大和田亮委員に心から感謝するともに、本書刊行の祝杯をともに酌み交わしたい。

2013年5月

日本司法書士会連合会「外国人住民票」検討委員会

委員長　西　山　慶　一

※本書は、前著『**外国人住民票の創設と渉外家族法実務**』の姉妹書である。改正法の内容そのものは前著において詳しく述べているので、本書と併せて前著もお読みいただくと幸いである。

日本司法書士会連合会「外国人住民票」検討委員会編
『「外国人住民票」その渉外民事実務上の課題と対応』

目　次

第1章　入管法等改正法および改正住基法施行と渉外実務をめぐる法制度の概要

■本章の概要■ ……………………………………………………………… 2

1　「外国人住民票」・外国人住民の「印鑑登録証明」の概要 …… 3

はじめに ……………………………………………………………… 3

(1) 外国人住民票の概要 ………………………………………………… 3

　(A) 外国人住民票の主な記載事項 …………………………………… 3

　　(a) 氏　名 ………………………………………………………… 3

　　(b) 出生の年月日 ………………………………………………… 4

　　(c) 世帯主についてはその旨、世帯主でない者については世帯主の氏名および世帯主との続柄 ……………………………… 4

　　(d) 住所および住所を定めた年月日 …………………………… 5

　　(e) 住所を定めた旨の届出年月日および従前の住所 ………… 5

　　(f) 国籍・地域 …………………………………………………… 5

　　(g) 外国人住民となった年月日 ………………………………… 5

　　(h) 通　称 ………………………………………………………… 5

　　(i) 通称の記載および削除に関する事項 ……………………… 6

　(B) 外国人住民に関する主な記載等の手続 ………………………… 6

　　(a) 届出に基づく処理——世帯主との続柄の変更届 ………… 6

　　(b) 職権に基づく処理 …………………………………………… 6

目 次

　　　(c)　通称の記載等の処理 ································· 7
(2)　外国人住民の「印鑑登録証明」の概要 ······················· 10
　　(A)　印鑑登録の資格 ·· 10
　　(B)　登録できる印鑑 ·· 10
　　(C)　印鑑登録原票 ·· 10
　　(D)　印鑑登録証明書 ·· 11
　　(E)　印鑑登録の抹消 ·· 11
　　(F)　旧外登法に基づき外国人登録原票に登録されている者が受けた
　　　　 印鑑の登録の取扱い ···································· 11
おわりに ··· 12

2　「みなし在留カード等」──その見分け方と使用する主な法的場面 ················ 15

はじめに──「みなし在留カード等」とは何か ························· 15
(1)　外国人登録証明書がみなし在留カード等になるかどうかの見
　　 分け方 ··· 16
　　〈図１〉　旧外登法施行規則別記第５号様式甲 ················ 16
　　〈図２〉　入管法施行規則別記第７号様式 ···················· 18
　　〈図３〉　入管法施行規則第７号の２様式 ···················· 18
(2)　みなし在留カード等の有効期間 ···························· 19
　　(A)　中長期在留者の外国人登録証明書の場合 ················ 19
　　(B)　特別永住者の外国人登録証明書の場合 ·················· 19
　　〔表１〕　みなし在留カードの有効期間 ······················ 20
　　〔表２〕　みなし特別永住者証明書の有効期間 ················ 20
(3)　みなし在留カード等が在留カード等とみなされる主な法的
　　 場面 ··· 21
　　(A)　入管法・入管特例法上の手続とみなし在留カード等 ······ 21
　　(B)　住基法上の手続とみなし在留カード等 ·················· 22

(C)　戸籍法、供託法、不動産登記法の各種手続とみなし在留カード等 ……22
　　(D)　平成24年6月25日民一第1550号民事局長通達とみなし在留カード等 …………………………………………………………………………24
　　　(a)　「法例の一部を改正する法律の施行に伴う戸籍事務の取扱いについて」（平成元年10月2日民二第3900号民事局長通達）の変更 ……………………………………………………………………24
　　　(b)　「戸籍事務に関して国籍を韓国と認定する資料について」（平成5年4月9日民二第3319号民事局長通達）の変更 …………24
〔表3〕　改正前（平成24年7月8日まで）の在留資格・在留期間（入管法施行規則（昭和56年10月28日法務省令第54号）別表第2（第3条関係）） ………………………………………………………25

3　入管法等改正法・改正住基法施行に伴う関連法の改正と各種通達の発出 ……………………………………………28

　はじめに ……………………………………………………………………28
　(1)　戸籍法関連の改正 ……………………………………………………28
　　(A)　戸籍謄本等の請求の際の本人確認書類の改正 ………………28
　　　(a)　戸籍謄本等の請求の際の本人確認書類 ……………………28
　　　(b)　除籍謄本等の請求や届書書類等の閲覧・証明請求の本人確認、創設的届出における本人確認、不受理申出の際の申出人の本人確認書類 ……………………………………………28
　　(B)　戸籍通達平成24年6月25日民一第1550号民事局長通達による取扱いの変更 ……………………………………………………………29
　　　(a)　「在日朝鮮人又は台湾人の婚姻、養子縁組等の届出を受理する場合の要件具備の審査方法」（昭和30年2月9日民事甲第245号民事局長通達） ……………………………………29
　　　(b)　「氏又は名に用いる文字の取扱いに関する通達等の整理について」（昭和56年9月14日民二第5537号民事局長通達、最

目 次

　　　　　　終改正平成13年6月15日民一第1544号通達）……………………30
　　　　(c) 「法例の一部を改正する法律の施行に伴う戸籍事務の取
　　　　　　扱いについて」（平成元年10月2日民二第3900号民事局長通達、
　　　　　　最終改正平成13年6月15日民一第1544号通達）………………31
　　　　(d) 「戸籍事務に関して国籍を韓国と認定する資料について」
　　　　　　（平成5年4月9日民二第3319号民事局長通達）………………31
　　　　(e) 「戸籍法及び戸籍法施行規則の一部改正に伴う戸籍事務
　　　　　　の取扱いについて」（平成20年4月7日民一第1000号民事局長
　　　　　　通達、最終改正平成22年5月6日第1080号通達）………………31
　　(C) 「戸籍届書の標準様式の一部改正について」（平成24年6月25日
　　　　民一第1551号民事局長通達）による取扱いの変更 ………………32
　(2) 不動産登記法関連の改正 ………………………………………………32
　　(A) 登記識別情報の提供ができない場合の本人確認書類 ……………32
　　(B) 「不動産登記事務手続準則の一部改正について」（平成24年6月
　　　　6日民一第1416号民事局長通達）…………………………………33
　　(C) 「入管法等改正法の施行に伴う不動産登記事務等の取扱いにつ
　　　　いて」（平成24年6月6日民二第1417号民事局長通達）……………33
　　(D) 「入管法等改正法及び住基法改正法の施行に伴う不動産登記にお
　　　　ける添付情報の取扱いについて」（平成24年6月6日民二補佐官事
　　　　務連絡）…………………………………………………………………34
　(3) 商業登記法関連の改正――「商業登記等事務取扱準則の一部
　　　改正について」（平成24年6月29日民商第1602号民事局長通達）…………34
　(4) 供託法関連の改正 ………………………………………………………35
　　(A) 供託物払渡しの際の印鑑証明書の添付不要の際の提示書類……35
　　(B) 「入管法等改正法等の施行に伴う供託事務の取扱いについて」
　　　　（平成24年6月28日民商第1597号民事局長通達）………………35

4　入国管理局に集積される「外国人住民」の情報 …………37

はじめに ………………………………………………………………37
(1) 入国管理局に集積される外国人住民の情報の内容 ……………37
　(A) 在留カードおよび特別永住者証明書の記載事項 ……………38
　　(a) 在留カードの記載事項 ……………………………………38
　　(b) 特別永住者証明書の記載事項 ……………………………39
　(B) 住居地の届出および変更 ………………………………………39
　　(a) 中長期在留者の場合 ………………………………………39
　　(b) 特別永住者の場合 …………………………………………40
　(C) 住居地以外の情報の変更 ………………………………………40
　　(a) 中長期在留者の場合 ………………………………………40
　　(b) 特別永住者の場合 …………………………………………41
　(D) 集積される情報の正確性の向上 ………………………………41
(2) 市町村長から法務大臣に通知される外国人住民の情報 ………42
　(A) 改正住基法施行日前における仮住民票の情報の通知 ………42
　(B) 改正住基法施行日における外国人住民票の情報の通知 ……42
　(C) 改正住基法施行日以降の届出および変更情報の通知 ………43
　　(a) 中長期在留者の場合 ………………………………………43
　　(b) 特別永住者の場合 …………………………………………44
　　(c) 市町村の通知事務の性質 …………………………………45
　(D) 審査、職権による住民票の記載、消除、記載の修正をした場合の
　　 通知 …………………………………………………………………45
(3) 入国管理局に集積される外国人住民の情報の開示 ……………48
　(A) 外国人登録原票に記載されていた情報 ………………………48
　(B) 在留カードまたは特別永住者証明書の交付を受けている者の情報 ……49
おわりに ………………………………………………………………49
　(A) 外国人登録原票に記載されていた情報 ………………………49

(B) 「世帯主についてはその旨、世帯主でない者については世帯主の
　　　氏名及び世帯主との続柄」……………………………………………49
　　(C) 「通称」「通称の記載及び削除に関する事項」……………………50

第2章　「改正住基法」施行後の渉外民事実務に関する問題点

■本章の概要■ ……………………………………………………………54

1　「仮住民票」から移行した「外国人住民票」の問題点 ……55

　はじめに …………………………………………………………………55
　(1) 仮住民票の作成とその記載内容 ………………………………………55
　　(A) 仮住民票事務処理要領の発出 ………………………………………55
　　(B) 仮住民票の作成対象者 ………………………………………………55
　　(C) 仮住民票の主な記載事項 ……………………………………………55
　　　(a) 氏　名 ……………………………………………………………56
　　　(b) 出生の年月日 ……………………………………………………56
　　　(c) 世帯主についてはその旨、世帯主でない者については世
　　　　帯主の氏名および世帯主との続柄 ……………………………56
　　　(d) 住所および住所を定めた年月日 ………………………………57
　　　(e) 住所を定めた旨の届出の年月日（職権で記載した場合には
　　　　その年月日）および従前の住所 ………………………………57
　　　(f) 通　称 ……………………………………………………………57
　　　(g) 通称の記載および削除に関する事項 …………………………58
　　　(h) 国籍・地域 ………………………………………………………58
　　(D) 外国人住民予定者への通知 …………………………………………58

- (2) 仮住民票から移行した外国人住民票の問題点 …………………58
  - (A) 氏名の問題 …………………………………………………59
    - (a) 簡体字（繁体字）表記から正字表記に職権で変更した氏名 ……59
    - (b) 氏名の変更履歴の消滅 …………………………………59
  - (B) 変更履歴が消滅した「通称」の問題 ……………………59
  - (C) 「住所を定めた年月日」が不明の問題 …………………60
  - (D) 「従前の住所」が不明の問題 ……………………………60
- おわりに …………………………………………………………60

2 法務省への「外国人登録原票」の開示請求手続の問題点 …………64

- はじめに ……………………………………………………………64
- (1) 外登法廃止前の登録原票の開示制度 ……………………………64
  - (A) 登録原票に記載されていた事項 ……………………………64
  - (B) 旧外登法の登録原票の開示 …………………………………65
  - (C) 閉鎖登録原票の開示 …………………………………………66
- (2) 外登法廃止後の登録原票に係る開示（現在） …………………66
  - (A) 登録原票に係る開示請求 ……………………………………67
    - (a) 開示請求権（開示請求者） ………………………………67
    - (b) 開示請求できる対象 ………………………………………67
    - (c) 保有個人情報の開示義務 …………………………………67
    - (d) 開示請求の手続 ……………………………………………67
    - (e) 本人等確認書類の提出 ……………………………………68
    - (f) 開示請求書の様式 …………………………………………69
    - (g) 開示手数料 …………………………………………………69
    - (h) 開示請求先 …………………………………………………70
  - (B) 死亡した外国人に係る登録原票の写しの交付請求 …………70
    - (a) 交付請求者 …………………………………………………70

目 次

   (b)　本人等確認書類の提出 …………………………………………70
   (c)　交付請求書の様式 ………………………………………………70
   (d)　交付手数料 ………………………………………………………71
   (e)　交付請求先 ………………………………………………………71
  (C)　開示または交付の態様と問題点 ……………………………………71
   (a)　開示請求の場合 …………………………………………………71
   (b)　交付請求の場合 …………………………………………………71
   (c)　具体例 ……………………………………………………………72
   (d)　開示（交付）請求手続の問題点 ………………………………74
 (3)　出入（帰）国記録に係る開示請求 ……………………………………74
  (A)　開示請求者 ………………………………………………………………75
  (B)　開示請求ができる対象 …………………………………………………75
  (C)　開示請求の手続 …………………………………………………………75
  (D)　本人等確認書類の提出 …………………………………………………75
  (E)　開示請求書の様式 ………………………………………………………75
  (F)　開示手数料 ………………………………………………………………75
  (G)　開示請求先 ………………………………………………………………75
 おわりに ……………………………………………………………………………75
 〔表4〕　各種開示請求、交付請求の比較 ………………………………………77
 〔表5〕　各種開示請求、交付請求の本人等確認書類 …………………………79

3　外国人住民の住所・氏名等の変更をめぐる不動産登記手続の問題点 ………80

 はじめに ……………………………………………………………………………80
 (1)　登記名義人の住所・氏名（通称を含む）変更登記手続の場合 ………80
  (A)　住所変更の場合 …………………………………………………………81
   (a)　仮住民票の記載 …………………………………………………81
   (b)　平成24年7月8日以前に住所移転をした場合の問題点 ………81

		(B)	氏名変更の場合 …………………………………………81
			(a) 仮住民票の記載 ………………………………………81
			(b) 平成24年7月8日以前に氏名変更をした場合の問題点 ………82
			(c) 簡体字（繁体字）表記氏名の場合 ………………………83
			(d) カタカナ表記氏名の場合 …………………………………83
		(C)	通称の変更の場合 ………………………………………83
	(2)	住所・氏名（通称を含む）の履歴の消去等に対する対応 ………84
		(A)	住所の履歴の消去等に対する対応 ……………………………84
			(a) 平成24年7月8日以前に住所移転をした場合 …………84
			(b) みなし在留カード等の活用 ………………………………85
		(B)	氏名の履歴の消去等に対する対応 ……………………………85
			(a) 平成24年7月8日以前に氏名変更をした場合 …………85
			(b) 簡体字（繁体字）の氏名表記の場合 ……………………86
			(c) カタナカ表記氏名の場合 …………………………………86
		(C)	通称の履歴の消去等に対する対応 ……………………………86
	おわりに ……………………………………………………………87

4 外国人住民票の「世帯事項」の意義と問題点 …………91

	はじめに ……………………………………………………………91
(1)	外国人住民の「世帯」の変更届と「世帯主との続柄」………91
	(A) 世帯事項の変更届 ……………………………………………91
	(B) 世帯事項の記載内容 …………………………………………92
	(a) 個人票・世帯票と世帯主 …………………………………92
	(b) 実際の世帯主が中長期在留者等ではない場合 …………92
	(c) 「世帯主との続柄」の記載 ………………………………92
(2)	外国人住民の「世帯主との続柄」変更の職権記載 …………93
	(A) 外国人住民と日本人が同一世帯の場合 ……………………93
	(a) 住所地の市町村長の処理 …………………………………93

(b)　住所地以外の地の市町村長の処理 …………………………93
　　(B)　外国人同士が住所地以外の市町村で戸籍に関する届出等をした
　　　場合 ………………………………………………………………………93
　(3)　外国人住民のみに義務づけられる「世帯主との続柄」の変更届 ……93
　　(A)　外国人住民の「世帯主との続柄」の変更届義務 ……………………93
　　(B)　「世帯主との続柄」の変更届を要しない場合 …………………………94
　(4)　外国人住民の「世帯主との続柄」を証する文書 ……………………95
　　(A)　「世帯主との続柄」を証する文書の添付義務 …………………………95
　　(B)　「世帯主との続柄」を証する文書の内容 ………………………………95
　　(C)　「世帯主との続柄」を証する文書の添付が必要な届出 …………………95
　　(D)　「世帯主との続柄」を証する文書の添付が不要な場合 …………………96
　(5)　「世帯事項」の効用と問題点 ……………………………………………97
　　(A)　「世帯事項」の効用 ……………………………………………………97
　　(B)　「世帯事項」の問題点 …………………………………………………97
　　　(a)　本国の身分登録証明書取得の困難性 ………………………………97
　　　(b)　短期保存期間の問題 …………………………………………………97
　　　(c)　法務大臣による情報公開 ……………………………………………98

第3章　外国人住民の今後の渉外民事実務上の課題

■本章の概要■ ……………………………………………………………………102

1　外国人住民の身分情報の入手をめぐる課題 ………………………103
　はじめに ………………………………………………………………………103
　(1)　外国人住民票の「世帯主との続柄」 ……………………………………104

(2)　本国の身分登録簿へのアクセス ……………………………106
　(3)　在留外国人の渉外戸籍に関する届出 ………………………107
　　(A)　日本における外国人に係る身分変動事実（出生・死亡）に関する報告的届出 ……………………………………………108
　　〔表6〕　外国人の出生数・死亡数（2011年）……………………108
　　(B)　日本における外国人に係る婚姻・離婚に関する創設的届出 …………109
　　　(a)　日本人・外国人間の婚姻・離婚の場合 ………………109
　　〔表7〕　日本人・外国人の婚姻件数・離婚件数（2011年）………109
　　　(b)　外国人同士の婚姻・離婚等の場合 ……………………110
　　〔表8〕　外国人同士の婚姻件数・離婚件数（2011年）……………111
　　(C)　日本における外国人に係る離婚に関する報告的届出 ………112
　　　(a)　日本人・外国人間の日本の裁判所の離婚判決に関する報告的届出 ………………………………………………112
　　　(b)　外国人同士の日本の裁判所の離婚判決に関する報告的届出 …112
　(4)　在留外国人に関する渉外戸籍届書等の保存と受理証明書 …………113
　　(A)　渉外戸籍届書等の保存と保存期間 ………………………113
　　　(a)　管轄法務局に保存される日本人・外国人間の渉外戸籍届書 …113
　　　(b)　市町村に保存される戸籍記載不要の届書の保存 ………113
　　　(c)　市町村の受付帳の保存 …………………………………113
　　(B)　届書の受理証明書・記載事項証明書の交付請求 …………114
　　〈図4〉　戸籍法施行規則附録第21号書式（第66条関係）………114
　(5)　外国人住民の身分情報の入手をめぐる課題 ………………115
　おわりに …………………………………………………………116

2　外国人住民の氏名・住所その他の記録の保存をめぐる課題 ……………………………………………………122

　はじめに …………………………………………………………122
　(1)　外国人住民票の保存 …………………………………………122

(A)　氏名の変更 …………………………………………………123
　　　(B)　住所の変更 …………………………………………………123
　　(2)　外国人登録原票の保存と保存期間 ………………………………123
　　(3)　入国管理局等に集約される外国人住民情報の保存 ……………124
　　　(A)　外国人住民の住居地届出に関する市町村長から法務大臣への通知 …124
　　　(B)　外国人住民票の記載等の市町村長から法務大臣への通知 ………124
　　(4)　戸籍法上の届出書類等の保存と保存期間 ………………………125
　　　(A)　受附帳の作成と保存 ………………………………………125
　　　(B)　届出書の受理または不受理の証明書 ……………………125
　　　(C)　戸籍記載後の届書類の保存 ………………………………125
　　　(D)　戸籍の記載不要届書類の保存 ……………………………126
　　　　(a)　死亡届 …………………………………………………126
　　　　(b)　出生届 …………………………………………………126
　　　　(c)　婚姻届等 ………………………………………………126
　おわりに ……………………………………………………………………126

補章　日本司法書士会連合会の法改正に対する取組み

■本章の概要■ ……………………………………………………………130

1　検討委員会の発足から改正法の施行まで（2011年8月5日〜2012年7月9日）……………………………………131

　(1)　はじめに …………………………………………………………131
　(2)　渉外実務に精通する司法書士とのワークショップの開催 ………132
　　　(A)　第1回（2011年8月26日） ………………………………132

(B) 第2回（2011年9月16日）……………………………………133
　　(C) 第3回（2011年10月7日）……………………………………133
　(3) 日司連、総務省自治行政局外国人住民基本台帳室へ「改正住基法令改正政令案」「改正住基法規則改正省令案」についての意見書を提出（2011年11月19日）……………………………………134
　(4) 書籍『外国人住民票の創設と渉外家族法実務』（民事法研究会）の発刊（2012年5月）……………………………………………135
　(5) 仮住民票のモデル収集と分析（2012年6月）……………………135
　(6) 公開報告会「知らないではすまされない外国人住民票」の開催（2012年6月23日）……………………………………………136
　(7) 外国人登録者総数上位100自治体への「外国人に係る住民票に関するアンケート」の実施（2012年6月27日）……………………137
　(8) 全国都道府県知事宛ての「外国人登録法廃止後の登録原票データの一部保有と開示」要望書の発送（2012年7月4日）……………137

2　改正法の施行から現在まで（2012年7月9日〜2013年3月末日）……………………………………………………139
　(1) はじめに……………………………………………………………139
　(2) 法務省民事局長宛ての照会文「外国人登録法廃止後の在留外国人の住所・氏名変更登記の取扱いについて」とその後の打合せの経緯（2012年8月8日・9月14日・12月21日）………………139
　(3) 司法書士との「今後の在留外国人の身分登録」に関する意見交換……………………………………………………………………140
　　(A) 第1回（2012年9月21日）……………………………………140
　　(B) 第2回（2012年10月12日）…………………………………141
　(4) 法務省入国管理局との連絡会……………………………………143
　　(A) 第1回連絡会（2012年9月18日）……………………………143
　　(B) 第2回連絡会（2012年11月21日）…………………………144

目 次

　(C) 第3回連絡会（2013年2月19日）……………………………………146
(5) 浜松市（外国人集住都市会議参加都市）への実状調査（2013年1月23日）……………………………………………………………………148
(6) 全国司法書士への「外国人住民票」に関するアンケートの実施（2013年2月）とその結果 …………………………………………150
(7) 検討委員会、①総務省自治行政局外国人住民基本台帳室宛て「『住民基本台帳法』の『外国人に係る住民票』関連についての質問書」と②法務省民事局宛て「『入管法等改正法』及び『住基法改正法』の施行に伴う渉外民事実務に関連する質問書」を日司連執行部に提出（2013年3月26日）……………………………153
(8) 日司連、法務省入国管理局長宛て「外国人住民に係る渉外民事実務の課題について（提言）」を提出（2013年3月26日）……………155

要領・通達

(1) 「印鑑登録証明事務処理要領」（平成24年1月20日総行住第8号通知、抄）……………………………………………………………………160
(2) 「住民基本台帳事務処理要領」（平成24年2月10日総行住第17号通知、抄）……………………………………………………………………163
(3) 「仮住民票に関する事務について」（平成24年2月10日総行住第19号通知、抄）…………………………………………………………181
(4) 「入管法等改正法等の施行に伴う不動産登記事務等の取扱いについて」（平成24年6月6日民二第1417号民事局長通達）……………190
(5) 「入管法等改正法及び改正住基法の施行に伴う不動産登記における添付情報の取扱いについて」（平成24年6月6日民事局第二課補佐官事務連絡）……………………………………………………………193

(6) 「入管法等改正法等の施行に伴う戸籍に関する従来の通達の取扱いについて」(平成24年6月25日民一第1550号民事局長通達) ………194
(7) 「入管法等改正法等の施行に伴う供託事務の取扱いについて」(平成24年6月28日民商第1597号民事局長通達)……………………197

資料Ⅰ

(1) 日司連の法改正に対する現在までの動き（年表）………………202
(2) 日司連、総務省自治行政局外国人住民票基本台帳室宛て「住基法施行令の一部を改正する政令の一部を改正する政令案」及び「住基法施行規則の一部を改正する省令の一部を改正する省令案」の意見募集に対して提出した意見書（2011年12月16日）……………207
(3) 日司連、外国人登録者総数上位100自治体宛て「外国人に係る住民票に関するアンケート」の実施(2012年6月27日)とその結果（抄）…212
(4) 日司連、全国都道府県知事宛てに発送した「外国人登録法廃止後の登録原票データの一部保有と開示について（要望）」（2012年7月4日）……………………………………………………218
(5) 日司連会長名による法務省民事局長宛て「外国人登録法廃止後の、在留外国人の住所・氏名変更登記の取扱いについて（照会）」（2012年7月）……………………………………………………219
(6) 外国人集住都市会議、「新たな在留管理制度及び外国人住民に係る住民基本台帳制度等に関する緊急提言書」(2012年8月1日、抄)……221
(7) 「外国人との共生社会」実現検討会議、「外国人との共生社会に向けて（中間的整理）」(2012年8月27日、抄) ………………225
(8) 日司連「外国人住民票」検討委員会、法務省入国管理局宛てに提出した「住民基本台帳法の『外国人に係る住民票』関連の質

目 次

　　　問書」(2012年9月18日)、同「補充質問」(2013年1月14日) ………… 228
(9)　日司連「外国人住民票」検討委員会、全国司法書士への「在留
　　　外国人にかかる登記申請手続に関するアンケート」の実施(2013
　　　年2月)とその結果(抄) ……………………………………………… 235

資料Ⅱ

日司連、法務省入国管理局長宛てに提出した「外国人住民に係る渉
外民事実務の課題について(提言)」(2013年3月26日) …………………… 246

- あとがき ……………………………………………………………… 261
- 執筆者一覧 …………………………………………………………… 264

〔凡　例〕

1　法　令

・入管法等改正法	出入国管理及び難民認定法及び日本国との平和条約に基づき日本の国籍を離脱した者等の出入国管理に関する特例法の一部を改正する等の法律（平成21年法律第79号）
・入管法	出入国管理及び難民認定法（昭和26年政令第319号）
・入管法令	出入国管理及び難民認定法施行令（平成10年政令第178号）
・入管法規則	出入国管理及び難民認定法規則（昭和56年法務省令第54号）
・入管特例法	日本国との平和条約に基づき日本の国籍を離脱した者等の出入国管理に関する特例法（平成3年法律第71号）
・入管特例法令	日本国との平和条約に基づき日本の国籍を離脱した者等の出入国管理に関する特例法施行令（平成23年政令第420号）
・入管特例法規則	日本国との平和条約に基づき日本の国籍を離脱した者等の出入国管理に関する特例法施行規則（平成3年法務省令第27号）
・整備経過措置政令	出入国管理及び難民認定法及び日本国との平和条約に基づき日本の国籍を離脱した者等の出入国管理に関する特例法の一部を改正する等の法律の施行に伴う関係政令の整備及び経過措置に関する政令（平成23年政令第421号）
・整備経過措置省令	出入国管理及び難民認定法及び日本国との平和条約に基づき日本の国籍を離脱した者等の出入国管理に関する特例法の一部を改正する等の法律の施行に伴う法務省関係省令の整備及び経過措置に関する省令（平成23年法務省令第43号）
・漢字告示	在留カード等の漢字氏名の表記等に関する告示（平成23年法務省告示第582号）
・（旧）外登法	入管法等改正法4条により廃止された外国人登録

凡 例

	法（昭和27年法律第125号）
・旧外登法令	整備経過措置政令 2 条 4 号により廃止された外国人登録法施行令（平成 4 年政令第339号）
・旧外登法規則	整備経過措置省令 2 条により廃止された外国人登録法施行規則（平成 4 年法務省令第36号）
・改正住基法	住民基本台帳法の一部を改正する法律（平成21年法律第77号）
・住基法	住民基本台帳法（昭和42年法律第81号）
・改正住基法令	住民基本台帳法施行令の一部を改正する政令（平成22年政令第253号）
・住基法令	住民基本台帳法施行令（昭和42年政令第292号）
・住基法規則	住民基本台帳法施行規則（平成11年自治省令第35号）
・改正住基法規則	住民基本台帳法施行規則の一部を改正する省令（平成22年総務省令第113号）
・通則法	法の適用に関する通則法（平成18年法律第78号）
・国籍法	国籍法（昭和25年法律第147号）
・戸籍法	戸籍法（昭和22年法律第224号）
・戸籍法規則	戸籍法施行規則（昭和22年司法省令第94号）
・不登法	不動産登記法（平成16年法律第123号）
・不登令	不動産登記令（平成16年政令第379号）
・不登規則	不動産登記規則（平成16年政令第379号）
・商登法	商業登記法（昭和38年法律第125号）
・商登規則	商業登記規則（昭和39年法務省令第23号）
・行政機関個人情報保護法	行政機関の保有する個人情報の保護に関する法律（平成15年法律第58号）

2　主要引用書等

・外国人登録要領	法務省入国管理局『平成12年 3 月外国人登録事務取扱要領・特別永住事務取扱要領』
・外国人登録要領別冊	法務省入国管理局『平成18年 3 月外国人登録事務取扱要領別冊（事例・重要通知集）』
・住基処理要領	住民基本台帳事務処理要領（昭和42年10月 4 日法務

	省民甲第2671号通知、最近改正平成24年2月10日総行住第17号)
・印鑑処理要領	印鑑登録証明事務処理要領（昭和49年2月1日自治振第10号通知、最近改正平成24年1月20日総行住第8号)
・仮住民票要領	仮住民票事務処理要領（平成24年2月10日総行住第19号通知)
・移行実務研究会	総務省「外国人住民に係る住民基本台帳制度への移行等に関する実務研究会」(http://www.soumu.go.jp/main_sosiki/kenkyu/daityo_ikou/index.html 2011年11月13日確認)
・日司連意見書	総務省自治行政局外国人住民基本台帳室宛「日本司法書士会連合会意見書」(平成23年12月16日)
・検討委員会・渉外実務	日本司法書士会連合会「外国人住民票」検討委員会編『外国人住民票の創設と渉外家族法実務』(民事法研究会、2012年5月)
・日司連提言書	法務省入国管理局長宛「外国人住民に係る渉外民事実務の課題について（提言）」(平成25年3月26日)

第1章

入管法等改正法および改正住基法施行と渉外実務をめぐる法制度の概要

■ **本章の概要** ■

　入管法等改正法および改正住基法が平成24年7月9日に施行され、外国人登録法が廃止された。これにより中長期在留者等の在留外国人には「外国人住民票」が作成され、これまで交付されていた「外国人登録証明書」が廃止され、「在留カード」「特別永住者証明書」が交付されることになった。本章ではこの法改正による渉外実務に関する法制度を概観しその問題点等について以下のとおり詳述する。

　1　「外国人住民票」・外国人住民の「印鑑登録証明」の概要　では、中長期在留者等の在留外国人に作成される外国人住民票の記載内容およびその手続並びに印鑑登録証明に関する手続について言及する。

　2　「みなし在留カード等」──その見分け方と使用する主な法的場面　では、法改正により外国人登録証明書が廃止され、一定の外国人に在留カード、特別永住者証明書が交付されることになった。しかし、廃止された外国人登録証明書は、一定期間、在留カードまたは特別永住者証明書とみなされることになった。この「みなし在留カード等」の見分け方、みなし期間、その使用場面等を整理する。

　3　入管法等改正法・改正住基法施行に伴う関連法の改正と各種通達の発出　では、改正された法令に伴う各種通達に関する改正条項およびそれに関連する通達内容について詳述する。

　4　入国管理局に集積される「外国人住民」の情報　では、法改正により入国管理局が在留外国人の情報を集積し一元的な管理を行うこととなったが、この情報内容や情報管理システム、情報開示請求方法等について言及する。

1 「外国人住民票」・外国人住民の「印鑑登録証明」の概要

はじめに

　入管法等改正法並びに改正住基法は、平成24年7月9日（施行日）に施行された。それにより外国人登録法が廃止され、「中長期在留者」および「特別永住者」等（以下、「中長期在留者等」という）は[1]、住基法上の住民となり、その者らについては、「外国人に係る住民票」（以下、「外国人住民票」という）が作成されることになった。ここでは、外国人住民票については、住基処理要領[2]に基づき、外国人住民の印鑑登録証明については、印鑑処理要領[3]に基づきそれぞれの概要を述べる。

　なお、本稿でいう外国人住民票は、外国人住民だけで構成する世帯だけでなく、外国人住民と日本人住民で構成される複数国籍世帯の両方をいう。

(1) 外国人住民票の概要

(A) 外国人住民票の主な記載事項

(a) **氏名**（住基法30条の45・7条1号）

　日本人住民の住民票の氏名は、戸籍に記載または記録がされている氏名が記載される。

　外国人住民の氏名は在留カード・特別永住者証明書（以下、「在留カード等」という）の記載と一致しなければならないので[4]、在留カード等に記載されている氏名が記載される[5]。

　在留カード等の氏名はローマ字表記を原則とするが（入管法規則19条の6第1項）、氏名に漢字表記を希望する外国人住民は別に申出のうえ、ローマ字表記の氏名に併せて「漢字」または「漢字及び仮名」を使用した氏名を表記できる（入管法規則19条の7第1項、入管特例法規則5条1項）[6]。

外国人登録法上、運用で認められていた非漢字圏の外国人の併記名は、印鑑登録証明に係る事務処理上氏名の「カタカナ」表記を必要とする場合にのみ、これを備考として記入することが適当であるとされている。

また、氏名には、できるだけ「ふりがな」を付すことが適当であるとしているが、外国人住民のローマ字表記氏名にはふりがなを付さなくても差し支えないとされている[7]。

(b) **出生の年月日**（住基法30条の45・7条2号）

日本人住民の出生の年月日は、戸籍に記載または記録がされている生年月日が記載される。外国人住民の生年月日は、在留カード等に記載されている生年月日が記載される[8]。

(c) **世帯主についてはその旨、世帯主でない者については世帯主の氏名および世帯主との続柄**（住基法30条の45・7条4号）

世帯主については、個人票であれば世帯主との続柄欄に「世帯主」または「本人」と記載される。世帯票であれば、世帯主の氏名は、共通欄を設けて記載され、各個人ごとに続柄欄を設け、世帯主については、「世帯主」または「本人」と、世帯員については、「世帯主との続柄」がそれぞれ記載される[9]。

外国人住民の場合は、世帯主の通称は氏名欄に記載せず、また、世帯主に相当する外国人住民が住基法の適用から除外された場合は、世帯員のうち世帯主に最も近い地位にある者の氏名を記載し、実際に世帯主に相当する外国人住民の氏名が確認できれば備考として記入または記録される[10]。

日本人・外国人住民ともに、世帯主との続柄は、「妻」「子」「父」「母」「妹」「弟」「子の妻」「妻（未届）」「妻の子」「縁故者」「同居人」等と記載される。世帯主の嫡出子、養子および特別養子についての「世帯主との続柄」は、「子」と記載され、内縁の夫婦は、法律上の夫婦ではないが準婚として各種の社会保障の面では法律上の夫婦と同じ取扱いを受けているので「夫（未届）、妻（未届）」と記載される。また、内縁の夫婦の子の世帯主（夫）との続柄は、世帯主である父の認知がある場合には「子」と記載し、世帯主である父の認知がない場合には「妻（未届）の子」と記載される。縁故者には、親族で世

帯主との続柄を具体的に記載することが困難な者、事実上の養子等がある。夫婦同様に生活している場合でも、法律上の妻のあるときには「妻（未届）」とは記載されない[11]。

外国人住民について、世帯主との続柄を証する文書の添付が必要な場合は訳文も提出しなければならないとされ、続柄を証する文書の提出がなく、事実上の親族関係が認められる場合は、「縁故者」と記載される[12]。

(d) **住所および住所を定めた年月日**（住基法30条の45・7条7号）

一の市町村の区域内で転居すれば、現在の住所に転居した年月日が記載される[13]。しかし、施行日後に作成される最初の外国人住民票には、原則として外国人登録原票の「居住地」欄の記載に基づいて記載がされ、住所を定めた年月日は空欄とされた[14]。

(e) **住所を定めた旨の届出年月日および従前の住所**（住基法30条の45・7条8号）

転入届により記載した場合はその届出年月日が記載され、転入した者について転出地の住所が記載される[15]。ただし、施行日に作成される最初の外国人住民票の住所を定めた旨の届出年月日は、施行日（平成24年7月9日）が記載され、従前の住所は空欄とされた[16]。

(f) **国籍・地域**（住基法30条の45）

外国人住民の特有の記載事項である。在留カード等に記載されている国籍・地域が記載される（無国籍を含む）[17]。施行日に作成される最初の外国人住民票の国籍・地域欄は、外国人登録原票の国籍欄の記載に基づき記載された[18]。

(g) **外国人住民となった年月日**（住基法30条の45）

住基法30条の45の表の上欄に掲げる者となった年月日または住民となった年月日のいずれか遅い年月日が記載される[19]。

(h) **通称**（住基法30条の45・7条14号、住基法令30条の25第1号）

通称は、主に戦前から日本に居住する在日韓国・朝鮮人とその子孫において使用され、社会生活を営むうえでも不可欠なもので、外国人登録法（廃止）

では運用上認められてきた[20]。

　外国人住民から通称（氏名以外の呼称であって、国内における社会生活上通用していることその他の事由により居住関係の公証のために住民票に記載することが必要であると認められるものをいう）の記載を求める申出書の提出があった場合、申出のあった呼称を住民票に記載することが居住関係の公証のために必要であると認められるときは、その通称が記載される（住基法令30条の26第1項・2項）[21]。

　通称の記載欄は氏名の記載の欄と一体として取り扱い、通称にはできるだけ「ふりがな」を付すことが適当とされている[22]。

　(i)　**通称の記載および削除に関する事項**（住基法30条の45・7条14号、住基法令30条の25第2号）

　外国人住民票に通称を記載した場合には、その「通称を記載した市区町村名及び年月日」が記載される。外国人住民票に記載されている通称を削除した場合には、「当該通称並びに当該通称を削除した市区町村名及び年月日」が記載される（住基法令30条の27第1項）[23]。

　(B)　**外国人住民に関する主な記載等の手続**

　　(a)　**届出に基づく処理——世帯主との続柄の変更届**（住基法30条の48）

　外国人住民について外国人住民である世帯主との続柄に変更があった場合は、変更が生じた日から14日以内に「世帯主との続柄を証する文書」を添えて届出をしなければならないが、外国人住民と外国人住民である世帯主との親族関係に変更がない場合や変更に係る戸籍に関する届出が受理されている場合は届出を要しない（住基法令30条の28）。世帯主の続柄変更の届出があった場合は、添付された世帯主との続柄を証する文書を確認したうえ、世帯主との続柄を修正し、修正の事由（続柄の変更）を記入することになる[24]。

　　(b)　**職権に基づく処理**

　職権に基づき外国人住民票が記載される主な場合は次のとおりである。

　　(i)　**戸籍に関する届出による記載の修正**（住基法令12条2項1号）

　戸籍の届出があった場合、必要があるときは、住民票の記載の修正をし、

その事由およびその事由の生じた年月日を記入する[25]。外国人住民票の修正を要する届出は、概ね、認知、縁組、離縁、婚姻および離婚である。また、修正事項は、世帯主の氏名および世帯主との続柄である[26]。

(ⅱ) 住基法30条の50の規定による法務大臣からの通知に基づく処理
(住基法令30条の32・12条2項1号)

法務大臣からの通知があった場合、住民票の消除または記載の修正がなされ、通知の事由(氏名変更、在留資格変更許可等)およびその事由の生じた年月日が記入される等住民票についての処理経過を明らかにする事項が備考として記入される[27]。

住民票の消除または記載の修正がなされる場合とは、法務大臣が、入管法および入管特例法に定める事務の管理または執行をするにあたり、外国人住民について氏名、生年月日、男女の別、国籍・地域および住基法30条の45の下欄に掲げる事項(在留カードの有効期間の更新等)に変更または誤りがあること知り、外国人住民の住所地の市町村長に通知をすることをいう。

なお、外国人住民の在留期間の満了日等が経過した場合、法務大臣からの通知により外国人住民でなくなったことを確認して住民票が消除される[28]。

(c) 通称の記載等の処理
　(i) 通称の記載および削除の申出があった場合の処理 (住基法令30条の26)
(ア) 外国人住民が通称の記載を求めようとする場合

外国人住民が通称の記載を求めようとする場合、次に掲げる事項を記載した申出書を市町村に提出し、さらに外国人住民票への記載を求めようとする呼称が居住関係の公証のために記載されることが必要であることを証するに足りる資料を提示しなければならない(住基法令30条の26第1項・2項、住基法規則45条)。

申出書の事項は、①通称として記載を求める呼称、②氏名、③住所、④住民票コードまたは出生の年月日および男女の別、および⑤通称として記載を求める呼称が国内における社会生活上通用していることその他の居住関係の

公証のために住民票に記載されることが必要であると認められる事由の説明である[29]。

　さらに、通称の記載にあたっては、国内における社会生活上通用していることが客観的に明らかとなる資料等の提示を複数求められる等、厳格に確認を行うとされている。この場合でも、①出生により日本国籍の親の氏もしくは通称が住民票に記載されている外国人住民である親の通称の氏を申し出る場合、②日系の外国人住民が氏名の日本式氏名部分を申し出る場合、または③婚姻等身分行為により、相手方の日本国籍を有する者の氏もしくは通称が住民票に記載されている外国人住民の相手方の通称の氏を申し出る場合は、国内における社会生活上通用していることの確認に代えて、親や身分行為の相手方等の氏名または通称の氏等の確認を行うことで差し支えないとする取扱いである[30]。

　(ｲ)　通称が転出証明書の記載事項、または転出証明情報の通知事項の場合
　外国人住民票に通称が記載されている場合、その通称は転出証明書の記載事項または転出証明情報の通知事項とされているので（住基法令30条の26第7項）、次の場合は、外国人住民票に通称の記載をすることになる（住基法令30条の26第3項）[31]。

　①　転出証明書を添えた転入届があった場合には、転出証明書に記載された通称
　②　最初の転入届または最初の世帯員に関する転入届があった場合には、住基法24条の2第4項の規定により通知された通称

　(ｳ)　外国人住民から通称の削除を求める申出書の提出があった場合
　外国人住民から通称の削除を求める申出書の提出があった場合には、通称は削除される。申出書には①通称の削除を求める旨、②氏名、③住所および④住民票コードまたは出生の年月日および男女の別を記載させることとする（住基法令30条の26第4項、住基法規則45条）[32]。

　(ｴ)　通称が居住関係の公証のために必要であると認められなくなった場合
　通称を記載しておくことが居住関係の公証のために必要であると認められ

なくなったときは、職権で通称を削除し、その旨を削除に係る外国人住民に通知する。この場合、通知を受けるべき外国人住民の住所および居所が明らかでないときその他通知することが困難であると認められるときは、通知に代えてその旨を公示することになる（住基法令30条の26第5項）[33]。

(オ) 通称の記載および削除の申出についての本人確認

通称の記載および削除の申出については、窓口等での申出の任に当たるものが本人であるかどうかを確認するため、書類の提示もしくは提出または説明を求める（住基法令30条の26第6項）。また、その者が申出者の代理人または使者であるとき（同一の世帯に属する者を除く）は、申出者の依頼によりまたは法令の規定により権限を明らかにする書類の提示もしくは提出または説明を求める（住基法令30条の26第6項）。この場合、権限を証するものとして、住民基本台帳カード、運転免許証等の提示または委任状の提出等を求める[34]。

(ii) 通称の記載および削除をした場合の処理（住基法令30条の27）

(ア) 外国人住民票に通称を記載した場合

外国人住民票に通称を記載した場合、「通称を記載した市町村名及び年月日」が通称の記載および削除に関する事項に記載される（住基法令30条の27第1項1号）[35]。

(イ) 外国人住民票に記載されている通称を削除した場合

外国人住民票に記載されている通称を削除した場合、「当該通称並びに通称を削除した市町村名及び年月日」が通称の記載および削除に関する事項に記載される（住基法令30条の27第1項2号）[36]。

(ウ) 通称の記載および削除に関する事項が記載されている場合

外国人住民票に通称の記載および削除に関する事項が記載されている場合、その事項は転出証明書の記載事項または転出証明書情報の通知事項とされているので（住基法令30条の27第3項）、次の場合は、外国人住民票に通称の記載および削除に関する事項の記載をしなければならない（住基法令30条の27第2項）[37]。

① 転出証明書を添えた転入届があった場合、転出証明書に記載された通

称の記載および削除に関する事項
② 最初の転入届または最初の世帯員に関する転入届があった場合、住基法24条の2第4項の規定により通知された通称の記載および削除に関する事項

(2) 外国人住民の「印鑑登録証明」の概要

(A) 印鑑登録の資格

印鑑の登録を受けることができる者は、住基法に基づき住民基本台帳に記録されている者である[38]。これを根拠として、外国人住民票が作成された外国人住民は、印鑑登録を受けることができる。

(B) 登録できる印鑑

市町村長は、登録を受けようとする印鑑が一定の場合には当該印鑑を登録しない。その主な場合は以下のとおりである[39]。

① 住民基本台帳に記録されている氏名、氏、名もしくは通称（住基法令30条の26第1項に規定する通称をいう。以下同じ）または氏名もしくは通称の一部を組み合わせたもので表していないもの
② 職業、資格、その他氏名または通称以外の事項を表しているもの

ただし、市町村長は、上記①および②にかかわらず、外国人住民のうち非漢字圏の外国人住民が住民票の備考欄に記録されている氏名の「カタカナ表記」またはその一部を組み合わせたもので表されている印鑑により登録を受けようとする場合には、その印鑑を登録することができる[40]。

(C) 印鑑登録原票

市町村長は、印鑑登録原票を備え、印鑑の登録の申請について審査したうえ、印影のほか当該登録申請者に係る事項を登録する。その登録事項のうち必要的登録事項は以下のとおりである[41]。

① 登録番号
② 登録年月日
③ 氏名（外国人住民票に通称が記録されている場合は、氏名および通称）

④　出生の年月日
⑤　男女の別
⑥　住所
⑦　外国人住民のうち非漢字圏の外国人住民が住民票の備考欄に記録されている氏名のカタカナ表記またはその一部を組み合わせたもので表されている印鑑により登録を受ける場合にあっては、当該氏名のカタカナ表記

(D)　印鑑登録証明書

印鑑登録証明書は、印鑑の登録を受けている者に係る印鑑登録原票に登録されている印影の写しについて市町村長が証明するものであり、あわせて登録を受けている者に係る事項を記載する[42]。その記載事項のうち外国人住民の氏名に関するものは以下のとおりである。

① 氏名（外国人住民票に通称が記録されている場合は、氏名および通称）
② 外国人住民のうち非漢字圏の外国人住民が住民票の備考欄に記録されている氏名のカタカナ表記またはその一部を組合わせたもので表されている印鑑により登録を受ける場合にあっては、当該氏名のカタカナ表記

(E)　印鑑登録の抹消

外国人住民が転出、死亡、氏名・氏もしくは名（外国人住民にあっては、通称または氏名のカタカナ表記を含む）を変更した（登録している印影変更する必要のない場合を除く）ことまたは住基法30条の45の表の上欄に掲げる者ではなくなったこと（日本国籍を取得した場合を除く）その他印鑑の登録を抹消すべき事由が生じた場合、職権で印鑑の登録が抹消される。

また、外国人住民が転出、死亡または住基法30条の45の表の上欄に掲げる者ではなくなったこと（日本国籍を取得した場合を除く）を除く事由による登録の抹消については、印鑑の登録を受けている者に通知される[43]。

(F)　旧外登法に基づき外国人登録原票に登録されている者が受けた印鑑の登録の取扱い

改正住基法の施行日（平成24年7月9日）の前日において印鑑の登録を受け

ている外国人であって、施行日において印鑑の登録を受けることができない者に係る印鑑の登録については施行日において職権で抹消された[44]。そこで、印鑑登録を抹消された外国人はたとえば登記義務者として印鑑証明情報を提供するときは、署名証明(サイン証明)によって登記手続を行うことになる[45]。

なお、登録の抹消については、印鑑の登録を受けている者にこのことを通知されている。

一方、外国人住民であって、施行日においてもなお印鑑の登録を認めることができる者に係る氏名等の登録事項について住民票への移行に伴う変更が生じた場合は、施行日において、職権で、当該事項について印鑑登録原票を修正する[46]。ただし、通知に関する規定はない。

おわりに

以上、外国人住民票と外国人住民の印鑑登録証明の内容を概観してみた。外国人住民票には外国人住民に特有な記載事項が多くあり、その分、個人情報が多く含まれている。法実務にかかわる者として、当然のことながら執務においては十分に注意を払う必要がある。

(高山駿二)

〈注〉
1 「中長期在留者」「特別永住者」のほかに、「一時庇護許可者」「仮滞在許可者」「出生による経過滞在者」および「国籍喪失による経過滞在者」も住基法上の住民に含まれる(住基法30条の45)。
2 住基処理要領は、後掲・要領通達(2)163頁参照。
3 印鑑処理要領は、後掲・要領通達(1)160頁参照。
4 住基処理要領第1-5 (後掲・要領通達(2)163頁) 参照。
5 中長期在留者にあって出入国港において在留カードを交付されなかった場合は、後日在留カードを交付する旨の記載がされた旅券記載のローマ字表記氏名が記載される(住基処理要領第2-1-(2)-ア (後掲・要領通達(2)167頁) 参照)。
6 なお、旅券等の簡体字(繁体字)等の氏名表記は、「漢字告示」(第四)により職権で正字表記に置換されて記載される。
7 住基処理要領第2-1-(2)-ア (後掲・要領通達(2)167頁) 参照。
8 住基処理要領第2-1-(2)-イ (後掲・要領通達(2)167頁) 参照。

1 「外国人住民票」・外国人住民の「印鑑登録証明」の概要

9 住基処理要領第2－1－(2)－エ－(ア)(イ)（後掲・要領通達(2)168頁）参照。
10 住基処理要領第2－1－(2)－エ－(ウ)(エ)（後掲・要領通達(2)168頁）参照。
11 住基処理要領第2－1－(2)－エ－(オ)（後掲・要領通達(2)168頁）参照。
12 住基処理要領第2－1－(2)－エ－(オ)（後掲・要領通達(2)168頁）参照。
13 住基処理要領第2－1－(2)－ク（後掲・要領通達(2)169頁）参照。
14 仮住民票要領第4－2－(5)（後掲・要領通達(3)185頁）参照。
15 住基処理要領第2－1－(2)－ケコ（後掲・要領通達(2)169頁）参照。
16 仮住民票要領第4－2－(6)（後掲・要領通達(3)185頁）参照。
17 ここでいう地域とは、台湾並びにヨルダン川西岸地区およびガザ地区である（入管法令1条）。ヨルダン川西岸地区およびガザ地区は、パレスチナと表記される（入管規則19条の6第3項）。住基処理要領第2－1－(2)－ツ（後掲・要領通達(2)169頁）参照。
18 仮住民票作成にあたり、「国籍欄に『中国』と記載のある外国人のうち、外国人登録原票の備考欄に台湾と記載されている場合には、『台湾』と記載する」取扱いである。仮住民票要領第4－2－(14)（後掲・要領通達(3)186頁）参照。
19 住基処理要領第2－1－(2)－テ（後掲・要領通達(2)169頁）参照。
20 通称については、木棚照一監修・「定住外国人と家族法」研究会編著『「在日」の家族法Q&A〔第3版〕』(2010年、日本評論社) 324頁以下参照。
21 通称について日司連意見書4、5（後掲・資料(2)209頁）では、「本人の希望があれば仮住民票の氏名欄に通称を併記」し、「『登録原票』の氏名欄に記載されている事項は、すべて『登録原票』から『仮住民票』に移記」するよう述べていた。住基処理要領第2－1－(2)－ナ－(ア)（後掲・要領通達(2)170頁）参照。
22 住基処理要領第2－1－(2)－ナ－(イ)(ウ)（後掲・要領通達(2)170頁）参照。
23 住基処理要領第2－1－(2)－ニ(ア)(イ)（後掲・要領通達(2)170頁）参照。
24 住基処理要領第2－2－(1)－キ（後掲・要領通達(2)170頁）参照。
25 住基処理要領第2－2－(2)－ア－(オ)（後掲・要領通達(2)171頁）参照。
26 住基処理要領第2－2－(2)－ア－(オ)表「外国人住民」（後掲・要領通達(2)171頁）参照。
27 住基処理要領第2－2－(2)－ア－(キ)（後掲・要領通達(2)171頁）参照。
28 住基処理要領第2－2－(2)－ア－(キ)（後掲・要領通達(2)174頁）参照。
29 住基処理要領第2－2－(2)－コ－(ア)（後掲・要領通達(2)174頁）参照。
30 住基処理要領第2－2－(2)－コ－(ア)（後掲・要領通達(2)174頁）参照。
31 住基処理要領第2－2－(2)－コ－(イ)（後掲・要領通達(2)175頁）参照。
32 住基処理要領第2－2－(2)－コ－(ウ)（後掲・要領通達(2)175頁）参照。
33 住基処理要領第2－2－(2)－コ－(エ)（後掲・要領通達(2)175頁）参照。
34 住基処理要領第2－2－(2)－コ－(オ)（後掲・要領通達(2)175頁）参照。
35 住基処理要領第2－2－(2)－サ－(ア)（後掲・要領通達(2)176頁）参照。
36 住基処理要領第2－2－(2)－サ－(イ)（後掲・要領通達(2)176頁）参照。
37 住基処理要領第2－2－(2)－サ－(ウ)（後掲・要領通達(2)176頁）参照。

第 1 章　入管法等改正法および改正住基法施行と渉外実務をめぐる法制度の概要

38　印鑑処理要領第 2 － 1 －(1)（後掲・要領通達(1)160頁）参照。
39　印鑑処理要領第 2 － 4 －(2)（後掲・要領通達(1)161頁）参照。
40　印鑑処理要領第 2 － 4 －(3)（後掲・要領通達(1)161頁）参照。
41　印鑑処理要領第 2 － 5 －(1)（後掲・要領通達(1)161頁）参照。
42　印鑑処理要領第 4 － 2 －(1)（後掲・要領通達(1)162頁）参照。
43　印鑑処理要領第 5 － 3 －(1)（後掲・要領通達(1)162頁）参照。
44　職権で抹消される外国人は、旧外登法の外国人登録をしていた者で、①3カ月以下の在留期間が決定した者、②短期滞在の在留資格が決定された者等である（入管法19条の3）。印鑑処理要領第 7 － 5 －(1)（後掲・要領通達(1)162頁）参照。
45　領事館などの駐日外国公館は自国民に対する公証を行う事務を任務として負っており、駐日外国公館において、申請者の署名が真正であることを証明する署名証明などの行政証明を行っている。また、申請者の署名については、領事館の前で行うことで署名証明を行い、これを印鑑登録証明書の代替として使用することが可能とされている。手続は、①駐日外国公館へ旅券を提出し、書式に氏名等の必要事項を記載、②領事館の前で証明したい署名を記載、③領事館が、旅券（または写し）に基づき、氏名、署名を確認、認証、という流れである（第 5 回外国人台帳制度に関する懇談会、2008年 7 月17日資料 3 より）。登記手続上の添付情報としての署名証明（サイン証明）は、「実務の視点」登記研究742号124頁（2009年12月）、「質疑応答」登記研究605号165頁（1998年 6 月）を参照。
46　印鑑処理要領第 7 － 5 －(2)（後掲・要領通達(1)163頁）参照。

2 「みなし在留カード等」——その見分け方と使用する主な法的場面

はじめに——「みなし在留カード等」とは何か

　外国人登録法は、2012年（平成24年）7月9日施行された入管法等改正法により、廃止された（同法4条）。それに伴い、それまで外国人に交付されていた外国人登録証明書も廃止され、新たに一定の外国人に在留カード・特別永住者証明書が交付されることになった（入管法19条の3、入管特例法7条）。

　ただし、入管法等改正法は、廃止された外国人登録証明書を、一定の期間に限り、一定の手続に限って在留カードまたは特別永住者証明書とみなす経過規定を定めた（入管法等改正法附則15条・28条）。その経過規定により、在留カード・特別永住者証明書（以下、「在留カード等」という）とみなされる外国人登録証明書が、ここでいう「みなし在留カード等」である。

　なお、在留カードが発行される対象者は、当該外国人が中長期在留者であることが必要である（入管法19条の3）。中長期在留者とは、①3カ月以下の在留期間が決定された者、②短期滞在の在留資格が決定された者、③外交または公用の在留資格が決定された者[1]、④　①②③に準ずる者として法務省令で定める者[2]、以外の者である。したがって、①②に該当する者が外国人登録証明書を所持していても、その外国人登録証明書は「みなし在留カード」とはならない。また、在留資格が特別永住者である外国人が所持する外国人登録証明書は、「みなし特別永住者証明書」となる。

　ここでは、みなし在留カード等をどのように見分けるのか、外国人登録証明書がみなし在留カード等とされる期間はいつまでか、その主な法的な場面とはどのような場合かを整理することによって、在留外国人の民事実務の利便に供することにしたい。

　なお、参考に、本項末尾に旧入管法の在留資格別の在留期間を定める旧入

第1章 入管法等改正法および改正住基法施行と渉外実務をめぐる法制度の概要

管法施行規則別表第2を掲げておいた。

(1) 外国人登録証明書がみなし在留カード等になるかどうかの見分け方

廃止された外国人登録法では、外国人は、本邦に入ったときは上陸した日から90日以内に、本邦において外国人となった者は60日以内に居住地の市町村で、外国人登録の申請を行わなければならなかった（旧外登法3条）。その

〈図1〉 旧外登法施行規則別記第5号様式甲

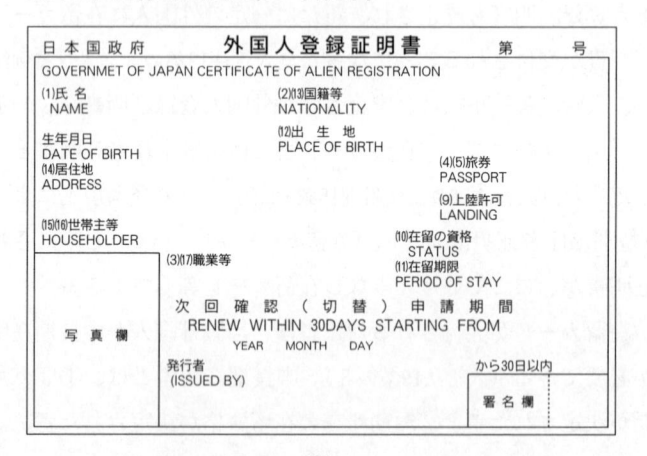

日本国政府	外国人登録証明書	第　　号
GOVERNMET OF JAPAN CERTIFICATE OF ALIEN REGISTRATION		

(1)氏　名　NAME　　　(2)(13)国籍等　NATIONALITY
生年月日　DATE OF BIRTH　　(12)出生地　PLACE OF BIRTH
(14)居住地　ADDRESS　　(4)(5)旅券　PASSPORT
(9)上陸許可　LANDING
(15)(16)世帯主等　HOUSEHOLDER　　(10)在留の資格　STATUS
(11)在留期限　PERIOD OF STAY
(3)(17)職業等
次回確認（切替）申請期間
RENEW WITHIN 30DAYS STARTING FROM
YEAR　MONTH　DAY
写真欄　　発行者（ISSUED BY）　　から30日以内
署名欄

（裏）

記載欄

交付年月日　　発行者職印
年　月　日

16

後、「外国人登録原票」に登録事項が登録されると（旧外登法4条1項）、当該外国人には外国人登録証明書が交付された（旧外登法5条）。

また、居住地を変更した場合は変更をした日から14日以内に変更登録の申請を、居住地以外の変更は原則として変更をした日から14日以内に変更登録の申請をする義務があった（旧外登法8条1項・9条1項）。変更登録申請がなされると、原則として当該外国人登録証明書に変更事項が記載され当該外国人に返還されることになっていた（旧外登法8条3項・9条3項）。

そこで、在留外国人が所持する外国人登録証明書がみなし在留カード等か否かを見分けるには、外国人登録証明書により在留資格や在留期間の変更がなされているかを確認する必要がある。しかし、外国人登録証明書の表面には、「在留期限」（在留期間の満了日）の欄はあるが「在留期間」の欄はない（旧外登法施行規則4条・別記第5号様式甲（〈図1〉参照））。そこで、「在留資格」や在留期間の変更がなされているかは外国人登録証明書の裏面で確認することが必要となる（外国人登録要領第11－7(2)記載例46）。

① 外国人登録証明書の在留資格欄が「特別永住者」「永住者」と記載されている場合

　特別永住者が所持する外国人登録証明書は、後に述べる有効期間内であれば、みなし特別永住者証明書となる。また、永住者は中長期在留者であり在留期間は「無期限」であるので、後に述べる有効期間内であれば、永住者が所持する外国人登録証明書であれば、みなし在留カードになる。

② 外国人登録証明書の在留資格欄が「短期滞在」である場合

　在留資格が短期滞在の者は、中長期在留者にはならないので、在留カードが交付されない（入管法19条の3第2号）。したがって、外国人登録証明書の裏面を確認したうえで、在留資格が短期滞在のままであれば、その者が所持する外国人登録証明書はみなし在留カードとはならない。

③ 外国人登録証明書の在留資格欄に「興業」「技能実習」「家族滞在」「特定活動」「定住者」と記載されている場合

第 1 章　入管法等改正法および改正住基法施行と渉外実務をめぐる法制度の概要

〈図 2〉　入管法施行規則別記第 7 号様式

```
JAPAN IMMIGRATION
   上　陸　許　可
      （一）

在留資格
Status:
在留期間
Duration:
      （二）
  日 本 国 入 国 審 査 官
```

（注）
1 縦35ミリメートル、横40ミリメートルとする。
2 空欄（一）には上陸許可年月日を、（二）には上陸港名を、それぞれ記入するものとする。
3 上陸港名の右側の空欄には入国審査官の識別番号を記入するものとする。

〈図 3〉　入管法施行規則第 7 号の 2 様式

```
JAPAN IMMIGRATION INSPECTOR
   上　陸　許　可
   LANDING PERMISSION
許可年月日
Date of Permit:
在留期限
Until:
在留資格
Status:

在留期間
Duration:
```

（注）
1 縦32ミリメートル、横36ミリメートルとする。
2 在留期間の欄の下部の空欄には上陸港名を記入するものとする。
3 証印の下部に識別符合を付すものとする。

　上記の者は、在留期間が「3 月以下」の場合もある。在留期間が 3 カ月以下であれば中長期在留者にならないので、在留カードが交付されない（入管法19条の 3 第 1 号）。そこで、旅券の上陸許可の証印に記された在留期間で確かめるなり（入管法 9 条 3 項、入管法施行規則 7 条・別記第 7 号様式等（〈図 2〉〈図 3〉参照））、外国人登録証明書の裏面で在留資格、在

18

留期間の変更がないかを確認する。それにより、3カ月を超える在留期間であれば、後に述べる有効期間内はみなし在留カードになるが、在留資格が上記のままで在留期間が「3月以下」であれば、その者が所持する外国人登録証明書はみなし在留カードにはならない。

④　外国人登録証明書の在留資格欄に「短期滞在」「興業」「技能実習」「家族滞在」「特定活動」「定住者」以外のものが記載がされている場合

　　それらの在留資格を有する者には3カ月を超える在留期間が決められているので、在留カードの交付対象者になり、それらの者が所持する外国人登録証明書は、後に述べる有効期間内であれば、みなし在留カードになる。その場合でも、外国人登録証明書の裏面で在留資格・在留期間の変更がないかを確かめる必要がある。

⑤　外国人登録証明書の在留資格欄に「在留の資格なし」と記載されている場合

　　それらの者は、中長期在留者に該当しないので在留カードの交付対象者にはならない（入管法19条の3）。したがって、その者が所持する外国人登録証明書はみなし在留カードにはならない。

(2)　みなし在留カード等の有効期間

(A)　中長期在留者の外国人登録証明書の場合

中長期在留者が所持する外国人登録証明書がみなし在留カードとみなされる期間は〔表1〕のとおりである（入管法等改正法附則15条2項）。なお、〔表1〕の施行日とは、平成24年（2012年）7月9日である。

(B)　特別永住者の外国人登録証明書の場合

特別永住者が所持する外国人登録証明書がみなし特別永住者証明書とみなされる期間は〔表2〕のとおりである（入管法等改正法附則28条2項）。なお、〔表2〕の施行日とは、平成24年（2012年）7月9日である。

〔表1〕 みなし在留カードの有効期間

在留資格	年齢要件	みなし期間
(1) 永住者	① 施行日に16歳未満の者	平成27年7月8日または16歳の誕生日のいずれか早い日まで
	② 施行日に16歳以上の者	平成27年7月8日まで
(2) 特定活動（入管法別表第1の5の下欄二を除く）	① 施行日に16歳未満の者	在留期間の満了日、平成27年7月8日または16歳の誕生日のいずれか早い日まで
	② 施行日に16歳以上の者	在留期間の満了日または平成27年7月8日のいずれか早い日まで
(3) 永住者・特定活動（入管法別表第1の5の下欄二を除く）以外の者	① 施行日に16歳未満の者	在留期間の満了日または平成27年7月8日のいずれか早い日まで
	② 施行日に16歳以上の者	在留期間の満了日まで

〔表2〕 みなし特別永住者証明書の有効期間

在留資格	年齢要件	みなし期間
特別永住者	① 施行日に16歳未満の者	16歳の誕生日
	② 施行日に16歳以上の者	ⓐ 登録等を受けた日後の7回目の誕生日が平成27年7月8日までの者　平成27年7月8日
		ⓑ 登録等を受けた日後の7回目の誕生日が平成27年7月8日以後の者　当該誕生日

(3) みなし在留カード等が在留カード等とみなされる主な法的場面

(A) 入管法・入管特例法上の手続とみなし在留カード等（入管法等改正法附則15条1項・28条1項、整備経過措置省令附則5条1項・2項）

入管法、入管特例法上の手続においてみなし在留カード等が在留カード等とみなされるのは次の場合である。

① 新住居地の届出の際に提出する在留カード等（入管法19条の9、入管特例法10条）

　この場合はみなし在留カード等の裏面に新住居地が記載され、みなし在留カード等は中長期在留者や特別永住者に返還される（入管法19条の9第2項で19条の7第2項を準用、入管特例法10条3項）。

② 住居地以外の記載事項（氏名、生年月日、性別、国籍・地域）の変更の際に提示する在留カード等（入管法19条の10、入管法規則19条の9第2項、入管特例法11条、入管特例法規則7条2項）[3]

　この場合には、新たに在留カード等が交付される（入管法19条の10第2項、入管特例法11条2項）。

③ 有効期間更新の際に提出する在留カード等（入管法19条の11第1項・2項、入管特例法12条1項・2項）

　この場合は新たに在留カード等が交付される（入管法19条の11第3項で19条の10第2項を準用、入管特例法12条3項で11条2項を準用）。

④ 紛失・汚損等による再交付の際に提示する在留カード等（入管法19条の12第1項・19条の13第1項～3項、入管特例法13条1項・14条1項～3項）

　この場合は新たに在留カード等が交付される（入管法19条の12第2項および19条の13第4項で19条の10第2項を準用、入管特例法13条2項および14条4項で11条2項を準用）。

⑤ 本人の死亡等の失効により返納すべき在留カード等（入管法19条の14・19条の15、入管特例法15条・16条）

⑥　在留資格の変更の際に提示すべき在留カード（入管法20条2項、入管法規則20条4項）

⑦　在留期間の更新の際に提示すべき在留カード（入管法21条2項、入管法規則21条4項）

⑧　携帯・提示義務のある旅券等に代わる在留カード等（入管法23条、入管特例法17条）

⑨　みなし再入国の意図の表明の際に提示する在留カード等（入管法26条の2第1項、入管法規則29条の2第2項、入管特例法23条2項、入管特例法規則18条）

⑩　届出等で返還される在留カード等を代理人が受領する在留カード等（入管法61条の9の3第1項1号・2項・3項、入管特例法19条）

⑪　在留カードの受領義務・提示義務・携帯義務に課せられる罰則等（入管法75条の2・75条の3等、入管特例法31条等）

(B)　**住基法上の手続とみなし在留カード等**（改正住基法附則7条、改正住基法令附則8条）

住基法上の手続で、みなし在留カード等が在留カード等とみなされる主な場合は次のとおりである。

①　中長期在留者が国外から転入した場合の届出に際して提示すべき在留カード（住基法30条の46後段）

②　住所を有する者が中長期在留者になった場合の届出に際して提示すべき在留カード（住基法30条の47後段で30条の46後段を準用）

③　中長期在留者の住基カードの有効期間を在留期間の満了日とする際の在留カード（住基法令30条の30）。なお、外国人住民に住基カードが発行される開始日は平成25年7月8日である（改正住基法附則9条、改正住基法令附則7条の2）。

(C)　**戸籍法、供託法、不動産登記法の各種手続とみなし在留カード等**（整備経過措置省令3条・4条・9条・附則24条1項・2項）

戸籍法、供託法、不動産登記法の各種手続で、みなし在留カード等が在留

カード等とみなされるのは次の場合である。

① 戸籍謄本等の請求の際の本人確認書類（戸籍法規則11条の2第1号）

戸籍謄本等の本人等請求（戸籍法10条）や戸籍謄本等の第三者請求・公用請求等の請求（同法10条の2）をする場合に、現に請求の任に当たっている者は市町村長に法務省令で定める方法で本人確認書類を提示しなければならない（同法10条の3）。その際の法務省で定める方法の一として、運転免許証・旅券・住基カード等を提示する方法があるが（戸籍法規則11条の2第1号）、その提示書類の中の「外国人登録証明書」や「外国人登録原票の写し」を削り、新たに「在留カード」と「特別永住者証明書」を加えている（整備経過措置省令3条）。

なお、除籍謄本等の請求（戸籍法規則11条の6）や届書書類等の閲覧・証明請求の本人確認（戸籍法規則52条の2）、創設的届出における本人確認（戸籍法規則53条の2）、不受理申出の際の申出人の本人確認（戸籍法規則53条の4第3項）の書類には、戸籍法規則11条の2が準用される（整備経過措置省令附則24条1項1号括かっこ書）。

② 供託物払渡しの際の印鑑証明書の添付不要の際の提示書類（供託規則26条3項2号）

供託物の払渡しを請求する者は、供託物払渡請求書または委任による代理人の権限を証する書面に押印した印鑑についての印鑑証明書を添付しなければならない（供託規則26条1項2項）。しかし、払渡請求者が個人の場合で運転免許証・住基カード等を提示して本人であることが確認できれば、印鑑証明書の添付は不要である（同条3項2号）。その提示書類を、「外国人登録証明書」に代えて、「在留カード」「特別永住者証明書」としている（整備経過措置省令4条・附則24条1項2号）。ただし、「特別永住者証明書」には住居地の記載がない場合もあるので（入管特例法10条1項）、住居地の記載がある場合に限る[4]。

③ 登記識別情報の提供ができない場合の本人確認書類（不登規則72条2項1号）

登記識別情報を提供できない場合に、資格者代理人は登記官に本人確認情報の提供をしなければならないが(不登法23条4第4項1号)、その場合に本人から提示を受ける確認書類には、運転免許証、住基カード、旅券等、運転経歴証明書がある（不登規則72条第1項3号・2項1号)。その提示を受ける書類から「外国人登録証明書」を削り「在留カード」「特別永住者証明書」を加えている（整備経過措置省令9条）

(D) 平成24年6月25日民一第1550号民事局長通達とみなし在留カード等

平成24年6月25日民一第1550号民事局長通達（以下、この(D)で「本通達」という。後掲・要領通達(6)194頁参照）は、戸籍に関する従来の4件の通達に変更を加える通達である。本通達は、「第3」「第4」に関して、中長期在留者や特別永住者が所持する外国人登録証明書は、みなし在留カード等になると規定し（本通達「第6　経過措置等　1本文」）、そのみなされる期間は、在留カードは入管法等改正法附則15条2項各号に定める期間とし、特別永住者証明書は入管法等改正法附則28条2項各号に定める期間としている（本通達「第6 経過措置等1(1)(2)」、整備経過措置省令附則24条第2項）。

(a) 「法例の一部を改正する法律の施行に伴う戸籍事務の取扱いについて」(平成元年10月2日民二第3900号民事局長通達）の変更

この通達は、改正「法例」（平成元年法律第27号）が平成2年1月1日から施行されるのに伴い、発出された戸籍事務の取扱いに関する通達である。現在、法例は「法の適用に関する通則法」（平成18年法律第78号）とその名称を変更して施行されている。この通達の「第8　常居所の認定」では、「1　我が国における常居所の認定」として、(1)事件本人が日本人である場合と(2)事件本人が外国人である場合に区分している。この通達では、(2)の常居所の認定は在留資格等で行うとしていたが、本通達は、その認定資料から「外国人登録証明書」を削り、新たに「在留カード、特別永住者証明書又は住民票の写し」を加えた。

(b) 「戸籍事務に関して国籍を韓国と認定する資料について」(平成5年4月9日民二第3319号民事局長通達）の変更

この通達は、平成3年の入管特例法の制定に伴い、それまでの当事者の国籍を韓国と認定する資料に関する通達を変更する通達である。本通達は、この通達中の韓国と認定する資料としての「特別永住者である旨の記載がある外国人登録証明書の写し」や「外国人登録済証明書、登録原票記載事項証明書」を削り、新たに「特別永住者証明書の写し又は住民票の写し」に変更するものである。

（西山　慶一）

〈注〉
1　「外交」（入管法別表第1の1の表）の在留資格を有する者は、国際慣習法または多数国間条約により外国人登録を免除されると解されていた者であり、また「公用」（入管法別表第1の1の表）の在留資格を有する者は、国際礼譲に基づき外国人登録を免除されていた者であり、いずれの在留資格を有していても外国人登録証明書を所持することはない。
2　「特定活動」の在留資格を決定された者であって、①亜東関係協会の本邦の事務所の職員または当該職員と同一の世帯に属する家族の構成委員としての活動を指定された者、②駐日パレスチナ総代表部の職員または当該職員と同一の世帯に属する家族の構成委員としての活動を指定された者（入管法規則19条の5）。なお、これらの者は行政上の措置により外国人登録を免除されていた者であり、「外国人登録証明書」を所持することはない。
3　住居地以外の記載事項の変更の際に提示する在留カード等についてみなし在留カード等と取り扱う条項は見当たらないが、運用でそのように取り扱っているとのことである（2013年2月19日第3回入管局連絡会の席上の発言）。
4　平成24年6月28日民商第1597号民事局長通達第2－1－(2)（後掲・要領通達(7)198頁）参照。

〔表3〕　改正前（平成24年7月8日まで）の在留資格・在留期間（入管法施行規則（昭和56年10月28日法務省令第54号）別表第2　（第3条関係））

在留資格	在　留　期　間
外交	法別表第一の一の表の外交の項の下欄に掲げる活動（「外交活動」と称する。）を行う期間
公用	5年、3年、1年、3月、30日又は15日
教授	3年又は1年

芸術	3年又は1年
宗教	3年又は1年
報道	3年又は1年
投資・経営	3年又は1年
法律・会計業務	3年又は1年
医療	3年又は1年
研究	3年又は1年
教育	3年又は1年
技術	3年又は1年
人文知識・国際業務	3年又は1年
企業内転勤	3年又は1年
興行	1年、6月、3月又は15日
技能	3年又は1年
技能実習	一　法別表第一の二の表の技能実習の項の下欄第1号イ又はロに掲げる活動を行う者にあっては、1年又は6月 二　法別表第一の二の表の技能実習の項の下欄第2号イ又はロに掲げる活動を行う者にあっては、1年を超えない範囲内で法務大臣が個々の外国人について指定する期間
文化活動	1年又は6月
短期滞在	90日若しくは30日又は15日以内の日を単位とする期間
留学	2年3月、2年、1年3月、1年又は6月
研修	1年又は6月
家族滞在	3年、2年3月、2年、1年3月、1年、6月又は3月
特定活動	一　法別表第1の5の表の下欄（イ及びロに係る部分に限る。）に掲げる活動を指定される者にあつては、5年 二　法別表第1の5の表の下欄（ハに係る部分に限る。）に掲げる活動を指定される者にあつては、5年、4年、3年、2年又は1年

	三　法第7条第1項第2号の告示で定める活動又は経済上の連携に関する日本国とインドネシア共和国との間の協定若しくは経済上の連携に関する日本国とフィリピン共和国との間の協定に基づき保険師助産師看護師法（昭和23年法律第203号）第5条に規定する看護師としての業務に従事する活動若しくはこれらの協定に基づき社会福祉士及び介護福祉士法（昭和62年法律第30号）第2条第2項に規定する介護福祉士として同項に規定する介護等の業務に従事する活動を指定される者にあつては、3年、1年又は6月 四　一から三までに掲げる活動以外の活動を指定される者にあつては、1年を超えない範囲内で法務大臣が個々の外国人について指定する期間
永住者	無期限
日本人の配偶者等	3年又は1年
永住者の配偶者等	3年又は1年
定住者	一　法第7条第1項第2号の告示で定める地位を認められる者にあつては、3年又は1年 二　一に掲げる地位以外の地位を認められる者にあつては、3年を超えない範囲内で法務大臣が個々の外国人について指定する期間

3 入管法等改正法・改正住基法施行に伴う関連法の改正と各種通達の発出

はじめに

　今般の入管法等改正法や住基法改正法の施行により改正された法令は多く、また、それに伴う各種通達も発出されている。ここでは、戸籍法、不動産登記法、供託法関連の改正条項とそれに関連する通達を列挙し、それらの概要を整理することにする。

(1) 戸籍法関連の改正

(A) 戸籍謄本等の請求の際の本人確認書類（整備経過措置省令3条）の改正

(a) 戸籍謄本等の請求の際の本人確認書類（戸籍法規則11条の2第1号の改正）

　戸籍謄本等の本人等請求（戸籍法10条）や戸籍謄本等の第三者請求・公用請求等の請求（同法10条の2）をする場合に、現に請求の任に当たっている者は市町村長に法務省令で定める方法で本人確認書類を提示しなければならない（同法10条の3）。その際の法務省で定める方法の一として、運転免許証・旅券・住基カード等を提示する方法があったが、その提示書類から「外国人登録証明書」や「外国人登録原票の写し」を削り「在留カード」「特別永住者証明書」を加えた。

(b) 除籍謄本等の請求や届書書類等の閲覧・証明請求の本人確認、創設的届出における本人確認、不受理申出の際の申出人の本人確認書類（戸籍法規則11条の2第1号の準用）

　除籍謄本の請求（戸籍法12条の2）や届書書類等の閲覧・証明請求の本人確認（同法48条3項）、創設的届出における本人確認（同法27条の2第1項）や不

受理申出の際の本人確認（同条の2第3項）の際には、法務省令で定める方法で本人確認書類を提示しなければならない。その法務省令で定める方法である、戸籍法規則11条の6、同52条の2、同53条の2、同53条の4などは、戸籍法規則11条の2第1号を準用している（整備経過措置省令附則24条1項1号括かっこ書）。

(B) **戸籍通達平成24年6月25日民一第1550号民事局長通達による取扱いの変更**

戸籍通達平成24年6月25日民一第1550号民事局長通達（以下、この(B)で「本通達」という。後掲・要領通達(6)194頁参照）は、以下の通達に変更を加える通達である。

(a) **「在日朝鮮人又は台湾人の婚姻、養子縁組等の届出を受理する場合の要件具備の審査方法」（昭和30年2月9日民事甲第245号民事局長通達）**

この通達は、在日朝鮮人または台湾人を当事者とする婚姻届または養子縁組等を受理する場合には、その者の本国官憲の婚姻または縁組の要件具備の証明書を提出させ、その要件に欠缺のないことを確認して受理するが、それら証明書の提出が困難な事情にある者には[1]、その旨の申述書および「その身分関係を証する戸籍謄抄本（本国当該官憲発給の身分関係の証明書を含む。）又は本人の外国人登録済証明書（発行の日から1月以内のもの）」を提出させるとしていた[2]。

そこで、本通達はその部分を「本人の住民票の写し（発行の日から3月以内のもの）並びにその身分関係を証する戸籍謄抄本（本国当該官憲発給の身分関係の証明書を含む。）等」に改めた[3]。

そして、この通達の末尾に述べる「追って外国人登録済証明書を提出させる場合には、少なくとも外国人登録法（昭和27年法律第125号）第4条第1項（登録原票の記載事項）のうち、第10号から第15号まで及び第19号を除いた他の各号の記載事項及び外国人登録原票備考欄に記載の家族関係に関する事項の証明を求めさせ、且つ、本人携帯の外国人登録証明書の各記載と右の登録済証明書の各記載とを照合して、その相違ないことを確認し、受理と決定した

事件の届書には、付属書類として前記の外国人登録済証明書を添付させる取扱とするのが相当であるから、申し添える」を削除するものである。

なお、国籍を韓国と認定する資料に関する通達には、この通達以外に昭和41年9月30日付け法務省民甲第2594号通達および同42年6月1日付け法務省民甲第1800号通達がある。

(b) 「氏又は名に用いる文字の取扱いに関する通達等の整理について」（昭和56年9月14日民二第5537号民事局長通達、最終改正平成13年6月15日民一第1544号通達）

この通達は、「二、出生届における外国人である子の氏名の表記」について、「子の氏名は片仮名で表記し、その下に『本国法上の文字』を付記させなければならない」とし、「ただし、届出人が『本国法上の文字』を付記しないときでも、便宜その届出を受理して差し支えない。子が中国人、朝鮮人等本国法上氏名を漢字で表記する外国人である場合には、出生届書に記載する子の氏名は、正しい日本文字としての漢字を用いるときに限り、片仮名による表記をさせる必要はない」とする通達であった。

本通達は、上記「本国法上の文字」を「ローマ字」に変更し[4]、下記のように「三」「四」を加えるものである。

「三　国籍喪失届書における国籍を喪失した者の表記

国籍喪失届書に記載する国籍を喪失した者の氏名は、戸籍に記載されている氏名で表記し、その下に外国人としての氏名をローマ字で付記させなければならない。ただし、届出人が外国人としての氏名をローマ字で付記しないときでも、便宜その届出を受理して差し支えない。

四　国籍喪失の報告における国籍を喪失した者の表記

官庁又は公署から国籍喪失の報告がなされたときは、報告者に対し、国籍を喪失した者の外国人としての氏名をローマ字で表記した資料を添付するよう協力を求めるものとする。ただし、報告者が外国人としての氏名をローマ字で表記した資料を添付しないときでも、便宜その報告を受理して差し支えない」。

(c) 「法例の一部を改正する法律の施行に伴う戸籍事務の取扱いについて」（平成元年10月2日民二第3900号民事局長通達、最終改正平成13年6月15日民一第1544号通達）

　この通達は、改正「法例」（平成元年法律第27号）が平成2年1月1日から施行されるのに伴い発出された戸籍事務の取扱いに関する通達である。現在、法例は「法の適用に関する通則法」とその名称を変更している。

　その「第8　常居所の認定」は、「1　我が国における常居所の認定」として、(1)事件本人が日本人である場合と(2)事件本人が外国人である場合に区分している。この通達では、(2)の認定は在留資格等で行うとしているが、本通達はその認定資料中の「外国人登録証明書」に代えて「在留カード、特別永住者証明書又は住民票の写し」に変更するものである。

(d) 「戸籍事務に関して国籍を韓国と認定する資料について」（平成5年4月9日民二第3319号民事局長通達）

　この通達は、当事者の国籍を韓国と認定する資料に関する通達である。この通達では、韓国と認定する資料に「特別永住許可書の写し、特別永住者である旨の記載がある外国人登録証明書の写し又は登録原票記載事項証明書」としていたが、本通達はそれを「特別永住者証明書の写し又は住民票の写し」に変更するものである。

(e) 「戸籍法及び戸籍法施行規則の一部改正に伴う戸籍事務の取扱いについて」（平成20年4月7日民一第1000号民事局長通達、最終改正平成22年5月6日第1080号通達）

　本通達は、上記通達の下記下線部分を「戸籍の附票の写し又は住民票の写し」に、下記ナミ下線部分を「戸籍の附票又は住民票」に変更する通達である。

「第1　戸籍謄本等の請求
5　法第10条の3第1項（現に請求の任に当たっている者を特定するための方法等）
　(2)　送付請求の場合
　　ア　本人等請求及び第三者請求

㋐　請求者が個人である場合（規則第11条の2第5号イ本文）
　　①　明らかにする方法
　　　ⅰ　1号書類又は規則第11条の2第2号イに掲げられた書類のいずれか一以上の写しを送付し、当該書類の写しに記載された現住所を送付先に指定する方法
　　　ⅱ　<u>戸籍の附票の写し、住民票の写し又は外国人登録原票の写し</u>を送付し、当該写しに記載された現住所を送付先に指定する方法
　　　ⅲ　当該請求を受けた市区町村長の管理に係る現に請求の任に当たっている者の<u>戸籍の附票、住民票又は外国人登録原票</u>に記載された現住所を送付先に指定する方法」

(C)　「戸籍届書の標準様式の一部改正について」（平成24年6月25日民一第1551号民事局長通達）による取扱いの変更

　本通達は、昭和59年11月1日民二第5502号民事局長通達で示した戸籍届書の標準様式中の、出生届および国籍喪失届書の標準様式を変更する通達である。

　従来は、出生届の欄外の「記入の注意」では、「子の名は、常用漢字、人名漢字、かたかな、ひらがなで書いてください」とだけあるが、本通達はそれに続けて「子が外国人のときは、原則かたかなで書くとともに、住民票の処理上必要ですから、ローマ字を付記してください」を加えた。また従来は、国籍喪失届の欄外の「記入の注意」では、「国籍を喪失した人の氏名欄には戸籍上の氏名を書いて下さい」とだけあるが、本通達は「国籍を喪失した人の氏名欄には戸籍上の氏名を書くとともに、住民票の処理上必要なため、外国人としての氏名をローマ字で付記してください」と変更した。

(2)　不動産登記法関連の改正

　(A)　登記識別情報の提供ができない場合の本人確認書類（不登規則72条2項1号の改正、整備経過措置省令9条）

登記識別情報を提供できない場合は、資格者代理人は登記官に本人確認情報の提供をしなければならないが（不登法23条4項1号）、その場合に本人から提示を受ける確認書類には、運転免許証・住基カード・旅券等・運転経歴証明書がある（不登規則72条1項3号・2項1号）。その提示を受ける書類から「外国人登録証明書」を削り「在留カード」「特別永住者証明書」を加えた。

(B)　「不動産登記事務手続準則の一部改正について」（平成24年6月6日民二第1416号民事局長通達）

　登記官は、「登記の申請があった場合において、申請人となるべき以外の者が申請していると疑うに足りる相当な理由があると認めるときは」申請人等の「出頭を求め、質問をし、又は文書の提示その他必要な情報の提供を求める方法により、当該申請人の申請の権限の有無を調査しなければならい」（不登法24条1項）。その場合には調書を作成しなければならないが（不登規則59条1項）、その調書の様式は法定されている（不動産登記事務取扱手続準則33条3項）。

　本通達は、その「本人確認調書」（別記第51号様式）の「調査内容」欄の「確認資料」の上欄の「①運転免許証②外国人登録証明書③住民基本台帳カード④旅券」を、「①運転免許証②在留カード③特別永住者証明書④住民基本台帳カード⑤旅券」に変更する通達である。

(C)　「入管法等改正法の施行に伴う不動産登記事務等の取扱いについて」
　　（平成24年6月6日民二第1417号民事局長通達）

　本通達（後掲・要領通達(4)190頁参照）は、前記(A)の本人確認情報の際の提示書類や(B)の本人確認調書作成に係る確認資料の改正を周知させるとともに、いずれの場合であっても当該外国人が所持する外国人登録証明書は有効期間内であれは、在留カード等にみなされることとした。

　次いで、その場合は、本人確認調書には「在留カード又は特別永住者証明書のいずれとみなしたかの別」「そのみなした在留カード又は特別永住者証明書の番号及び名称を囲むものとする」とする。さらに不正登記防止の申出があった場合（不登規則33条1項2号）の申出人の本人確認も、上記の本人確認

33

の方法による（不動産登記事務取扱手続準則33条4項）としている。

(D) 「入管法等改正法及び住基法改正法の施行に伴う不動産登記における添付情報の取扱いについて」（平成24年6月6日民二補佐官事務連絡）

本通達（後掲・要領通達(5)193頁参照）は、不動産登記の申請において外国人の氏名または住所の変更等の登記に登記の申請をする場合に申請情報と併せて登記所に提供すべき添付情報（不登令7条1項6号）を示したものである。

表題部所有者の氏名または住所の変更登記の際の添付情報（不登令別表1下段）や、登記名義人の氏名または名称または住所についての変更の登記または更正の登記の際の添付情報（不登令別表23下段）には、「市町村長、登記官その他の公務員が職務上作成した情報（公務員が職務上作成した情報がない場合にあっては、これに代わるべき情報）」を添付しなければならない。

本通達は、外国人が氏名または住所の変更の場合をする場合の添付情報とは、①申請人等が中長期在留者または特別永住者の外国人である場合は、住民票の写し。ただし住民票コードを提供したときは住民票の写しの提供は不要の場合がある（不登令9条、不登規則36条4項など）、②申請人等が中長期在留者または特別永住者以外の外国人の場合は、本国の政府発給機関の本国における住所証明書もしくは日本における本国の在外公館が発行した日本の住所の記載のある在留証明書等であるとしている。なお、当該申請人等が保有する外国人登録証明書は、その提供があった場合でも外国人の氏名または住所を証する公務員が職務上作成した情報の提供があったものとして取り扱うことができない、としている。

(3) 商業登記法関連の改正──「商業登記等事務取扱準則の一部改正について」（平成24年6月29日民商第1602号民事局長通達）

登記官は、「登記の申請があった場合において、申請人となるべき以外の者が申請していると疑うに足りる相当な理由があると認めるときは」申請人等の「出頭を求め、質問をし、又は文書の提示その他必要な情報の提供を求め

3　入管法等改正法・改正住基法施行に伴う関連法の改正と各種通達の発出

る方法により、当該申請人の申請の権限の有無を調査しなければならい」(商登法23条の2第1項)。その場合には調書を作成しなければならないが(商登規則38条の3第1項)、その調書の様式は法定されている（商業登記事務取扱手続準則47条第2項)。

　本通達は、その「本人確認調書」(別記第25号様式)の「調査内容」欄の「確認資料」上欄の「①運転免許証②外国人登録証明書③住民基本台帳カード④旅券」を、「①運転免許証②在留カード③特別永住者証明書④住民基本台帳カード⑤旅券」に変更し、みなし在留カード等である場合は、⑨の「その他」のかっこ内に「外国人登録証明書」と記載したうえで、在留カードまたは特別永住者証明書のいずれとみなしたかがわかるように、該当の確認資料の番号および名称を囲むものとした[5]。

(4)　供託法関連の改正

(A)　供託物払渡しの際の印鑑証明書の添付不要の際の提示書類（供託規則26条3項2号の改正、整備経過措置省令4条・附則24条1項2号)

　供託物の払渡しを請求する者は、供託物払渡請求書または委任による代理人の権限を証する書面に押印した印鑑についての印鑑証明書を添付しなければならない(供託規則26条1項2号)。しかし、払渡請求者が個人の場合で運転免許証・住基カード等を提示して本人であることが確認できれば、印鑑証明書の添付は不要である(供託規則26条3項)。その提示書類を「外国人登録証明書」に代えて「在留カード」「特別永住者証明書」とした。ただし「特別永住者証明書」の場合は、住居地の記載がある場合に限る[6]。

(B)　「入管法等改正法等の施行に伴う供託事務の取扱いについて」（平成24年6月28日民商第1597号民事局長通達)

　本通達（後掲・要領通達(7)197頁参照）は、(A)で述べた供託規則の改正に併せて発せられたものである。

　印鑑証明書の添付を省略できる場合は、第1に、提示した在留カードにより本人確認ができる場合(第2－1－(1))、第2に、提示した特別永住者証明書

に住居地の記載がありそれにより本人確認ができる場合（第2－1－(2)）、第3に、提示したみなし在留カード等により本人確認ができる場合（第2－1－(3)）、第4に、提示した住民基本台帳カードにより本人確認ができる場合、である。印鑑証明書の添付を省略できない場合は、中長期在留者および特別永住者以外の外国人であって外国人住民でない者であるが、それら外国人に対しては「本国の官公署又は駐日外国公館が発行する署名（サイン）証明の添付を求める」（第2－2）。

なお、本通達では、みなし在留カードとして取り扱うかどうかの判断方法を述べている（第2－3）。

（西山　慶一）

〈注〉

1　この点について「本国登録をしておらず、本国官憲が発給する身分関係の証明書を得ることができない特別永住者を当事者とする婚姻届又は養子縁組等を受理する場合の特例を定めたものである」（本通達に関する水嶋「解説」民事月報67巻8号（2012年8月）68頁）。

2　「従来は、旧外国人登録法による外国人登録制度において登録されていた家族関係（父母及び配偶者）に係る登録原票記載事項証明書を提出することをもって要件審査して差し支えないとされていた」（水嶋・前掲（注1）68頁）。

3　「本通達により、要件審査のための提出書類について、世帯主との続柄が証明される住民票を必要とすることに加え、その他の資料（戸籍届書記載事項証明書、閉鎖外国人登録原票の写し、事件本人が要件を具備している旨の第三者の申述書等）を提出させることをもって要件審査して差し支えないものとされた」（水嶋・前掲（注1）68頁）。

4　その点について、「今般の住基法改正法に基づく本年2月10日付け総行住第17号総務省自治行政局……の実施に伴い、外国人住民票の記載事項である氏名については、在留カード又は旅券のローマ字表記の氏名を記載するとされ、出生による経過滞在者又は国籍喪失による経過滞在者については、出生届、国籍喪失届又は国籍喪失報告に付記されているローマ字表記の氏名を記載することとされた。そこで、一般的に旅券にはローマ字表記の氏名が記載又は併記されており、本国法上の文字を記載させないことに対する弊害は少ないものと考えられることから、……」（水嶋・前掲（注1）68～69頁）。

5　本通達に関する「解説」登記研究780号（2013年2月）116頁。

6　次の(B)の通達（平成24年6月28日民商第1597号）第2－1－(2)（後掲・要領通達(7)198頁）参照。

4　入国管理局に集積される「外国人住民」の情報

はじめに

　従来のわが国の在留管理は、入国時や在留期間の更新時に審査を行ういわゆる「点」の管理になっており、法務大臣が在留期間の途中における外国人の在留情報を随時に把握できていないという問題点があった。また、入管法に基づく入国・在留関係の許可手続時における法務大臣の在留情報の把握と外登法に基づく外国人登録時における市町村長の在留情報の把握が二元的に行われていたので、行政の非効率や外国人の負担という問題点も生じていた[1]。

　ここでは、今般の入管法等改正法や改正住基法の施行、外登法の廃止に伴い、法務大臣による一元的、正確かつ継続的な在留管理を実現するために、外国人住民本人や市町村長にどのような義務が課せられ、法務省入国管理局にどのような情報が集積されるのかを整理してみる。

(1)　入国管理局に集積される外国人住民の情報の内容

　平成21年7月15日に改正された入管法は、中長期在留者について適正な在留管理を実現するために、法務大臣の責務を定めた特別な規定をおいている。

　　［入管法］（中長期在留者に関する情報の継続的な把握）
　　第19条の18　法務大臣は、中長期在留者の身分関係、居住関係及び活動状況を継続的に把握するため、出入国管理及び難民認定法その他法令の定めるところにより取得した中長期在留者の氏名、生年月日、性別、国籍の属する国、住居地、所属機関その他在留管理に必要な情報を整理しなければならない。
　　2　法務大臣は、前項に規定する情報を正確かつ最新の内容に保つよう努め

なければならない。
　3　法務大臣は、在留管理の目的を達成するために必要な最小限度の情報を超えて、第1項に規定する情報を取得し、又は保有してはならず、当該情報の取扱いに当たっては、個人の権利利益の保護に留意しなければならない。

　そして、中長期在留者である外国人本人に自らの滞在情報に関し、入国管理局または市町村への届出義務を課すとともに、市町村へ届け出された情報および市町村が職権で把握した情報を通知させることで、入国管理局へ情報を集積させ、一元的な管理を行うことを目的としている（それに対し、特別永住者については、入管特例法に一部、本人の届出義務に関する類似規定を定めて限定的な管理を行っている）。

　これは、従来の入管法に基づき入国管理局が行う入国、在留の許可と外登法に基づき市町村が行う外国人登録という二元的な管理制度による問題点、弊害を解決しようとするものである。

(A)　在留カードおよび特別永住者証明書の記載事項

　(a)　在留カードの記載事項

　外国人が入国後、最初に集積される情報とは、在留カードに記載される以下の事項である（入管法19条の4第1項）。

① 氏名、生年月日、性別および国籍の属する国または入管法2条5号ロに規定する地域（以下、「国籍・地域」という）
② 住居地（本邦における主たる住居の所在地をいう。以下同じ）
③ 在留資格、在留期間および在留期間の満了日
④ 許可の種類および年月日
⑤ 在留カードの番号、交付年月日および有効期間の満了の日
⑥ 就労制限の有無
⑦ 就労資格証明書の規定による在留資格外の活動の許可を受けているときはその旨

(b) **特別永住者証明書の記載事項**

それに対し、特別永住者の場合、(すでに集積されている情報を除けば) 特別永住者証明書には記載されるのは、上記①、②、⑤に対応するⓐ氏名、生年月日、性別および国籍・地域、ⓑ住居地、ⓒ特別永住者証明書の番号、交付年月日および有効期間の満了の日という三つの事項だけである (入管特例法8条1項)。

(B) **住居地の届出および変更**

(a) **中長期在留者の場合**

次に、上陸後の住居地の届出、変更については、下記のとおりいずれも市町村長への届出義務が課せられており、市町村経由での情報の集積を図っている。

日本に上陸した中長期在留者は、日本に住居地を定めた日から14日以内に住居地の市町村の長に対し、在留カードを提出したうえ、当該市町村の長を経由して、法務大臣に対し、その住居地を届け出なければならない (入管法19条の7第1項)。

中長期在留者が住居地を変更した場合は、新住居地に移転した日から14日以内に新住居地の市町村の長に対し、在留カードを提出したうえ、当該市町村の長を経由して、法務大臣に対し、その新住居地を届け出なければならない (入管法19条の9第1項)。

在留資格変更等に伴い住居地を変更した場合、すなわち、①在留資格の変更 (入管法20条3項)、②在留期間の更新の許可 (同法21条3項)、③在留資格の取得の許可 (同法22条の2第3項・22条の3)、④在留特別許可 (同法50条1項) 等を受けて新たに中長期在留者となった場合等には住居地を定めた日 (すでに住居地を定めている者にあっては当該許可の日) から、14日以内に市町村の長に対し、在留カードを提出したうえ、当該市町村の長を経由して、法務大臣に対し、その新住居地を届け出なければならない (同法19条の8第1項)。

そして、これらの届出については、中長期在留者が住居地もしくは新住居地の市町村の長に対し、在留カードを提出して転入届や中長期在留者等に

なった旨の届出をしたときに、法務大臣に対する届出があったものとみなされる（入管法19条の7第3項・19条の8第3項・19条の9第3項）。

(b) 特別永住者の場合

特別永住者の場合には、中長期在留者が新たに住居地を定めた場合の入管法19条の7の規定や住居地を変更した場合の同法19条の9の規定に対応するそれぞれの規定が、次のように定められている。

住居地の記載のない特別永住者証明書の交付を受けた特別永住者については、住所地を定めた日から14日以内に、当該特別永住者証明書を提出したうえ、住居地の市町村の長を経由して、法務大臣に対し、その住居地を届け出なればならない（入管特例法10条1項）。

また、特別永住者が、住居地を変更したときは、新住居地に移転した日から14日以内に新住居地の市町村の長に対し、特別永住者証明書を提出したうえ、当該市町村の長を経由して、法務大臣に対し、その新住居地を届け出なればならない（入管特例法10条2項）。

そして、これらの届出についても、特別永住者が住居地もしくは新住居地の市町村の長に対し、特別永住者証明書を提出して転入届や転居届をしたときに、法務大臣に対する届出があったものとみなされる（入管特例法10条4項・5項）。

(C) 住居地以外の情報の変更

(a) 中長期在留者の場合

中長期在留者の住居地以外の情報の変更については、以下のとおり、法務省入国管理局への直接の届出義務を課している。

中長期在留者は、在留カードの記載事項のうち、氏名、生年月日、性別、国籍・地域の各項目に変更を生じた場合には、変更の生じた日から14日以内に、法務大臣に変更の届出をしなければならない（入管法19条の10第1項）。

中長期在留者であって、次の各号に掲げる在留資格をもって日本に在留する者は、在留資格の区分に応じ、当該各号に定める事由が生じたときは、その事由が生じた日から14日以内に、法務大臣に変更の届出をしなければなら

ない（入管法19条の16第1項）。
　① 教授、投資・経営、法律、会計業務、医療、教育、企業内転勤、技能実習、留学または研修：所属機関の名称もしくは所在地の変更、その消滅または所属機関からの離脱もしくは移籍
　② 研究、技術、人文知識・国際業務、興行または技能：契約の相手方である日本の公私の機関の名称もしくは所在地の変更、その消滅または当該機関との契約の終了もしくは新たな契約の締結
　③ 家族滞在、特定活動、日本人の配偶者等、永住者の配偶者等：配偶者と離婚または死別

　(b) **特別永住者の場合**

それに対し、特別永住者の場合は、住居地以外の情報についても、次のように市町村の長を経由しての届出義務を課している。

特別永住者は、氏名、生年月日、性別および国籍・地域に変更を生じたときは、その変更を生じた日から14日以内に居住地の市町村の長に対し、特別永住者証明書を提出したうえ、当該市町村の長を経由して、法務大臣に対し、変更の届出をしなければならない（入管特例法11条1項）。

(D) **集積される情報の正確性の向上**

今回の法改正では、次のような規定を新たに設けて入管職員に広範囲な事実調査権を付与した。外国人本人に対してだけでなく、関係者に対し出頭を求めて質問したり、市町村や所属機関に必要な事項の報告を提出させたりすることで、入国管理局に集積される外国人住民の情報の正確性を向上させ、中長期在留者についての適正な在留管理の実現を図っている[2]。

［入管法］（事実の調査）
第19条の19　法務大臣は、中長期在留者に関する情報の継続的な把握のため必要があるときは、この款の規定により届け出ることとされている事項について、その職員に事実の調査をさせることができる。
　2　入国審査官又は入国警備官は、前項の調査のため必要があるときは、関

係人に対し、出頭を求め、質問をし、又は文書の提示を求めることができる。
3　法務大臣、入国審査官又は入国警備官は、第1項の調査について、公務所又は公私の団体に照会して必要な事項の報告を求めることができる。

(2) 市町村長から法務大臣に通知される外国人住民の情報

(A) 改正住基法施行日前における仮住民票の情報の通知

　市町村長は、平成24年5月7日（基準日）現在において改正住基法の施行日である同年7月9日に当該市町村の中長期在留者、特別永住者等であると見込まれる外国人住民について、基準日後速やかに仮住民票を作成し、その者に対して仮住民票の記載事項を通知した（改正住基法附則3条1項・5項、改正住基法令附則1条の2）。そして、次の規定に従って仮住民票記載の情報の一部を法務大臣に通知した。

[整備経過措置政令]　（仮住民票の作成に係る法務大臣への通知）
　第20条　市町村の長は、住民基本台帳法の一部を改正する法律（平成21年法律第77号）附則第3条第1項に規定する仮住民票を作成したときは、その旨及び当該仮住民票に係る外国人に係る次に掲げる事項を法務大臣に通知するものとする。
　　一　氏名、生年月日、性別、国籍の属する国又は入管法第2条第5号ロに規定する地域及び住所
　　二　外国人登録法に規定する外国人登録証明書の番号
　2　前項の通知は、電磁的記録媒体を送付することによって行うものとする。

(B) 改正住基法施行日における外国人住民票の情報の通知

　市町村長は、基準日後施行日の前日までの間に、仮住民票の記載事項に変更があったときは、その仮住民票の記載の修正をし（改正住基法令附則5条）、また仮住民票の記載事項の通知を受けた当該外国人から記載事項の修正の申

出があった場合には、原則として、外国人登録の変更登録申請や訂正申立て等を受け付け、外国人登録原票の変更等を行ったうえで仮住民票の修正を行った（仮住民票要領第7、後掲・要領通達(3)188頁参照）。そして、(A)と同様に、改正住基法の施行日における外国人住民票の情報を法務大臣に通知した（ただし、通知の方法は上記と異なるものである）[3]。

> ［整備経過措置政令］
> （改正住施行日における外国人住民の住民票に係る法務大臣への通知）
> 第21条　市町村の長は、改正法施行日において、当該市町村の住民基本台帳法の第30条の45に規定する外国人住民に係る前条第1項各号に掲げる事項を法務大臣に通知するものとする。
> 2　前項の規定による通知は、法務大臣が市町村の長に使用させる電子計算機（入出力装置を含む。）から電気通信回線を通じて法務大臣の使用に係る電子計算機に送信する方法その他総務省令・法務省令で定める方法により行うものとする。

(C)　改正住基法施行日以降の届出および変更情報の通知

(a)　中長期在留者の場合

改正住基法の施行日である平成24年7月9日以降については、(1)に示した中長期在留者本人に市町村長への届出義務を課した事項について、入管法令に次のような市町村の事務に関する規定を定め、法務大臣への通知がなされるようにしている[4]。

> ［入管法令］（法第19条の7第1項等の届出に係る市町村の事務）
> 第2条　市町村……の長は、法第19条の7第1項の規定による届出（同条第3項の規定により同条第1項の規定による届出とみなされる届出を含む。以下同じ。）、法第19条の8第1項の規定による届出（同条第3項の規定により同条第1項の規定による届出とみなされる届出を含む。以下同じ。）又は法第19条の9第1項の規定による届出（同条第3項の規定により同条第1項の規定による届出とみなされる届出を含む。以下同じ。）があったとき

> は、当該届出に係る次に掲げる事項を、法務大臣が市町村の長に使用させる電子計算機（入出力装置を含む。）から電気通信回線を通じて法務大臣の使用に係る電子計算機に送信する方法その他の法務省令で定める方法により法務大臣に伝達するものとする。

ここで、法務大臣に通知される事項は、以下のとおりである。
① 届出をした中長期在留者の氏名、生年月日、性別、国籍・地域および住居地
② 届出をした中長期在留者が提出した在留カードの番号
③ 届出の年月日
④ 届出が、新規上陸後の住居地届出、在留資格変更等に伴う住居地届出、または住居地の変更届のいずれの規定によるものであるかの別
⑤ 住居地を新たに定めた場合もしくは新たに中長期在留者となった場合の住居地を定めた年月日
⑥ 住居地を変更した場合の新住居地に移転した年月日および当該届出の直前に定めていた住居地

(b) **特別永住者の場合**

同様に、特別永住者については、入管特例法令において同様の市町村の事務に関する規定を定め、やはり法務大臣への通知がなされるようにしている。

> ［入管特例法令］
> （法第10条第1項等の届出の経由に係る市町村の事務）
> 第3条　市町村の長は、法第10条第1項の規定による届出（同条第4項の規定により同条第1項の規定による届出とみなされる届出を含む。以下同じ。）又は同条第2項の規定による届出（同条第5項の規定により同条第2項の規定による届出とみなされる届出を含む。以下同じ。）があったときは、当該届出に係る次に掲げる事項を、法務大臣が市町村の長に使用させる電子計算機（入出力装置を含む。）から電気通信回線を通じて法務大臣の使用に係る電子計算機に送信する方法その他の法務省令で定める方法に

> より、法務大臣に伝達するものとする。

そして、この場合の法務大臣に通知される事項は、以下のとおりである。
ⓐ 届出をした特別永住者の氏名、生年月日、性別、国籍・地域および住居地
ⓑ 届出をした特別永住者が提出した特別永住者証明書の番号
ⓒ 届出の年月日
ⓓ 届出が、住居地の記載のない特別永住者証明書の交付を受けた特別永住者が住居地を定めた場合の届出、または住居地を変更した場合の新住居地の届出等、いずれの規定によるものであるかの別
ⓔ 住居地の記載のない特別永住者証明書の交付を受けた特別永住者が、住居地を届け出た場合の住居地を定めた年月日
ⓕ 住居地を変更した場合の新住居地に移転した年月日および当該届出の直前に定めていた住居地

(c) **市町村の通知事務の性質**

上述のうち、中長期在留者本人に届出義務を課した住居地の届出、変更に関する法務大臣への通知（入管法19条の7第1項・2項・19条の8第1項・19条の9第1項）および特別永住者に届出義務を課した住居地の届出、変更に関する法務大臣への通知（入管特例法10条1項・2項）は、いずれも市町村の第1号法定受託事務とされている（入管法68条の2、入管特例法24条）。

(D) **審査、職権による住民票の記載、消除、記載の修正をした場合の通知**

市町村長が審査もしくは職権で、住民票の記載、消除、記載の修正をした場合の通知については、入管法の「第8章　補則」に次のような特別の規定を定めている。

> ［入管法］（住民票の記載等に係る通知）
> 第61条の8の2　市町村の長は、住民基本台帳法第30条の45に規定する外国人住民に係る住民票について、政令に定める事由により、その記載、消除

> 又は記載の修正をしたときは、直ちにその旨を法務大臣に通知しなければ
> ならない。

　なお、ここでいう「住基法第30条の45に規定する外国人住民」という定義には、中長期在留者のほかに、特別永住者、一時庇護許可者または仮滞在許可者、出生による経過滞在者または国籍喪失による経過滞在者が含まれている。

　これは、(前述(C)の外国人本人に市町村長への届出義務を課した事項に関しては、中長期在留者は入管法、特別永住者は入管特例法にそれぞれ異なる規定をおいて定めていたが) 審査もしくは職権で住民票の記載、消除、記載の修正をした場合の通知に関しては、中長期在留者、特別永住者いずれについても、入管法中の同一の条文で規定し、その内容に応じて、両者のいずれか、または一時庇護許可者または仮滞在許可者、出生による経過滞在者または国籍喪失による経過滞在者等を除外する取扱いであることを示している。

　「政令に定める事由」とは、入管法令で次のように定められている。

> ［入管法令］（法第61条の8の2の政令で定める事由等）
> 第6条　法第61条の8の2の政令で定める事由は、住民基本台帳法施行令（昭和42年政令第292号）第11条、第12条第1項及び第3項並びに第30条の32の規定により読み替えて適用される同令第12条第2項に定める事由（住民基本台帳法第30条の50の規定による通知があったことを除き、記載の修正の事由にあっては、次項第1号から第4号に掲げる事項についての記載の修正に係るものに限る。）とする。

　すなわち、それらの事由とは、以下に列記するものである。
① 転入、転居、転出、世帯または世帯主の変更があった場合、中長期滞在者等（上記の定義から出生による経過滞在者または国籍喪失による経過滞在者を除いたもの）が国外から転入し住所を定めた場合、住所を有する者が中長期滞在者等となった場合および世帯主でない者が世帯主との続柄

に変更があった場合に、これらの届出の内容が事実であるかどうかを審査したうえで、住民票の記載、消除、記載の修正（以下、「記載等」という）をすべきこと（住基法令11条）
② 上記の届出をすべきなのに届出がないことを知って、職権で住民票の記載等をすべきこと（住基法令12条１項）
③ 台帳に脱漏、誤載があり、または住民票に誤記、記載漏れがあることを知って、職権で住民票の記載等の修正をすべきこと（同条３項）。
④ 戸籍に関する届書、申請書を受理したことまたは住基法９条１項により、他の市町村へ住所を変更した者につき、その市町村からの通知を受けたことにより、職権で住民票の記載等をすべきこと（住基法令12条２項・30条の32）。

そして、入管法61条の８の２によって、市町村長から法務大臣へ通知される事項とは、以下のとおりである。
ⓐ 外国人住民の氏名、生年月日、性別、国籍・地域および住所
ⓑ 中長期在留者、特別永住者、一時庇護許可者、仮滞在許可者、経過滞在者の別
ⓒ 中長期在留者である場合における中長期在留者の在留カードの番号
ⓓ 特別永住者である場合における特別永住者証明書の番号
ⓔ 記載、消除、記載の修正の別
ⓕ ⓐからⓓまでの記載の修正をした場合の修正がいずれかに係るものであるかの別および住所の記載を修正した場合の修正前に記載されていた住所
ⓖ 転入、転居、転出および中長期滞在者が国外から転入し住所を定めたとき、並びに住所を有する者が中長期滞在者となったときのいずれかに基づき、住民票の記載等をした場合における当該記載等がこれらの規定のいずれによるものであるかの別および届出の年月日、転出届出に基づき消除した場合の転出予定年月日
ⓗ 前述②から④において記載等をした場合における当該記載等がこれら

の規定のいずれによるものであるかの別および当該記載等をした年月日
　ただし、次の㋐から㋓の場合には、当該記載等をした年月日に代え、下記に定める年月日
㋐　出生（出生によって日本の国籍を取得したときを除く）、日本の国籍の喪失、死亡、日本の国籍の取得があったための消除：当該事由の発生年月日
㋑　民法30条１項（普通失踪）の規定による失踪宣告の裁判が確定したための消除：不在者の生存が確認された最後の時から７年間の期間が経過した年月日
㋒　民法30条２項（特別失踪）の規定による失踪宣告の裁判が確定したための消除：戦争終了時、沈没時、その他危難が去った年月日
㋓　失踪宣告の取消しの裁判の確定があったための記載：届出の年月日

(3)　入国管理局に集積される外国人住民の情報の開示

(A)　外国人登録原票に記載されていた情報

　今般の入管法等改正法や改正住基法の施行、外登法の廃止に伴い、これまで市町村に保管されていた外国人登録原票は、法務省に送付、保管されることになった（入管法等改正法附則33条）。改正法施行後、過去に外国人登録をしていた者に関する外国人登録原票は法務省入国管理局において保有する行政文書となり、その情報開示を受けるには、行政機関個人情報保護法12条・13条に基づく開示請求を行うことを要することとなったため、外国人は、開示請求先である法務省大臣官房秘書課個人情報保護係に直接出頭、または郵送で請求しなければならない。また、法務省によれば、平成24年末までにすべての外国人登録原票のデータベース化を完了したということであるが、請求してから交付されるまでは相当の期間を要しており、従来の市区町村窓口で即日取得できたことに比べると、利便性に欠けていることは否めない[5]。

　外国人登録原票には、外国人住民票の記載事項とされなかった「国籍の属する国における住所又は居所」（旧外登法４条１項７号）、「出生地」（同項８号）、

「(世帯構成員でない) 本邦にある父母及び配偶者の氏名、出生の年月日及び国籍」(同項19号) 等の在留外国人の渉外家族法実務・渉外民事実務における有用な身分情報が記載されているので、今後数十年にわたって相当数の開示請求がなされると考えられ、請求手続の簡便化、交付までの期間短縮が望まれる[6]。

(B) **在留カードまたは特別永住者証明書の交付を受けている者の情報**

改正住基法の施行日である平成24年7月9日以降、在留カードまたは特別永住者証明書の交付を受けている者について、入国管理局が保有する身分情報は、①氏名、②生年月日、③性別、④国籍・地域、⑤住居地およびそれらの変更履歴等であり、その開示を受けるには、行政機関個人情報保護法12条・13条の規定に基づき、法務省大臣官房秘書課個人情報係に対して「出入(帰)国記録による開示請求」を行うこととされている[7]。

おわりに

ここまで、外国人本人から市町村経由もしくは直接届出された情報や市町村が職権で把握した情報等、入国管理局に集積される外国人情報について整理してきたが、今般の改正の主たる目的が法務大臣による一元的、正確かつ継続的な在留管理の実現にあるためか、渉外家族法実務・渉外民事実務において必要ないくつかの項目の情報が、今後は集積されなくなるという懸念がある。

(A) **外国人登録原票に記載されていた情報**

前述のとおり、外国人登録原票の記載事項であった「国籍の属する国における住所又は居所」「出生地」「(世帯構成員でない) 本邦にある父母及び配偶者の氏名、出生の年月日及び国籍」は「外国人住民票」の記載事項とされなかった[8] (ただし、過去に外国人登録をしていた者については、開示請求に応じてその情報が提供される)。

(B) **「世帯主についてはその旨、世帯主でない者については世帯主の氏名及び世帯主との続柄」**(住基法7条4号)

外国人住民票の記載事項である「世帯主についてはその旨、世帯主でない者については世帯主の氏名及び世帯主との続柄」は、外国人住民票の記載事項としては唯一ともいえる身分情報である。しかも、続柄の変更を届け出る場合等には世帯主との続柄を証する書面の添付が義務づけられたので（住基法30条の48・30条の49）、その情報は正確であり、外国人住民が当事者となる相続登記等においては、非常に重要視される情報といえるものである。したがって、この変更情報は市町村長から法務大臣への通知事項に加えて、入国管理局に集積されるようにすべきである[9]。

(C) 「通称」「通称の記載及び削除に関する事項」（住基法7条14号、住基令30条の25）

通称は、旧外登法でも「通称名」として外国人登録原票への記載が便宜認められていたが、今般の改正でも、直前に政令で定められ記載事項となった（住基令30条の25）。これまでも、外国人住民が日本の会社で仕事をしたり、友人と交際したりする場合に通称名を使用することは多く、また登記・登録等をする際に通称名を氏名として記載する割合は非常に高い。したがって、外国人が他の市町村に転出・転入する際に「通称」「通称の記載及び削除に関する事項」は新住所地市町村の住民票に移記されるが（住基法令30条の26第3項・30条の27第2項）、その記載と変更の情報は、市町村長から法務大臣に通知して、継続したデータとして入国管理局が保存すべきである[10]。

(大和田　亮)

〈注〉

1　平成20年3月第5次出入国管理政策懇談会「報告書　新たな在留管理制度に関する提言」4、5頁。

2　入管法別表第1の在留資格をもって在留する中長期在留者を受け入れている機関は、法務大臣に対し、当該中長期在留者の受入れの開始および終了その他受入れの状況に関する事項を届け出るよう努めなければならないとし（入管法19条の17）、所属機関にも届出に関する努力責務を課して本人との情報を照合させることで、情報の正確性を確保しようとしている。

3　外国人登録619号28頁（テイハン、2010年9月）。外国人登録事務従事市町村職員第55回中央研修（質疑応答）（第1回）質問23「入管法等改正（システム関係）法務省と市区

町村のとの情報のやり取りについて」：法務省と市区町村との情報連携は総合行政ネットワーク（LGWAN）を利用して行うこととしている。

4 　中長期在留者の住居地以外の情報の変更については、外国人に本人に対して法務省入国管理局への直接の届出義務を課しており、その場合には住基法30条の50の規定に従って、法務大臣から市町村に対し、次の①～⑦の情報が通知される。それによって、外国人住民は、入国管理局に直接届け出た情報については、それをあらためて市町村に届け出る必要がなくなり、かつ市町村は、職権でそれらのデータを記載することで、外国人住民票に正確に反映することができるようになる。

　　①氏名、出生の年月日、男女の別、国籍、②中長期在留者である旨、③在留カードに記載されている在留資格、在留期間、満了日、カード番号、④特別永住者である旨、⑤特別永住者証明書に記載されている証明書番号、⑥一時庇護許可者または仮滞在許可者である旨、⑦一時庇護のための上陸期間または仮滞在許可者の仮滞在期間

5 　法務省ホームページ http://www.moj.go.jp/hisho/bunsho/hisho02_00016.html によれば、開示決定に 1 カ月程度の期間を要するとされている。

6 　外国人登録原票の開示請求手続の問題点については、第 2 章 2 を参照。

7 　「出入（帰）国記録」には、住所や氏名等の届出年月日は記録されるが、変更年月日は記録されず開示されないと聞き及ぶ。しかし、住所の移転年月日は市町村長から伝達されている（入管法令 2 条 6 号、入管特例法令 3 条 6 号）。したがって届出年月日だけでなく変更年月日も記録して開示請求に応じるべきである。

8 　日司連提言書の〔提言 1 〕では、これらの情報を蓄積し、当事者または親族が知り得る制度上の措置を講じるべきであると提言している（後掲・資料Ⅱ247頁）。

9 　同様に〔提言 3 〕①で提言している（後掲・資料Ⅱ253頁）。

10　同様に〔提言 3 〕②で提言している（後掲・資料Ⅱ253頁）。

第2章

「改正住基法」施行後の渉外民事実務に関する問題点

■ 本章の概要 ■

　平成24年7月9日、入管法等改正法および改正住基法の施行、外登法の廃止によって外国人住民票が創設され、同時に外国人登録原票は、すべて市町村から法務大臣へ送付された。

　その改正には"外国人住民の利便の増進"に寄与する内容が含まれている反面、渉外家族法実務・渉外民事実務において有用であった外国人登録原票の身分情報が外国人住民票では除外される等、外国人にとって致命的な不利益が発生している。

　そこで、本章では以下の内容を取り上げて検討する。

　1　「仮住民票」から移行した「外国人住民票」の問題点　では、仮住民票がどのような要領で作成され、それが外国人住民票にどう移行したか。どのような問題点があるのか。

　2　法務省への「外国人登録原票」の開示請求手続の問題点　では、渉外民事事件において必要な外国人登録原票や出入（帰）国記録は、誰がどの所轄官庁に対してどのような手続によって開示請求できるのか、またその際の問題点はなにか。

　3　外国人住民の住所・氏名の変更をめぐる不動産登記手続の問題点　では、従前と比較し、外国人住民票では住所および氏名の記載事項や表記方法がどのように変わり、それによってどのような不動産登記実務における問題点が生じているのか。

　4　外国人住民票の「世帯事項」の意義と問題点　では、外国人登録原票の身分情報が外国人住民票から除外される中、唯一残った「世帯事項」が、どのような意義と問題点を有しているのか。

　本章では、入管法等改正法および改正住基法の施行後におけるこれらの問題点を整理することで、今後の検討課題を明確にしたい。

1 「仮住民票」から移行した「外国人住民票」の問題点

はじめに

　改正住基法は、日本に在留する中長期在留者および特別永住者等（以下「中長期在留者等」という）をその対象者として、平成24年7月9日に施行された。

　市町村長は、施行前の平成24年5月7日を基準日として「仮住民票」を作成し、施行日に当該市町村の中長期在留者等であると見込まれる外国人住民にその内容を通知した（改正住基法附則3条1項・5項、改正住基法令附則1条の2）。仮住民票は改正住基法の施行日（同年7月9日）に住民票となった（同法附則4条1項）。

　本項では、「仮住民票」から移行した「外国人に係る住民票」（以下、「外国人住民票」という）の記載事項についてその問題点を探ることにする。

(1) 仮住民票の作成とその記載内容

(A) 仮住民票事務処理要領の発出

　仮住民票は、総務省自治行政局長より各都道府県知事宛てに発せられた、「仮住民票に関する事務について（通知）」（平成24年2月10日付総行住第19号）による仮住民票要領[1]に基づき各市町村において作成された[2]。

(B) 仮住民票の作成対象者（改正住基法附則3条1項1号・2号）

　仮住民票を作成することとされた施行日に中長期在留者等と見込まれる外国人住民は、次の要件に該当する者である[3]。

① 市町村の外国人登録原票に登録されていること[4]
② 施行日に中長期在留者等であると見込まれる者[5]
③ 施行日において市町村の区域内に住所を有すると見込まれる者[6]

(C) 仮住民票の主な記載事項

(a) **氏名**（改正住基法附則3条1項本文、住基法7条1号）

施行日に中長期在留者等と見込まれる外国人住民のほとんどは、すでに外国人登録原票が作成されており、仮住民票の氏名の記載は旧外登法上の運用を前提に仮住民票要領に基づき取り扱われることになる。

それによれば、①原則として、「氏名」欄には外国人登録原票に記載された氏名が記載され、その氏名にローマ字が用いられている場合には、外国人登録原票に記載されている順序により記載される。次に、②外国人登録原票の氏名に簡体字または繁体字が用いられている場合には、漢字告示に従い、職権により、一律に正字に置換のうえ記載された[7]。また、③ローマ字氏名の読みのカタカナ表記（カタカナ併記名）が外国人登録原票の氏名欄に記載されている場合は、仮住民票の氏名欄には記載せず、備考欄に記載された[8]。そして、④漢字氏名に対応するローマ字表記（アルファベット併記名）が外国人登録原票の氏名欄に記載されている場合は、外国人登録原票に記載されている順序により、氏名欄に記載するが、この場合、氏名欄の記載は、ローマ字による氏名に併せて漢字による氏名を併記する。なお、漢字氏名に「ふりがな」は付さなくてもよいとしつつも、本人に確認した漢字氏名のふりがなを把握しているなど、仮住民票作成時点でふりがなを記載することができる場合には、できるだけふりがなを付すよう推奨している[9]。

なお、旧外国人登録原票上に記載されていた氏名に関する変更履歴等の記載事項は、一切仮住民票には移記されなかった。

(b) **出生の年月日**（改正住基法附則3条1項本文、住基法7条2号）

原則として、外国人登録原票に記載された「出生の年月日」を記載するので、西暦で記載される。また、外国人登録原票に出生の「年」「月」「日」のいずれかが記載されてなく、アスタリスク等で表示されている場合は、不明であることが明らかになるように記載される[10]。

(c) **世帯主についてはその旨、世帯主でない者については世帯主の氏名および世帯主との続柄**（改正住基法附則3条1項本文、住基法7条4号）

仮住民票の作成にあっては、世帯主に関する記載事項は、外国人登録原票

に記載された「世帯主の氏名」「世帯主との続柄」「申請に係る外国人が世帯主である場合には、世帯を構成する者の氏名、出生の年月日、国籍及び世帯主との続柄」および「本邦にある父母及び配偶者の氏名、出生の年月日及び国籍」に基づき記載することになる。そのうえで、外国人登録原票に記載された世帯情報に明らかに疑義がある場合は、必要に応じて、行政事務の記録の確認や実態を把握したうえで記載を行うこととされた。

施行日において外国人住民と見込まれる者と日本人との複数国籍世帯において、世帯主が外国人住民と見込まれる場合には、複数国籍世帯を構成する日本人の住民票の備考欄も参照して、その日本人に係る住民票の世帯情報の変更の必要性を確認することが適当であるとしている。その際、婚姻関係や親子関係の存在を戸籍等で確認するよう求められている。

なお、実際に世帯主に相当する者が改正住基法の適用から除外された外国人の場合[11]、世帯員のうち世帯主に最も近い地位にある者の氏名を世帯主として記載し、実際に世帯主に相当する者である外国人の氏名を備考として記入する。また、世帯主の氏名欄には通称を記載しない[12]。

(d) **住所および住所を定めた年月日**（改正住基法附則3条1項本文、住基法7条7号）

住所は、原則として外国人登録原票の「居住地」欄の記載に基づき記載することとされ、住所を定めた年月日は空欄とした[13]。

(e) **住所を定めた旨の届出の年月日（職権で記載した場合にはその年月日）および従前の住所**（改正住基法附則3条1項本文、住基法7条8号）

改正住基法施行日である「平成24年7月9日」が記載され、従前の住所は、空欄とされた[14]。

(f) **通称**（改正住基法附則3条1項本文、住基法7条14号、住基法令30条の25・30条の26）

仮住民票に通称を記載する場合、原則として外国人登録原票に記載された通称名が記載された。ふりがなは付さなくてもよいが、本人に確認した通称のふりがなを把握しているなど、仮住民票の作成時点でふりがなを記載する

ことができる場合はなるべく付すよう求めている[15]。

　(g)　**通称の記載および削除に関する事項**（改正住基法附則3条1項本文、住基法7条14号、住基法令30条の25・30条の27）

外国人住民票では、外国人住民が通称を記載または通称の記載を削除した場合、その記載等に関する事項を外国人住民票に記載することになったが、仮住民票作成時点では空欄とされた。しかし、施行日時点で外国人住民票に通称が記載されている場合にあっては、施行日において、通称を記載した年月日（施行日）および記載した市町村名を記載することとした[16]。ただし、外国人登録原票にある施行日前の通称の履歴は、氏名および住所の履歴同様、仮住民票に移記されなかった。

　(h)　**国籍・地域**（改正住基法附則3条1項本文、住基法30条の45）

原則として、外国人登録原票の「国籍」欄の記載に基づき記載される（無国籍を含む。）。

ただし、外国人登録原票の国籍欄に「中国」と記載のある外国人住民のうち、備考欄に「台湾」と記載されている場合は、「台湾」と記載する取扱いである[17]。

　(D)　**外国人住民予定者への通知**

市町村長は、改正住基法附則3条1項または2項の規定により仮住民票を作成したときは、その対象とされた外国人住民予定者に対し、直ちに、仮住民票の記載事項を通知するとされていた（同条5項）。通知の方法は任意とされ、郵送の場合は転送不要の郵便物等の扱いとして送付することが適当としたが確実性の観点から書留郵便等も考慮するようにとされた[18]。

(2) 仮住民票から移行した外国人住民票の問題点

仮住民票は、施行日（平成24年7月9日）に外国人住民票となった（改正住基法附則4条1項）[19]。その際、施行日現在における中長期在留者等の「外国人住民となった年月日」は、施行日である「平成24年7月9日」が記載された（同法附則6条）。

ただし、仮住民票から移行した外国人住民票の記載事項には多くの問題点を見出すことができる。

(A)　**氏名の問題**

旧外登法における外国人氏名の記載は、漢字圏の外国人住民は漢字および片仮名で、非漢字圏の者はローマ字（英字）とする取扱いであった[20]。ただし、登録申請書が漢字またはローマ字以外の本国文字で記載されていれば、外国人登録原票にはその読み方をカタカナで記載していた[21]。簡体字（繁体字）については、「登録原票氏名欄にそのまま登録し、対応する正字が判明するものは、その正字を括弧書きで併記する取扱い」であった[22]。

(a)　**簡体字（繁体字）表記から正字表記に職権で変更した氏名**

上記(1)(C)(a)で述べたように、旧外登法上の運用でなされていた簡体字および繁体字等を記載する取扱いが漢字告示により職権で正字に置換されて記載されることになった[23]。簡体字等を使用してきた外国人住民にとっては、その同一性をどのように証明していくのかが問題となる。しかし、外国人住民に、漢字告示による正字に置換された文字の同一性の証明を課すのはあまりに酷ではないか[24]。ここは、市町村が漢字氏名の同一性を証明する内容の「行政証明」を発行し、外国人住民の利便に供することとする方策を示すべきと考える。

(b)　**氏名の変更履歴の消滅**

同じく(1)(C)(a)で述べたように、氏名の変更履歴は仮住民票の記載事項とならなかったので[25]、基準日前に氏名の変更があり、その同一性の証明のために以前使用していた氏名の履歴が必要な場合でも、外国人住民票からは窺い知ることはできない[26・27]。

(B)　**変更履歴が消滅した「通称」の問題**

(1)(C)(f)で述べたように、通称も基準日前の変更履歴が仮住民票に記載されないまま外国人住民票となるため、氏名同様その同一性の証明に手続上の問題が起こる[28]。

たとえば、Aという通称を使用する在日韓国人女が、A名義で不動産を購

入したとする。その後、AはBという通称を使用する在日韓国人男と平成20年10月1日に婚姻して、その通称をBに変えた。平成25年3月25日に在日韓国人女がその有する不動産を売却するため、登記名義人氏名変更登記手続をしようとしたところ、外国人住民票にはAという通称が記載されていない。これは、基準日（平成24年5月7日）現在の通称を仮住民票に移記したことから生ずる問題である。

　通称は、主に戦前から日本に居住する在日韓国・朝鮮人とその子孫において使用され、社会生活を営む上でも不可欠なものとなっている。また、通称は旧外国人登録法上の運用においても認められてきた[29]。外国人住民の通称の変更履歴が即日に取得できないことは、大きな問題となっている[30]。

(C) 「住所を定めた年月日」が不明の問題

　(1)(C)(d)で述べたように、外国人住民の転居前の住所および転居した年月日は、仮住民票に記載されなかった。

　不動産登記の売買による所有権移転手続を例にとると、登記名義人である外国人住民が基準日前に登記記録上のA地からB地に転居していれば、添付情報としての印鑑証明情報の住所（B地）と登記記録上の住所（A地）が異なることになり登記申請の却下事由となる（不登法25条7号）[31]。仮住民票から移行した住民票には、基準日（平成24年5月7日）前の一切の転居履歴を知ることができない[32]。

(D) 「従前の住所」が不明の問題

　(1)(C)(e)で述べたように、外国人住民の前住所および移転した年月日は記載されなかった。これも、(C)と同様の問題がおこり得る[33]。たとえば、外国人住民Xが、基準日（平成24年5月7日）前にA市からB市に住所を移転していた場合、X所有の不動産を担保としてY銀行から至急融資を受けようとして、登記名義人住所変更登記をすべく外国人住民票の交付を受けても、前住所A市と移転した年月日が記載されていないので手続を行えないことになる[34]。

おわりに

　仮住民票から移行した外国人住民票の主な記載事項を示しつつ、その問題点を述べてみた。外国人住民票には一定の効用を認めつつも、本項で述べたことに関していえば、外国人住民の利便性という観点からは、残念ながら、その期待に十分に応えうるものとはなっていないといえる。

　外国人住民が戸籍法の適用を受けない等、日本人とは異なった環境で暮らさざるを得ない中、これらの問題について今一度検討する必要があると考える。

　　　　　　　　　　　　　　　　　　　　　　　　　　　（高山　駿二）

〈注〉
1　仮住民票要領は後掲・要領通達(3)181頁以下参照。
2　仮住民票の記載は、外国人登録原票、国民健康保険の被保険者の資格等その他法務大臣から提供を受けた情報に基づき行われた（改正住基法附則3条3項）。外国人登録がされている外国人の最新の在留資格、在留期間の満了日等の情報は、法務省入国管理局から事前に提供がなされ、外国人登録原票の備考欄に記載される。また、外国人登録原票の内容については事前に確認を行い、必要に応じて法務省入国管理局に閉鎖照会する等して整理しておくようにと指示されている（仮住民票要領第4－1－(1)（後掲・要領通達(3)184頁）参照）。
3　仮住民票要領第2－1（後掲・要領通達(3)181頁）参照。
4　仮住民票要領第2－1－(1)（後掲・要領通達(3)182頁）参照。
5　仮住民票要領第2－1－(2)－ア（後掲・要領通達(3)182頁）参照。
6　仮住民票要領第2－1－(2)－イ（後掲・要領通達(3)182頁）参照。
7　簡体字と繁体字に限らず、韓国・朝鮮人の氏名も正字に引き直されている（入管特例規則5条5項）。したがって、およそ漢字圏の外国人住民の氏名は正字に置換されていると思われる。
8　印鑑処理要領第4－2－(1)－オ（後掲・要領通達(1)162頁参照）は、非漢字圏の外国人住民について印鑑登録証明書の記載事項に備考欄に記録されているカタカナ表記を掲げている。
9　仮住民票要領第4－2－(1)（後掲・要領通達(3)184頁）参照。
10　仮住民票要領第4－2－(2)（後掲・要領通達(3)185頁）参照。
11　旧外登法の外国人登録をしていた外国人住民で、①3カ月以下の在留期間が決滞した者、②短期滞在の在留資格が決定された者等である（入管法19条の3）。
12　仮住民票要領第4－2－(4)（後掲・要領通達(3)185頁）参照。日司連提言書〔提言1・

第2章 「改正住基法」施行後の渉外民事実務に関する問題点

3〕（後掲・資料Ⅱ247・253頁参照）は、旧外登法4条19号の登録事項であった世帯構成員でない日本に居住する父母および配偶者の氏名、生年月日および国籍を外国人住民票の記載事項とし、「世帯主についてはその旨、世帯主でない者については世帯主の氏名及び世帯主との続柄」（住基法7条4号）を市町村長から法務大臣への通知事項に加えるよう提言した。

13　仮住民票要領第4－2－(5)（後掲・要領通達(3)185頁）参照。
14　仮住民票要領第4－2－(6)（後掲・要領通達(3)185頁）参照。従前の住所等の情報を求める場合、「廃止外国人登録原票」の開示請求手続によることになる。廃止外国人登録原票の開示請求手続の問題点については、本章2を参照。
15　仮住民票要領第4－2－⑿（後掲・要領通達(3)186頁）参照。通称については、日司連意見書は通称の氏名併記に賛成の旨並びに通称使用の厳格な運用の要望の旨を述べている（日司連意見書4（後掲・資料Ⅰ(2)209頁）参照）。
16　仮住民票要領第4－2－⒀（後掲・要領通達(3)186頁）参照。
17　仮住民票要領第4－2－⒁（後掲・要領通達(3)186頁）参照。
18　仮住民票要領第5－1（後掲・要領通達(3)188頁）参照。当検討委員会の調査では通知方法は各市町村により書留郵便、普通郵便と区々であった。また、翌6月に発送した市町村もあった。
19　施行日をもってすべての市町村から法務省に外国人登録原票が送付されたが、同日以降、ごく一部の市町村においては、「行政証明」として発行される。
20　外国人登録要領116頁参照。
21　外国人登録要領116頁参照。
22　外国人登録要領別冊102頁参照。
23　外国人集住都市会議「緊急提言書」（後掲・資料Ⅰ(6)224頁参照）の「各都市への実態調査より」によると簡体字等の正字変換に対する苦情が報告されている。また、日司連提言書〔提言2〕（後掲・資料Ⅱ250頁参照）は、正字に置き換えられた外国人住民の申出があれば対応表の交付をすべきとした。
24　簡体字（繁体字）との正字への置換は、法務省入国管理局のホームページにおいて掲示板タイトル「在留カード又特別永住者証明書の氏名の漢字表記について」で公開されている（http://www.immi-moj.go.jp/topics/kanji_kokuji.pdf）。これを読み込んでその同一性を把握する必要がある。しかし、多くの外国人住民がこれを理解することは至難のわざといえる。
25　氏名（通称を含む）の仮住民票への移記については、日司連意見書5（後掲・資料(2)210頁）参照。
26　在日韓国人の名が韓国語で珍名・奇名にあたるので、別の名を長年にわたって使用した場合、同一性の認識を害するおそれがなく、社会一般に支障を与えるおそれがないものと認められ、韓国の戸籍法上も正当な事由があるとして改名を許可した審判例がある。千葉家市川出審平成8・5・23家月48巻10号170頁参照。筆者は、実務で外国人登録原票

の氏名が修正されているものを度々目にした。なお、韓国は「姓不変の原則」により、婚姻前の各自の姓を称しているので婚姻の前後で姓が変わることはない。

27　外国人住民が施行日以前の住所並びに通称を含む氏名の履歴情報を得るのに相当の日数を要することは、外国人住民の経済活動の停滞を余儀なくしている。日本人が多くの場合、即日に住民票、戸籍等を入手できるのとは大きな差異がある。

28　日司連意見書は、通称の氏名併記の旨並びに通称使用の厳格な運用の要望の旨を述べている。日司連意見書4（後掲・資料Ⅰ(2)209頁）参照。

29　通称については、木棚照一監修・「定住外国人と家族法」研究会編著『「在日」の家族法Q&A第3版』（2010年、日本評論社）324頁以下参照。

30　日司連提言書〔提言3〕（後掲・資料Ⅱ253頁参照）は、通称およびその記載および削除に関する事項を市町村長から法務大臣への通知事項に加えるよう提言している。在留カードに通称が記載されないことの問い合わせがあることについては、外国人集住都市会議・前掲（注23）（後掲・資料Ⅰ(6)224頁参照）に報告されている。

31　日司連「外国人住民票」検討委員会が行った「外国人住民票に関するアンケート」にも同様の問題が指摘されていた。後掲・資料Ⅰ(9)239頁参照。

32　住所の変更履歴の外国人住民票への移記については、日司連意見書6（後掲・資料Ⅰ(2)210頁）参照。

33　旧外登法上、外国人住民が他の市町村に居住地を移転した場合、移転先の市町村の長は、旧居住地の市町村の長に対し外国人登録原票の送付請求をし、同原票（住所・氏名等の変更履歴の記載を含む）は旧居住地の市町村から移転先の市町村に送付された（旧外登法8条4項・5項）。

34　廃車手続等が迅速にできないことから、帰国を予定している外国人が適正な手続をとれない問題は、外国人集住都市会議・前掲（注23）（後掲・資料Ⅰ(6)224頁参照）に報告されている。

2 法務省への「外国人登録原票」の開示請求手続の問題点

はじめに

　平成24年7月9日入管法等改正法が施行され、これに伴い外国人登録法が廃止された（入管法等改正法4条）。このため、これまで市町村に保管されていた外国人登録原票（以下、「登録原票」という）は、法務省に送付され保管されることになった（入管法等改正法附則33条）。入管法等改正法施行後、廃止された登録原票は、法務省において保有する行政文書となり、今後は行政機関個人情報保護法に基づき開示請求を行うことになった。また、この法律上の開示請求とは別に、法務省入国管理局が「行政サービス」として行うこととなった「死亡した外国人に係る登録原票の写しの交付請求」がある。

　以下、旧外登法廃止前の登録原票の開示制度について確認した後、現在可能な「登録原票に係る開示請求」「死亡した外国人に係る登録原票の写しの交付請求」「出入（帰）国記録に係る開示請求」の各手続およびその問題点について述べる。

(1) 外登法廃止前の登録原票の開示制度

(A) 登録原票に記載されていた事項

　外国人は、日本に入国してから90日以内に居住地市町村長に外国人登録をする義務があり（旧外登法3条）、それにより居住地市町村長は登録原票を作成する。登録原票の記載事項は法定されており、その記載事項は次の①から⑳の事項であった（旧外登法4条1項）。

① 登録番号
② 登録の年月日
③ 氏名

④ 出生の年月日
⑤ 男女の別
⑥ 国籍
⑦ 国籍の属する国における住所または居所
⑧ 出生地
⑨ 職業
⑩ 旅券番号
⑪ 旅券発行の年月日
⑫ 上陸許可の年月日
⑬ 在留の資格
⑭ 在留期間
⑮ 居住地
⑯ 世帯主の氏名
⑰ 世帯主との続柄
⑱ 申請に係る外国人が世帯主である場合には、世帯を構成する者(当該世帯主を除く)の氏名、出生の年月日、国籍および世帯主との続柄
⑲ 本邦にある父母および配偶者(申請に係る外国人が世帯主である場合には、その世帯を構成する者である父母および配偶者を除く)の氏名、出生の年月日および国籍
⑳ 勤務所または事務所の名称および所在地

平成24年7月8日以前に、市町村長において登録原票の記載事項について変更の登録申請がされている場合、その履歴(居住地、氏名、国籍、職業、在留の資格、在留期間、世帯主の氏名、世帯主との続柄等)についても登録原票には記載されていた(旧外登法8条・9条)。

(B) 旧外登法の登録原票の開示

廃止前の登録原票は非開示を原則としているが、旧外登法4条の3の規定により、市町村長が「登録原票の写し」または「登録原票記載事項証明書」を交付することになっていた。

登録原票の写し等の交付を請求できるのは、下記の者とされていた(旧外登法4条の3第2項〜5項)。

① 外国人本人
② 外国人の代理人または同居の親族(婚姻の届出をしていないが、事実上当該外国人と婚姻関係と同様の事情にある者を含む)
③ 国の機関または地方公共団体:法律の定める事務の遂行のため必要があると認める場合
④ 弁護士、その他政令で定める者(司法書士(簡易裁判所訴訟代理認定司法書士)、その他政令の別表で定める日本赤十字社等の28団体):法律の定める事務または業務の遂行のため必要があると認められる場合(旧外登法令2条)

上記の④の「法律の定める事務の遂行のため必要があると認める場合」の具体例としては、「訴訟の相手方について事実を調査するため、弁護士が当該相手方の登録原票記載事項証明書を必要とする場合」があげられている[1]。

(C) 閉鎖登録原票の開示

本人の出国や死亡、帰化等の事由が生じた場合は、登録原票は市町村長が閉鎖し法務省に送付していたが、死亡した外国人の閉鎖登録原票の写しについても、上記(B)の趣旨に準じた取扱いがなされていて、「死亡時における同居の親族」と「死亡していなければ同居していた蓋然性の高い親族」から請求があった場合に、開示請求に応じていた[2]。

(2) 外登法廃止後の登録原票に係る開示(現在)

平成24年7月9日旧外登法が廃止された(入管法等改正法4条)ことにより、旧外登法上の開示制度はなくなった。今後は、①法務省が保有する行政文書として行政機関個人情報保護法の規定に基づく「登録原票に係る開示請求」をする方法か、②法務省入国管理局が行政サービスとして行うこととなった「死亡した外国人に係る登録原票の写しの交付請求」をする方法か、いずれかによることとなる。順次解説する。

2 法務省への「外国人登録原票」の開示請求手続の問題点

(A) 登録原票に係る開示請求

行政機関個人情報保護法12条に基づく登録原票に係る開示請求である。

(a) 開示請求権（開示請求者）

行政機関個人情報保護法12条1項では「何人も、この法律の定めるところにより、行政機関の長に対し、当該行政機関の保有する自己を本人とする保有個人情報の開示を請求することができる」と定め、同条2項では「未成年者又は成年被後見人の法定代理人は、本人に代わって前項の規定による開示の請求をすることができる」と規定されている。

よって、開示請求者は、本人およびその法定代理人である。

(b) 開示請求できる対象

開示請求の対象は、「自己を本人とする保有個人情報」（行政機関個人情報保護法12条1項）に限られている。したがって、自己以外の者に関する個人情報については、たとえ配偶者に関するものであっても開示請求をすることはできない。

さらに、行政機関個人情報保護法2条2項で、「個人情報」とは、「生存する個人に関する情報」であり、死者に関する個人情報は含まないとしている。これは、死者が開示請求等の主体となることはできないからである。しかし、死者に関する情報が死者の遺族の個人情報となる場合には、当該遺族が自己の個人情報として開示請求等を行うことができる（注3）。

よって、開示請求ができる対象は、「本人の登録原票」と「本人の個人情報が含まれている本人以外の者の登録原票」である。

(c) 保有個人情報の開示義務

行政機関の長は、開示請求があったときは、開示請求に係る保有個人情報に不開示情報が含まれている場合を除き、開示請求者に対し、当該保有個人情報を開示しなければならないとしている（行政機関個人情報保護法14条1項）。

(d) 開示請求の手続

(i) 開示請求書の提出

開示請求は、次の事項を記載した「開示請求書」を行政機関の長に提出し

て行う（行政機関個人情報保護法13条1項1号・2号）。
① 開示請求をする者の氏名および住所または居所
② 開示請求に係る保有個人情報が記録されている行政文書の名称その他の開示請求に係る保有個人情報を特定するに足りる事項

　(ii)　開示請求書の記載事項

開示請求書には、次の事項を記載することができる（行政機関個人情報保護法施行令10条1項）。
① 求める開示の実施の方法
② 事務所における開示の実施（法務省の窓口における開示請求）を求める場合にあっては、事務所における開示の実施を希望する日
③ 写しの送付の方法（郵送による開示請求）による保有個人情報の開示の実施を求める場合にあっては、その旨

　(e)　本人等確認書類の提出

開示請求をする者は、開示請求に係る保有個人情報の本人であること（または本人の法定代理人であること）を示す書類を提示し、または提出しなければならない（行政機関個人情報保護法13条2項）。

　(i)　開示請求に係る保有個人情報の本人であることを示す書類

開示請求に係る保有個人情報の本人であることを示す書類としては、次のものがあげられている。
① 運転免許証、健康保険の被保険者証、住民基本台帳カード、在留カード、特別永住者証明書、その他法律またはこれに基づく命令の規定により交付された書類であって、当該開示請求をする者が本人であることを確認するに足りるもの（行政機関個人情報保護法施行令11条1項1号）。
　「その他法律……確認するに足りるもの」の例としては、児童扶養手当証書、身体障害者手帳、精神障害者保健福祉手帳、母子健康手帳等が考えられる[4]。
② ①に掲げる書類をやむを得ない理由により提示し、または提出することができない場合には、本人確認のために行政機関の長が適当と認める

書類で代替できる（同項2号）。その書類の例としては、外国旅券、敬老手帳、療養手帳等が考えられる[5]。

③　送付の方法（郵送）により開示請求をする場合には、次に掲げる書類を提出しなければならない（同条2項）。

ⓐ　①②に掲げる書類のいずれかを複写機により複写したもの

ⓑ　請求者の住民票の写しその他請求者がⓐに掲げる書類に記載された本人であることを示すものとして行政機関の長が適当と認める書類（開示請求をする日前30日以内に作成されたもの）

(ii)　法定代理人であることを示す書類

開示請求に係る保有個人情報の本人の法定代理人であることを示す書類としては、戸籍謄本その他資格を証明する書類（開示請求をする日前30日以内に作成されたものに限る）（行政機関個人情報保護法施行令11条3項）である。その他資格を証明する書類としては、家庭裁判所の証明書（家事事件手続法47条1項）、登記事項証明書（後見登記等に関する法律10条）がある[6]。

(iii)　本国に居住する外国人が請求する場合

本国に居住する外国人が、本国から開示請求をする場合の本人等確認書類としては、外国旅券が考えられる。また、郵送により開示請求をする場合の本人であることを示すものとして行政機関の長が適当と認める書類としては、本国の官公署発行もしくは公証人の認証のある本人の住所を証する書面等がこれに該当することになろう。

さらに、法定代理人であることを示す書類としては、本国の身分関係証明書等がこれに該当することになるであろう。

(f)　**開示請求書の様式**

法務省入国管理局のホームページの開示請求書、開示請求書の記載例を参照されたい（http://www.moj.go.jp/hisho/bunsho/hisho02_00016.html）。

(g)　**開示手数料**

開示請求をする者は、実費の範囲内において政令で定める額の手数料を納めなければならないとし（行政機関個人情報保護法26条）、手数料は、行政文書

1件につき300円と定められている（同法施行令18条1項1号）。その他、送付を希望する場合は、郵便切手が必要となる（同法施行令19条）。

  (h) **開示請求先**

「法務省大臣官房秘書課個人情報保護係」である。

(B) **死亡した外国人に係る登録原票の写しの交付請求**

前述した（(A)(b)）ように「個人情報」とは「生存する個人に関する情報」であり、「死者に関する個人情報」は含まないため（行政機関個人情報保護法2条2項）、死亡した外国人の情報は、行政機関個人情報保護法による開示請求の対象とはならない。しかし、法務省入国管理局では、登録原票の写しまたは登録原票記載事項証明書がこれまで果たしてきた社会的な役割を考慮し、「死亡した外国人に係る登録原票の写し」を交付する取扱いを「行政サービス」として行うことにしている。

なお、死亡した外国人に係る登録原票に自分の個人情報が含まれている人については、自分の個人情報に関し、行政機関個人情報保護法による開示請求することができることは前述のとおりである（(A)(b)）[7]。

  (a) **交付請求者**

交付請求ができるのは次の者である。

① 請求に係る死亡した外国人の死亡の当時における同居の親族
② 請求に係る死亡した外国人の死亡の当時における配偶者（婚姻の届出をしていないが、事実上婚姻関係と同様の事情にあった者を含む）、直系尊属、直系卑属または兄弟姉妹
③ 上記①または②の法定代理人

  (b) **本人等確認書類の提出**

交付請求をする者は、交付請求者本人であること（また本人の法定代理人であること）を示す書類を提出しなければならない。詳細は、後掲〔表5〕参照。

  (c) **交付請求書の様式**

法務省入国管理局ホームページの交付請求書を参照されたい（http://www.

immi-moj.go.jp/info/120628_01.html）。

　(d)　交付手数料

交付手数料は無料で、送付に必要な郵便切手のみ必要である。

　(e)　交付請求先

「法務省入国管理局出入国管理情報官室出入国情報開示係」である。

(C)　開示または交付の態様と問題点

実務上特に必要とされるであろう、死者の遺族が開示請求または交付請求する場合で、開示または交付の態様をみてみたい。

なお、「開示請求」とは前述(A)の行政機関個人情報保護法の規定に基づく開示請求を、「交付請求」とは前述(B)の行政サービスとして登録原票の写しの交付請求を指す。

　(a)　開示請求の場合

死者の遺族が行政機関個人情報保護法に基づき開示請求できるのは、死者に係る登録原票に記載されている「自己を本人とする保有個人情報」に限られる（(A)(b)）。

しかしこの場合、その登録原票に第三者の個人情報が記載されているときであっても、当該情報が「法令の規定により又は慣行として開示請求者が知ることができ、又は知ることが予定されている情報」[8]であれば、行政機関個人情報保護法14条2号イに該当し不開示情報から除かれるから消除（マスキング）しないで開示されることになる[9]。

　(b)　交付請求の場合

法務省入国管理局が行っている行政サービスとしての死亡した外国人に係る登録原票の写しの交付請求は、①行政機関個人情報保護法8条1項の規定により、法令に基づく場合を除き、利用目的以外の目的のために利用・提供することが禁止されている保有個人情報に当たらない「死者に関する情報」と、②同条2項1号において、「本人の同意があるとき、又は本人に提供するとき」は、利用目的以外の目的のために保有個人情報を利用・提供することができるとされている「交付請求者本人に関する情報」についてのみ提供す

ることができる。

　ただし、②の本人の同意があるときや本人に提供するときであっても、当該本人や第三者の権利利益を不当に侵害するおそれがあるときは、利用目的以外に利用・提供することはできない。たとえば、「本人の同意があったとしても、その同意が強制されたものである場合、保有個人情報の中に本人の情報の他に第三者の情報も含まれている場合などは、本人又は第三者の権利利益を不当に侵害するおそれがあるものと考えられ、同条2項ただし書に該当する」[10]とされているので「生存する第三者の個人情報」は提供されない。

　したがって、交付される登録原票に、死者と交付請求者以外の生存する第三者に関する情報が含まれている場合は、その情報を消除（マスキング）した写しを作成したうえ、交付されることになる。

　(c) **具体例**

　　(i) 妻が（生存している）夫の登録原票の請求をする場合

　行政機関個人情報保護法の規定に基づく開示請求ができる対象は、請求者「本人の登録原票」と請求者「本人の個人情報が含まれている本人以外の者の登録原票」である。

　よって、本人（妻）は、本人として夫の原票の開示請求をすることはできないが、夫の原票に本人（妻）の個人情報が含まれている場合に限り、「本人の個人情報が含まれている本人以外の者の登録原票」として、夫の登録原票の開示請求ができる。

　この場合、夫の登録原票にそれ以外の者の個人情報（たとえば、子どもの情報）が記載されているときであっても、「法令の規定により又は慣行として開示請求者が知ることができ、又は知ることが予定されている情報」であれば、不開示情報から除かれるから、消除（マスキング）されないで開示される。

　　(ii) 妻が亡夫の登録原票の請求をする場合

　夫が死亡している場合は、妻は、①配偶者として、行政サービスとしての「死亡した外国人に係る外国人登録原票の写しの交付請求」により、亡夫の登録原票の写しの交付請求をすることができる。

この場合、開示されるのは登録原票に記載されている「死者（亡夫）の個人情報」と「交付請求者（妻）の個人情報」のみであり、それ以外の者の個人情報（たとえば、子どもの情報）が含まれている場合には、その部分の情報を消除（マスキング）した写しが交付される。
　一方、(a)と同様に、妻は、②行政機関個人情報保護法に基づき、死者に係る登録原票に記載されている「自己を本人とする保有個人情報」の開示請求をすることができる。この場合も開示範囲も(a)と同様である。

(iii)　子が父母または亡父母の登録原票の請求をする場合

　生存している父母の登録原票については、(a)と同様に、父母の登録原票に本人（子）の個人情報が含まれている場合に限り、「本人の個人情報が含まれている本人以外の者の登録原票」として、父母の登録原票の開示請求ができる。

　父母が死亡している場合の父母の登録原票については、(b)と同様に、子は、①直系卑属として行政サービスとしての交付請求をすることができ、②亡父母の登録原票に本人（子）の個人情報が含まれている場合には「本人の個人情報が含まれている本人以外の者の原票」として父母の登録原票の開示請求をすることができる。①の交付請求の場合には、「死者（亡父母）の個人情報」「交付請求者（子）の個人情報」以外は消除（マスキング）される点も同じである。

(iv)　孫が祖父または亡祖父の登録原票の請求をする場合

　生存している祖父の登録原票については、(a)と同様に、祖父の原票に本人（孫）の個人情報が含まれている場合に限り、「本人の個人情報が含まれている本人以外の者の登録原票」として、祖父の登録原票の開示請求ができる。

　祖父が死亡している場合の祖父の登録原票については、(b)と同様に、孫は、①直系卑属として行政サービスとしての交付請求をすることができ、②亡祖父の登録原票に本人（孫）の個人情報が含まれている場合には「本人の個人情報が含まれている本人以外の者の原票」として亡祖父の登録原票の開示請求をすることができる。①の交付請求の場合には、「死者（亡祖父）の個人情

報」「交付請求者（孫）の個人情報」以外は消除（マスキング）される点も同じである。

　　(v)　弟が兄または亡兄の登録原票の請求をする場合

　生存している兄の登録原票については、(a)と同様に、兄の原票に本人（弟）の個人情報が含まれている場合に限り、「本人の個人情報が含まれている本人以外の者の登録原票」として、兄の登録原票の開示請求ができる。

　兄が死亡している場合の兄の登録原票については、(b)と同様に、弟は、①兄弟姉妹として行政サービスとしての交付請求をすることができ、②亡兄の登録原票に本人（弟）の個人情報が含まれている場合には「本人の個人情報が含まれている本人以外の者の原票」として亡兄の登録原票の開示請求をすることができる。①の交付請求の場合には、「死者（亡兄）の個人情報」「交付請求者（弟）の個人情報」以外は消除（マスキング）される点も同じである。

　　(d)　**開示（交付）請求手続の問題点**

　以上、行政機関個人情報保護法に基づき死者に係る登録原票に記載されている「自己を本人とする保有個人情報」の開示請求、行政サービスとしての死亡した外国人に係る登録原票の写しの交付請求とにおける、それぞれ提供される情報の内容についてみてきた。

　死亡した外国人に係る登録原票の写しの交付請求において、死者と交付請求者以外の個人情報、身分関係の情報（他の者の続柄の変遷、家族事項の記載等）等が消除（マスキング）され交付される。これは、渉外家族実務において、「死亡人の登録原票」が相続関係の調査において「他の相続人の有無を推定させる情報源」として果たしてきた役割が失われてしまうことを意味し、大きな問題である。

(3)　出入（帰）国記録に係る開示請求

　入国管理局に集積される外国人住民の情報はすべての外国人情報の「外国人出入国記録マスタファイル」で一括保有されている。これも行政機関個人情報保護法の規定に基づく開示請求の対象となる。

なお、外国人にかかる記録を「外国人出入国記録」といい、日本人にかかる記録を「日本人出帰国記録」という。

(A) 開示請求者

本人および本人が未成年者または成年被後見人の場合にはその法定代理人である。

(B) 開示請求ができる対象

外国人出入国記録の場合は、昭和45（1970）年11月1日以降から請求日現在までのものである。

(C) 開示請求の手続

開示請求は、「開示請求書」を行政機関の長に提出して行う（行政機関個人情報保護法13条1項1号・2号）。詳細は、上記(2)(A)(d)に同じ。

(D) 本人等確認書類の提出

開示請求をする者は、開示請求に係る保有個人情報の本人であること（または本人の法定代理人であること）を示す書類を提示し、または提出しなければならない（同法13条2項）。詳細は、上記(2)(A)(e)に同じ。

(E) 開示請求書の様式

法務省入国管理局のホームページの開示請求書、開示請求書の記載例を参照されたい（http://www.moj.go.jp/hisho/bunsho/disclose_disclose05-05.html）。

(F) 開示手数料

行政文書1件につき300円である（上記(2)(A)(f)参照）。

(G) 開示請求先

「法務省大臣官房秘書課個人情報保護係」である。

おわりに

日本司法書士会連合会が、全国会員に対し行った「在留外国人にかかる登記申請手続に関するアンケート」の中で[11]、「外国人住民票と登録原票の開示について」意見を求めたところ、以下のような回答が寄せられている。

「登録原票の開示に時間がかかりすぎる」

「開示請求方法をわかり易くして欲しい」

「一部が黒塗りされて開示されるので相続関係の調査ができない」

「任意代理人による請求を認めるべきである」

「登録原票の写しについて、印刷状態が悪く読みずらいため改善して欲しい」

「添付資料についてどのようなものを添付するかについては、もう少し柔軟に考えるべきではないか」等

上記アンケート結果等を踏まえ日本司法書士会連合会は、法務省入国管理局に対し、法務省等に保存されている外国人住民データの開示請求の改善策として、①開示請求先の一本化、②入国管理局に保存されているデータの開示請求案内の一本化、③使用用途に従った開示手続の対応を講じ、外国人住民の利便性に資する制度にすべきである。さらに、開示請求手続は、市町村経由で行える制度を構築するか、市町村の窓口に案内用紙を備置するなど、当事者の利便性を考慮した措置を講ずるべきである、との提言を行っている[12]。

法務省入国管理局において開示される用途別の各種開示請求手続は、開示請求者である本人（在留外国人）およびその法定代理人にとって、煩雑であり困難を強いるのである。

特に、死亡した外国人にかかる登録原票の写しの交付請求に基づく開示については、交付を受けた書類が、手続上証明として不十分な内容となる場合が想定されるので、使用目的や用途によっては、死者と交付請求者以外の情報も開示（情報提供）するという柔軟な運用を求めるものである。

(北田五十一)

〈注〉

1 　検討委員会・渉外実務153頁・154頁。
2 　検討委員会・渉外実務154頁。
3 　宇賀克也『個人情報保護法の逐条解説〔第2版〕』（有斐閣、2005年）232頁。
4 　宇賀・前掲（注3）286頁。
5 　宇賀・前掲（注3）286頁。

6　宇賀・前掲（注3）286頁。
7　法務省入国管理局ホームページ参照（http://www.immi-moj.go.jp/info/120628_01.html）。
8　「法令の規定により」開示請求者が知ることができる情報とは、不動産登記簿に記載されている不動産所有者の情報、商業登記簿に記載されている法人の役員に関する情報等である。「慣行として」開示請求者が知ることができる情報とは、中央省庁の職員録に記載されている職員情報、本人の親族に関する情報（開示請求者の子どもの氏名、年齢等）等である（宇賀・前掲（注3）296頁）。
9　前掲（注7）。
10　総務省行政管理局「解説　行政機関等個人情報保護法」27頁（http://www.niigata-u.ac.jp/profile1/80_compliance_020/kaisetu_gyohogo.pdf）
11　後掲・資料Ⅰ(9)235頁から244頁。
12　日司連提言書〔提言4〕（後掲・資料Ⅱ254頁）。

〔表4〕　各種開示請求、交付請求の比較

	外国人登録原票に係る開示請求	出入（帰）国記録に係る開示請求	死亡した外国人に係る外国人登録原票の写しの交付請求
開示請求者（交付請求者）	本人、法定代理人	本人、法定代理人	(1)　請求に係る死亡した外国人の死亡の当時における同居の親族 (2)　請求に係る死亡した外国人の死亡の当時における配偶者（婚姻の届出をしていないが、事実上婚姻関係と同様の事情にあった者を含む）、直系尊属、直系卑属または兄弟姉妹 (3)　上記(1)又は(2)の法定代理人
開示請求ができる対象	(1)　本人の外国人登録原票 (2)　本人の個人情報が含まれる本人以外の者の外国人登録原票	(1)　日本人出帰国記録（略） (2)　外国人出入国記録　昭和45（1970）年11月1日以降から請求日	(1)　死亡した外国人に係る外国人登録原票の写しの交付 (2)　提供される情報は、「死者に関する個人情

	※(2)は、「本人以外の者の外国人登録原票に記録されている本人の個人情報」の請求となることから、原則、本人以外の個人情報は開示されない（本人が慣行として知っているまたは知ることができる情報等は除く）。	日現在まで ※同記録は他国への渡航歴や滞在歴を証明するものではない。また、入国審査官による出入（帰）国手続を経ない船舶・航空機の乗員や、日米地位協定該当者（在日米軍関係者）としての出入（帰）国の記録は保有していない。	報」と「交付請求者の個人情報」である。それ以外の者の個人情報が含まれている場合には、その部分を消除（マスキング）したうえで、交付される。
開示の決定に要する期間	【開示決定に要する期間の目安】 ・複数の原票について開示請求があった場合→3〜4週間 ・最後の原票のみ開示請求があった場合→2〜3週間	【記録作成に要する期間の目安】 日本人出帰国記録（略） 外国人出入国記録作成期間 1992年以前の記録を含む場合 ⇒ 4週間以上 1999年以前の記録を含む場合や観光等で何度も出入国している ⇒ 3〜4週間 2000年以降の記録のみの場合 ⇒ 2〜3週間	・交付の決定までに一定の期間を要する ・原則として、交付請求から30日以内の交付または不交付の決定をするように努める
開示請求の様式	開示請求書、開示請求書記載例あり http://www.moj.go.jp/hisho/bunsho/hisho02_00016.html	開示請求書、開示請求書記載例あり http://www.moj.go.jp/hisho/bunsho/disclose_disclose05-05.html	交付請求書あり http://www.immi-moj.go.jp/info/.jp/info/120628_01.html
本人確認書類の提出	本人であることが確認できる書類(注)	本人であることが確認できる書類(注)	本人であることが確認できる書類(注)
開示請求手数料	1件300円。送付を希望するときは、宛先を記載した返信用封筒（切手貼付）を同封	1件300円。送付を希望するときは、宛先を記載した返信用封筒（切手貼付）を同封	手数料は不要。送付を希望するときは、宛先を記載した返信用封筒（切手貼付）を同封
開示請求	法務省大臣官房秘書課個	法務省大臣官房秘書課個	法務省入国管理局出入国

2 法務省への「外国人登録原票」の開示請求手続の問題点

| 先 | 人情報保護係 | 人情報保護係 | 管理情報官室出入国情報開示係 |

(注) 〔表5〕各種開示請求、交付請求の本人等確認書類を参照
※法務省、法務省入国管理局のホームページを参照して作成した。

〔表5〕 各種開示請求、交付請求の本人等確認書類

		必　要　書　類　等
本人が請求する場合（同居の親族または配偶者等がが請求する場合は右の「イ　郵送請求」による）	ア　窓口請求	・本人確認ができる書類（注1）
	イ　郵送請求	・本人確認ができる書類のコピー（注1） ・住民票の写し等（注2）（30日以内に作成されたものに限る。コピーは認められない）
法定代理人が請求する場合（同居の親族または配偶者等の法定代理人が請求する場合は右の「イ　郵送請求」による）	ア　窓口請求	・法定代理人本人であることが確認できる書類（注1） ・法定代理人の資格を証する書類（注3）（30日以内に作成されたものに限る。コピーは認められない）
	イ　郵送請求	・法定代理人本人であることが確認できる書類のコピー（注1） ・住民票の写し等（注2）（30日以内に作成されたものに限る。コピーは認められない） ・法定代理人の資格を証する書類（注3）（30日以内に作成されたものに限る。コピーは認められない。）

（注1）　本人確認ができる書類とは、運転免許証、健康保険被保険者証、住民基本台帳カード（住所記載のあるもの）、在留カード、特別永住者証明書等。

（注2）　やむを得ない理由により住民票の写しが提出できない場合は、請求窓口に事前相談のこと。

（注3）　法定代理人の資格を証する書類とは、戸籍謄（抄）本、家庭裁判所の証明書、後見登記の登記事項証明書等。

(注)　婚姻や転居等によって、書類に記載されている氏名や住所等の記載事項が異なっている場合、請求書に記載している氏名や住所等が記載されている他の書類が必要となる。

※法務省、法務省入国管理局ホームページを参照して作成した。

## 3　外国人住民の住所・氏名等の変更をめぐる不動産登記手続の問題点

はじめに

　改正住基法は、平成24年7月9日（施行日）に施行された。これにより創設された、「中長期在留者」「特別永住者」等に作成される外国人住民票には、施行日前の住所・氏名（通称を含む）（以下、「住所・氏名等」という）の変更履歴が記載されなくなった。改正住基法施行前は、外国人住民の住所・氏名等の変更履歴の証明が必要な場合、市町村が管理していた外国人登録原票の記載事項証明書によってなされていた[1]。その外国人登録原票は、施行日以後、各市町村から速やかに法務省に送付された（入管法等改正法4条・附則33条）。したがって、施行日以後、外国人住民の過去の住所・氏名等の履歴を証明する場合、外国人登録原票の開示請求手続を法務省に対して行わなければならないことになったのである[2]。

　ところで、市町村長は外国人住民票作成のため、平成24年5月7日を基準日とし、仮住民票を作成した（改正住基法附則3条1項、改正住基法令附則1条の2）[3]。仮住民票は、施行日に住民票となった（同法附則4条1項）。

　本項では、住民基本台帳制度が外国人住民に適用されることにより生じる、住所・氏名等の変更に関する不動産登記実務における問題点を探ることにする。

(1)　登記名義人の住所・氏名（通称を含む）変更登記手続の場合

　不動産登記手続において、登記名義人の住所・氏名（通称を含む）変更手続を行う場合、「登記原因を証する情報」を添付情報として提供しなければならない（不登令7条1項5号ロ）。その添付情報とは、「変更又は錯誤若しくは遺漏があったことを証する市町村長、登記官その他の公務員が職務上作成した

情報（公務員が職務上作成した情報がない場合にあっては、これに代わるべき情報）」（以下、「変更証明情報」という）である（不登令別表二十三）。

(A) 住所変更の場合

(a) 仮住民票の記載

外国人住民票の作成の前提として仮住民票が作成された（住基法附則3条1項）。仮住民票の「住所」は、原則として、基準日（平成24年5月7日）に外国人登録原票記載の「居住地」が記載され、「住所を定めた年月日」および「従前の住所」は空欄とされた。さらに、「住所を定めた旨の届出年月日」は施行日である「平成24年7月9日」が記載された[4]。

また、仮住民票作成後施行日までに住所の変更があれば、「外国人登録原票」の「居住地」の変更を行ったうえで仮住民票の「住所」の修正を市町村長が行っている[5]。

(b) 平成24年7月8日以前に住所移転をした場合の問題点

外国人住民Aは、平成20年10月1日にX市にある不動産を購入した後、平成22年6月1日にX市1番1号からY市2番10号に住所を移転した。Aの外国人住民票には基準日現在の住所であるY市2番10号が外国人登録原票から移記されて記載されている。住所を定めた年月日や従前の住所は空欄で、住所を定めた旨の届出年月日は施行日である平成24年7月9日が記載されている。この場合、Aが施行日後の平成25年5月30日に登記記録上の住所であるX市1番1号をY市2番10号に変更しようとしても、この外国人住民票だけでは変更証明情報たり得ない。

(B) 氏名変更の場合

(a) 仮住民票の記載

外国人住民の氏名は、平成25年5月7日（基準日）現在の外国人登録原票に記載されている「氏名」が仮住民票に移記された。外国人登録原票の氏名表記が簡体字（繁体字）によりなされている場合は、漢字告示により職権で正字に置き換えられたうえ、仮住民票に移記された[6]。また、ローマ字氏名の読みのカタカナ表記（カタカナ併記名）が外国人登録原票の氏名欄に記載さ

81

れている場合は、仮住民票の備考欄に記載することとされた[7]。

仮住民票作成後施行日までに「氏名」の記載事項に変更があれば、外国人登録原票の「氏名」の変更を行ったうえで仮住民票の「氏名」の修正を市町村長が行っている[8]。

(b) 平成24年7月8日以前に氏名変更をした場合の問題点
(i) 名の変更(1)

不動産の登記名義人である在日韓国人「金花子」は、「金春江」に改名しようとした。

平成22年5月10日に韓国の家庭法院は、「花江」を「春江」に変更する許可をした[9]。

「金春江」は韓国の登録基準地[10]の市・邑・面に許可書の謄本を添付して改名申告し、家族関係登録簿の名を「春江」に変更した[11]。「金春江」は、同年8月に韓国領事館より基本事項証明書を取り寄せ[12]、日本の住所地市町村の外国人登録原票の登録事項の氏名を「金花子」から「金春江」に変更した。

「金春江」が平成25年5月30日に不動産を売却にするにあたり、登記名義人氏名変更登記を行うため住所地市町村から外国人住民票の交付を受けても、「金花子」から「金春江」に変更された記載はない。このようなケースでは、氏名の変更証明情報はどれになるのか。

(ii) 名の変更(2)

韓国人「李○」は、平成23年5月10日に日本の家庭裁判所の許可を得て「李○秀」に名を変更し[13]、同年6月20日に住所地市町村で外国人登録原票の「氏名」変更の登録手続を行った。「李○秀」が平成25年6月30日に銀行から融資を受けるため、平成20年2月頃に購入した不動産に抵当権を設定しようとして登記記録上の氏名を変更するため外国人住民票の交付を受けたが、氏名欄には「李○秀」の記載があるだけで「李○」から変更がされた記載はなかった。このケースでは変更証明情報はどれになるのか。ただし、「李○秀」は、韓国の登録基準地の市・邑・面では、家族関係登録簿に改名の記録はない。

82

(c) 簡体字（繁体字）表記氏名の場合

　簡体字（繁体字）を使用する漢字圏の外国人住民甲は、平成22年8月1日に外国人登録原票記載事項証明書に記載された簡体字（繁体字）表記の氏名で不動産を購入し、簡体字で登記を完了した。甲は、平成25年4月5日にその不動産を売却するため印鑑証明書の交付を受けたところ、氏名が簡体字（繁体字）から「正字」に置き換えられていたので、登記記録上の同一性に問題が生じることになった[14]。そこで外国人住民票の交付を受けたところ、氏名欄には「正字」の氏名しか記載されていなかった。この場合変更証明情報は何か。

(d) カタカナ表記氏名の場合

　外国人住民「LEE YIP-SAE」は、平成23年6月20日に来日し、翌月の30日に不動産を購入した。「LEE YIP-SAE」は外国人登録の申請時にカタカナ表記名を希望しなかったので、外国人登録原票の氏名はローマ字表記だけが記載されていた。そのため、司法書士が氏名を聞き取り登記官と打ち合わせたうえ、読みを「リーイプサェ」として登記を行った[15]。

　「LEE YIP-SAE」は平成25年12月20日に不動産を売却するため、印鑑登録手続を行い、その際カタカナ表記を「イーイップセ」とした。したがって、「LEE YIP-SAE」の印鑑証明書のカタカナ表記には、「イーイップセ」が記載されて登記記録上の氏名と相違することとなった[16]。この場合どのような措置を講ずればよいか。

(C) 通称の変更の場合

　外国人住民から通称（氏名以外の呼称であって、国内における社会生活上通用していることその他の事由により居住関係の公証のために住民票に記載することが必要であると認められるものをいう）の記載を求める申出書の提出があった場合、申出のあった呼称を外国人住民票に記載することが居住関係の公証のために必要と認められれば、その通称が外国人住民票に記載される（住基法令30条の26第1項・2項）。

　外国人住民票に通称を記載した場合には、その「通称を記載した市区町村

名及び年月日」が記載される。通称を削除すれば、「通称を削除した市区町村名及び年月日」が記載される（住基法令30条の27第1項）。

　仮住民票には、原則として外国人登録原票に記載された通称が記載された[17]。施行日（平成24年7月9日）時点で外国人住民票に通称が記載されている場合には、施行日に、通称を記載した年月日には「平成24年7月9日」と記載し、通称を記載した市区町村名も記載されている[18]。

　ブラジル国籍の外国人住民Aは、通称として「山田好子」を使用し、平成22年1月10日に不動産を通称名義で購入した。その後、同年12月1日に同じブラジル国籍で通称を「佐藤一郎」とする男性と婚姻し、通称を「佐藤好子」に変えた。「佐藤好子」は、平成25年5月30日に銀行から事業資金の融資を受けるため、その不動産に抵当権を設定することになった。

　Aは、不動産の登記記録上の名義人の表示を「山田好子」から「佐藤好子」に変えるべく、市町村で外国人住民票の交付を受けたが、「山田好子」が記載されていない。この場合、どのような措置を講ずればよいのか。

(2) 住所・氏名（通称を含む）の履歴の消去等に対する対応

　このように、施行日時点で発行される最初の外国人住民票の記載事項には、従前の住所・氏名等の変更履歴が消去され記載されず、また「住所を定めた旨の届出年月日」は施行日（平成24年7月9日）が記載されている[19]。外国人住民がそれら過去の履歴を辿ろうとすれば、どのように対応すればよいのであろうか。

(A) 住所の履歴の消去等に対する対応

(a) 平成24年7月8日以前に住所移転をした場合

　上記(1)(A)(b)の例では、Aは外国人住民票をY市役所に請求するが、前述したとおり、従前の住所は記載されず、住所を定めた旨の届出年月日は平成24年7月9日と記載されているにすぎない。そこでAは法務省大臣官房秘書課個人情報保護係に外登法廃止後の外国人登録原票の開示請求を行い、外国人登録原票の写しの交付を受けることになる[20]。その書面にX市1番1号から

Y市2番10号に移転した旨とその年月日履歴事項の記載があれば、外国人住民票と併せて廃止外国人登録原票の写しを変更証明情報として提供することになろう[21]。

ところで、きわめて稀ではあるが、一部の市町村において、施行日以後に、その保有していた外国人登録原票の記載事項に関する「行政証明書」を発行するところがある。その行政証明書に住所の変更履歴の記載があれば、それも、外国人住民票と併せれば変更証明情報たり得ると思われる[22]。

(b) みなし在留カード等の活用

旧外登法は、外国人住民に外国人登録証明書を交付する旨を規定し(旧外登法5条1項)、入管法等改正法は、施行日以降は、一定の期間内、在留カード又は特別永住者証明書とみなすと規定している(入管法等改正法附則15条1項・28条1項)[23]。

外国人登録証明書の裏面には「新居住地」や「移転年月日」の履歴が記載されている[24]。

外国人住民が「居住地」の変更登録をしていれば、その履歴がみなし在留カード等の裏面に記載されているはずである。応急的な措置ではあるが、その記載をもって、上述の登記原因を証する情報に代えられないか、検討されてもよいのではないか[25]。

(B) 氏名の履歴の消去等に対する対応

(a) 平成24年7月8日以前に氏名変更した場合

上記(1)(B)(b)(i)の在日韓国人「金春江」の例では、「金春江」が外国人住民票の交付を受けても、従前の氏名である「金花子」からの変更履歴は記載されない。

「金春江」は法務省大臣官房秘書課個人情報保護係に外登法廃止後の外国人登録原票の開示請求を行い、外国人登録原票の写しの交付を受け、氏名変更の履歴が記載されていれば、登記名義人氏名変更登記手続をすることになろう[26]。

また、「金春江」は、韓国の家庭法院の許可を得て改名手続を行っているの

85

で、韓国領事館から改名の記載のある基本証明書を取り寄せ、外国人住民票と併せて変更証明情報とすることも可能であると考える。

また上記(A)(a)で述べた行政証明書が発行されている場合には、その行政証明書に氏名の変更履歴の記載があれば、それを外国人住民票と併せて変更証明情報として提供することができよう[27]。

次に、(1)(B)(b)(ii)の例についても、「李〇秀」について法務省大臣官房秘書課個人情報保護係に外国人登録法廃止後の「外国人登録原票」の開示請求を行い、外国人登録原票の写しの交付を受け、氏名変更の履歴が記載されていれば、登記名義人氏名変更登記手続をすることになろう。

このケースでは、「李〇秀」について、韓国の登録基準地の市・邑・面での家族関係登録簿に改名の記録はない[28]。

行政証明書が発行されている場合、それが外国人住民票と併せて変更証明情報として提供でき得ることは、前のケースと同様である。

(b) **簡体字(繁体字)の氏名表記の場合**

簡体字(繁体字)の氏名表記に関する(1)(B)(c)の正字との氏名表記の同一性について、両表記の対応関係を外国人住民に立証させることは、法務省ホームページ上に公開されているとはいえ、極めて困難を伴う。ここは、市町村で「対応を証する書面」などの情報を外国人住民に示すことにより解決できるのではないかと考える[29]。

(c) **カタカナ表記氏名の場合**

最後に(1)(B)(d)のカタカナ表記名について述べる。外国人住民のカタカナ表記は、非漢字圏の外国人住民が印鑑登録をする場合に、事務処理上必要な場合にだけ外国人住民票の備考欄に記載することができる取扱いである[30]。外国人住民の氏名は、聞き取り手によってカタカナ表記に相違が生じる場合がある。したがって、カタカナ表記名は、非漢字圏の外国人住民の住民票及び印鑑証明書の備考欄の記載事項とすることを規定し、外国人住民に混乱を招かないような措置を講じることが必要と考える[31・32]。

(C) **通称の履歴の消去等に対する対応**

通称の変更履歴も住所・氏名の履歴と同様、施行日に最初に発行される外国人住民票には記載されない。

(1)(C)の例で、「佐藤好子」は施行日前の履歴が必要な場合、法務省に廃止外国人登録原票の開示請求を要すること、「行政証明書」が発行されることがあれば、それぞれ外国人住民票と併せて変更証明情報となることは他の事例と同様である。

この問題を解決するには、外国人登録原票の開示請求を市町村の法定受託事務にして、外国人住民が自身の身分情報を入手する手だてをもっと簡便にするほかないと考える[33・34]。

おわりに

既述したように、外国人登録原票は施行日以後、法務省に送付された。送付された外国人登録原票は、法務省への開示請求手続によるほか、交付を受ける術はないのが現状である。

また、施行後半年以上を経過したにもかかわらず、交付には相当の日数を要しているという[35]。このため、即日交付された外国人登録原票記載事項証明書によって行われてきた登記名義人住所・氏名（通称を含む）変更等の登記手続が滞ることになり、登記実務において大きな問題となっている。住所・氏名（通称を含む）の情報の入手には、日本国籍を有する者が、およそ即日に交付を受けることができるのと明らかな差異がある。これが、外国人住民のさまざまな活動の阻害要因となっていることだけは確かである。

（高山　駿二）

〈注〉

1　施行日以前は、市町村に外国人登録原票記載事項証明書を請求すれば、住所・氏名等の変更履歴が記載されたものが即日交付された。また、改製前の外国人登録原票の写しが必要な場合は、市町村経由で法務省から取り寄せることができた。

2　法務省 http://www.moj.go.jp/hisho/bunsho/hisho02_00016.html 参照。法務省への「外国人登録原票」の開示請求手続については第2章2・64頁を参照。

3　仮住民票要領第2－1（後掲・要領通達(3)181頁）参照。

4　仮住民票要領第4－2－(5)(6)（後掲・要領通達(3)185頁）参照。

5 仮住民票要領第7（後掲・要領通達(3)188頁）参照。
6 簡体字および繁体字にかかわらず、韓国・朝鮮人の漢字表記名も「漢字告示」により正字に置換されている（入管特例法5条5項）。
7 仮住民票要領第4－2－(1)（後掲・要領通達(3)184頁）参照。非漢字圏の外国人住民の氏名のカタカナ表記は、印鑑登録に係る事務処理上必要とする場合に備考として記入する。住基処理要領第2－1－(2)－ア（後掲・要領通達(2)167頁）参照。
8 仮住民票要領第7（後掲・要領通達(3)188頁）参照。
9 韓国家族関係登録法99条1項・3項は、在外国民が改名する場合、登録基準地を管轄する家庭法院の許可を受け、その許可書の謄本を添付して受領した日から1カ月以内に申告するよう規定されている。
10 韓国家族関係登録法9条・10条参照。登録基準地は、これまでの本籍に代わって導入された概念である。木棚照一監修・「定住外国人と家族法」研究会編著『「在日」の家族法 Q&A〔第3版〕』(2010年、日本評論社) 80頁以下参照。外国人住民票には、旧外登法上の「国籍の属する国における住所又は居所」(旧外登法4条7号)が記載事項とされないので、今後、基本証明書等の家族関係登録簿の記録事項の証明書を取り寄せるのに困難が予想される。日司連提言書〔提言1〕（後掲・資料Ⅱ247頁）参照。
11 韓国家族関係登録法99条2項参照。
12 韓国家族関係登録法15条2号参照。現段階での基本証明書等の登録事項別証明書の窓口交付は東京、大阪、福岡の各韓国領事館で行っている。
13 「李○」は、「動物を思わせるもので、韓国では人名として珍奇であり、同胞から忌み嫌われ、到底使用されない奇名とされるものである」としつつ、「氏名の変更は、原則としてそれが記載又は記録されるその者の本国に国際裁判管轄権を認めるのが相当である。しかしながら、本国にのみ国際裁判管轄権を認めると、本国を離れて住所地国に永住している外国人に不便を強いる結果となるので、氏名変更の裁判が本国で承認されることが明らかな場合には、例外的に住所地国にも管轄権を認めるのが相当である」とした。千葉家市川出審平成8・5・23家月48巻10号170頁以下参照。
14 外国人登録原票記載されていた簡体字（繁体字）は、仮住民票に移記するときに漢字告示により職権で「正字」に置き換えられた。仮住民票要領第4－2－(1)（後掲・要領通達(3)184頁）参照。仮住民票は平成24年7月9日に住民票となった。印鑑登録原票の氏名は外国人住民票の氏名を記載する。印鑑処理要領第2－5－(1)－ウ（後掲・要領通達(1)161頁）参照。
15 実務上、不動産登記はローマ字表記氏名で登記申請ができないので、本人にローマ字氏名を音読させてその発音を片仮名で申請情報に記載する。日司連「外国人住民票」検討委員会編『外国人住民票の創設と渉外家族法実務』70頁以下（2012年、民事法研究会）参照。
16 「非漢字圏の外国人住民が住民票の備考欄に記録されている氏名のカタカナ表記又はその一部を組合わせたもので表されている印鑑により登録を受ける場合にあっては当該

氏名のカタカナ表記」が印鑑登録証明に記載される。印鑑処理要領第 4 ― 2 ―(1)―オ（後掲・要領通達(1)162頁）参照。
17　仮住民票要領第 4 ― 2 ―(12)（後掲・要領通達(3)186頁）参照。
18　仮住民票要領第 4 ― 2 ―(13)（後掲・要領通達(3)186頁）参照。
19　仮住民票要領第 4 ― 2 ―(6)（後掲・要領通達(3)185頁）参照。
20　「カウンター相談235」登記研究773号（2012年 7 月）185項以下参照。ただし、交付に係る期間などは、法務省ホームページ（前掲（注 2 ））参照。
21　平成24年 7 月 8 日「以前の外国人登録原票の写し又は当該原票に記載した事項に係る証明書については、……現在の住所を証する情報として取扱うことは相当ではなく、同月 8 日までの転居の歴を証する情報として取り扱う場面に限るのであれば、当該履歴を証する情報として取り扱って差し支えない」とする。登記研究773号（前掲（注20））187頁参照。
22　「市区町村から行政証明として外国人登録法廃止後に発行された旧外国人登録原票の記載事項に関する書面に、外国人の住所の移転の履歴及びその移転日が記載されている場合は、当該書面を当該外国人の住所の変更を証する情報として取り扱って差し支えない」。「質疑応答」登記研究779号（2013年 1 月）123頁以下参照。
23　「みなし在留カード等」については、第 1 章 2 ・15頁参照。不動産登記において、登記義務者が登記識別情報を提供できない場合、資格者代理人が登記義務者本人であることを確認する情報を登記官に提供してする場合の情報でもある（不登規則72条 2 項 1 号、整備経過措置省令附則24条 1 項 5 号）。
24　外国人登録要領189頁参照。
25　「外国人登録法廃止後の在留外国人の住所・氏名変更登記の取扱いについて（照会）」（後掲・資料Ⅰ(5)219頁）参照。
26　登記研究773号（前掲（注20））参照。
27　登記研究779号（前掲（注22））参照。
28　在日韓国人の日本の家庭裁判所における改名許可について木棚・前掲（注10）332頁以下参照。家族関係登録例規211号「改名許可申請事件の事務処理指針」11条参照。
29　法務省入管局のホームページにおいて対応テーブル等が公開されているとするが、対応関係を証明するために、外国人住民に検索を強いるのは酷と考える（漢字告示「第 5 公示」）。福谷孝二ほか『新しい外国人住民制度の窓口業務用解説』（2012年、日本加除出版）58項以下参照。
30　住基処理要領第 2 ― 1 ―(2)―ア（後掲・要領通達(2)167頁）参照。
31　カタカナ表記名は登記の現場のみならず、銀行預金、健康保険、年金とあらゆる場面で必要不可欠と考える。
32　外国人住民票の備考欄へのカタカナ表記名については、日司連提言書〔提言 2 〕で主張している。日司連提言書（後掲・資料Ⅱ250頁）参照。
33　「通称」と「通称及び削除に関する事項」は、市町村から法務大臣への通知事項となっ

第2章　「改正住基法」施行後の渉外民事実務に関する問題点

ていない（入管法施行令6条2項参照）。現状では「出入（帰）国記録」に集積されることはない。「通称」を入管局に集積されるデータに追加する主張は日司連提言書〔提言3〕（後掲・資料Ⅱ253頁）参照。

34　外国人登録原票の開示請求手続を市町村の窓口で行えるようにするとの提言については日司連提言書〔提言4〕（後掲・資料Ⅱ254頁）参照。

35　2012年11月21日（第2回）に法務省入国管理局と日司連との打合せ会において、各市町村から法務省に送付された外国人登録原票は約312万件であり、開示請求に対しては1カ月ほどで対応している旨が報告された。補章2(4)(B)⑤145頁参照。

4 外国人住民票の「世帯事項」の意義と問題点

はじめに

　廃止された外国人登録法（旧外登法）上の外国人登録原票には、「国籍の属する国における住所又は居所」（以下、「国籍国の住所又は居所」という）（旧外登法4条1項7号）、「出生地」（同項8号）、「本邦にある父母及び配偶者の氏名、出生の年月日及び国籍」（同項19号）を、その記載事項としていた。在留外国人にとって、「国籍国の住所又は居所」は、本国に備置または記録される身分登録簿にアクセスする機能を有し、「出生地」は出生届等を取り寄せる指標であった。また、「国籍国の住所又は居所」や「出生地」は本国法決定の一つの指標であり、「本邦にある父母及び配偶者の氏名、出生の年月日及び国籍」は、家族関係を推認させる情報であった[1]。

　しかし、これらの記載事項は外国人住民票の記載事項とはされなかった。

　外国人住民票の記載事項で身分関係を検索できるものは、唯一「世帯主についてはその旨、世帯主でない者については世帯主の氏名及び世帯主との続柄」（以下、「世帯事項」という）の記載事項である（住基法30条の45・7条4号）。ここでは、この外国人住民票の「世帯事項」についての意義と問題点を整理してみる。

(1) 外国人住民の「世帯」の変更届と「世帯主との続柄」

(A) 世帯事項の変更届

　「世帯事項」については、転入届、転居届以外でその属する世帯またはその世帯主に変更があった者は、14日以内にその氏名、変更があった事項および変更があった年月日を市町村長に届出なければならないとされている（住基法25条）。ただし、世帯主以外のその世帯に属する者が一人になった場合にお

いては、一人になった者は届け出なくてもよいとされている（住基法令25条）。
(B) 世帯事項の記載内容
「世帯事項」は具体的には以下のように記載される。
(a) 個人票・世帯票と世帯主
個人票の場合は、世帯主については、世帯主との続柄の欄に「世帯主」または「本人」と記載され、世帯票の場合は、世帯主の氏名は、共通欄を設けて記入し、各個人ごとの記載は省略され、続柄については、各個人毎に続柄欄を設けて、世帯主については、「世帯主」または「本人」と記載し、世帯員については、「世帯主との続柄」がそれぞれ記載される[2]。

(b) 実際の世帯主が中長期在留者等ではない場合
実際に世帯主に相当する者が、外国人住民票の対象者とならない中長期在留者等ではない外国人の場合には、世帯員のうち世帯主に最も近い地位にある者の氏名を世帯主の氏名として記載し、実際に世帯主に相当する外国人の氏名が確認できれば備考として記入される[3]。

(c) 「世帯主との続柄」の記載
「世帯主との続柄」は、「妻」「子」「父」「母」「妹」「弟」「子の妻」「妻（未届）」「妻の子」「縁故者」「同居人」等と記載される。世帯主の嫡出子、養子および特別養子についての「世帯主との続柄」は、「子」と記載される。

内縁の夫婦は、法律上の夫婦ではないが準婚として各種の社会保障の面では法律上の夫婦と同じ取扱いを受けるので「夫（未届）、妻（未届）」と記載される。

内縁の夫婦の子の世帯主（夫）との続柄は、世帯主である父の認知がある場合には「子」と記載され、世帯主である父の認知がない場合には「妻（未届）の子」と記載される。

縁故者には、親族で「世帯主との続柄」を具体的に記載することが困難な者、事実上の養子等があるとされ、夫婦同様に生活している場合でも、法律上の妻のあるときには「妻（未届）」と記載しないとされる[4]。

(2) 外国人住民の「世帯主との続柄」変更の職権記載

(A) 外国人住民と日本人が同一世帯の場合

(a) 住所地の市町村長の処理

　世帯主が外国人住民で世帯員が日本人の場合もしくは世帯主が日本人で世帯員が外国人住民の場合、日本人と外国人の身分関係の成立・解消等に関する届出があり、「世帯主との続柄」の変更があった場合には、住所地の市町村長がその戸籍に関する届出、申請書その他の書類を受理し、もしくは職権で戸籍の記載もしくは記録をしたときは、職権で住民票の記載、修正等をするとされている（住基法令12条2項1号）[5]。

(b) 住所地以外の地の市町村長の処理

　また、住所地以外の他の市町村長が日本人と外国人の身分関係の成立・解消等により戸籍に関する届出、申請書その他の書類を受理し、もしくは職権で戸籍の記載もしくは記録をしたときで、「世帯主との続柄」の変更があった場合には、住所地の市町村長にその市町村長から住民票に記載すべき事項が通知され、住所地の市町村長が職権で住民票の記載、修正等をするとされている（住基法9条2項、住基法令12条2項1号）[6]。

(B) 外国人同士が住所地以外の市町村で戸籍に関する届出等をした場合

　住所地以外の市町村で外国人同士が戸籍に関する届出等をした場合で、「世帯主との続柄」の変更があった場合には、住民票に記載すべき事項は住所地の市町村長に通知されるので（住基法令30条32による12条2項1号の読み替え）、「世帯主との続柄」の変更は外国人住民の住所地の市町村長が職権で住民票の記載、修正等をするとされている（住基法9条2項、住基法令12条2項1号）[7]。

(3) 外国人住民のみに義務づけられる「世帯主との続柄」の変更届

(A) 外国人住民の「世帯主との続柄」の変更届義務

外国人住民は、以下の場合において「世帯主との続柄」を変更した場合には届出を義務づけられている（住基法30条の48）。
　世帯員が外国人住民で世帯主が外国人住民の場合では、転入届（住基法22条1項）、転居届（同法23条）、世帯変更届（同法25条）等の届出以外で世帯主との続柄に変更があった場合。たとえば、「夫（未届）、妻（未届）」と記載されている内縁の夫婦が（⑴(B)(c)参照）、婚姻の届出をして「世帯主との続柄」を「妻」と変更する場合や、世帯主である父の認知がない「妻（未届）の子」と記載されている子が（⑴(B)(c)参照）、世帯主から認知されて「子」と変更する場合等は、その変更があった日から14日以内に、「世帯主との続柄」を証する文書を添付して、その氏名、世帯主との続柄および変更があった年月日を市町村長に届出なければならないとされている（同法30条の48）。

(B)　「世帯主との続柄」の変更届を要しない場合
　ただし、以下の場合には市町村長に「世帯主との続柄」の変更について変更の届出を要しないとされている。
①　世帯主でない外国人住民と外国人住民世帯主との親族関係に変更がない場合（住基法令30条の28第1号）
　　たとえば、世帯主「夫」と世帯員の「妻」、および「妻の妹」が同一世帯の場合では、「妻の妹」は、世帯主「夫」からみれば3親等以内の親族であり、「世帯主との続柄」は「同居人」である。このような場合に「妻」が死亡した後、世帯主「夫」と「妻の妹」が内縁関係の夫婦になったとしても、世帯主「夫」と「妻の妹」は親族関係に変更がないことから、世帯主「夫」と「妻の妹」の「世帯主との続柄」をあえて「妻（未届）」とする変更の届出は要しないとするケースが考えられる。
②　世帯主でない外国人と外国人住民世帯主との親族関係の変更に係る戸籍に関する届出、申請書その他の書類が当該市町村長に受理されている場合（住基法令30条の28第2号）
　　たとえば、上記(A)のケースで内縁の夫婦が婚姻の届出を当該市町村長にする場合や、世帯主である父が認知がない子に対する認知の届出を当

該市町村長にする場合等は、「世帯主との続柄」の変更届を要しないと考えられる。

(4) 外国人住民の「世帯主との続柄」を証する文書

(A) 「世帯主との続柄」を証する文書の添付義務

外国人住民同士が、住所地以外の市町村で婚姻や認知等の戸籍に関する届出をし「世帯主との続柄」の変更があった場合には、住民票に記載すべき事項は住所地の市町村に通知される（住基法令30条の32による12条2項1号の読み替え）、しかし、外国人住民同士が海外で婚姻や認知等に関する届出をしている場合等は、市町村長は外国人住民の世帯事項である「世帯主との続柄」を確認することができない。そこで、一定の届出の場合には、外国人住民に「世帯主との続柄」を証する文書の添付義務を課している。

(B) 「世帯主との続柄」を証する文書の内容

それでは、「世帯主との続柄」を証する文書とはどのような文書であろうか。外国人住民の「世帯主との続柄」を証する文書については、戸籍法に基づく届出に係る受理証明書もしくは記載事項証明書または結婚証明書もしくは出生証明書その他「外国政府機関等が発行した文書であって、本人と世帯主との続柄が明らかにされているもの」とされている[8]。なお、「世帯主との続柄」を証する文書で外国語によって作成されたものについては、翻訳者を明らかにした訳文を添付しなければならないとされている（住基法規則49条）[9]。

(C) 「世帯主との続柄」を証する文書の添付が必要な届出

「世帯主との続柄」を証する文書の添付が必要な届出は以下の場合である。

世帯主でない外国人住民でその世帯主が外国人住民であるものは、転入届（住基法22条1項）、転居届（同法23条）、世帯変更届（同法25条）、中長期在留者等が住所を定めた場合の転入届の特例（同法30条の46）、在留外国人で市町村に住所を有する者が中長期在留者等となった場合の届出（同法30条の47）等をするときは、原則として、「世帯主との続柄」を証する文書を添付して、これらの規定による届出をしなければならないとされている（同法30条の49）[10]。

(D) 「世帯主との続柄」を証する文書の添付が不要な場合

しかし、外国人住民が「世帯事項」を変更することなく転出届等をする場合や同一世帯で世帯主を変更する場合、あるいは市町村長が外国人住民と世帯主との親族関係の情報を把握できる等のような以下の場合には、市町村長が「世帯主との続柄」を確認できるとして外国人住民の「世帯主との続柄」を証する文書の提出は不要とされている。

① 世帯主でない外国人住民と外国人住民世帯主との間に親族関係がない場合（住基法令30条の29第1号）

② 世帯主でない外国人住民が、外国人住民世帯主を変更せずに、世帯主の転出届や転入届と併せてその転出届と転入届をする場合（住基法令30条の29第2号）

③ 世帯主でない外国人住民が、外国人住民世帯主を変更せずに、その世帯主に関する転居届に併せて転居届をする場合（住基法令30条の29第3号）

④ 世帯主でない外国人住民が、その世帯に属する他の外国人住民が世帯主になる場合において、その世帯に属する他の外国人住民に関する転入届または転居届に併せて転入届または転居届をする場合（住基法令30条の29第4号）

⑤ その他下記の場合で、世帯主でない外国人住民とその外国人住民世帯主との親族関係を確認できると市町村長が認めるときは「世帯主との続柄」を証する文書の添付が不要とされている（住基法令30条の29第4号）。

　ⓐ 世帯主でない外国人住民が住基法25条の規定による世帯変更届をする場合（住基法規則50条1号）

　ⓑ 消除された住民票、戸籍の関する届出書、その他の書類または他の市町村長から住民票の住所地の市町村長に対する戸籍に関する届出等により住所地の住民票に記載すべき事項の通知に係る書面、その他の世帯主でない外国人住民とその世帯主との親族関係を明らかにすることができる書類を住所地市町村長が保存している場合（住基法規則50条

2号)

(5) 「世帯事項」の効用と問題点

(A) 「世帯事項」の効用

外国人住民票の世帯事項の「世帯主との続柄」の記載については、外国人住民にとって、その変更や転入届等の届出の際には、「世帯主との続柄」を証する文書が法律上添付書類となった（住基法30条の48・30条の49）。これにより外国人住民票の世帯主と世帯構成員との身分関係は正確に記載されることになり[11]、外国人住民票が在留外国人にとって、親子関係、夫婦関係などの身分関係を証する書面として一定の効用が生じるものと思われる[12]。

(B) 「世帯事項」の問題点

(a) 本国の身分登録証明書取得の困難性

在留外国人の身分検索機能として有用であった外国人登録上の記載事項であった、「国籍国の住所又は居所」「出生地」「本邦にある父母及び配偶者の氏名、出生の年月日及び国籍」は外国人住民票の記載事項とはされなかった。したがって、在留外国人が「世帯主との続柄」を証する文書を提出して世帯主との続柄の変更をする場合に、「外国政府機関等が発行した文書で世帯主との続柄が明らかなもの」（前記(4)(B)参照）が必要となる場合には、本国から身分関係証明書等を取り寄せることになるが、外国人住民票の記載からは本国の身分証明書等の備置場所を特定する「国籍国の住所又は居所」あるいは「出生地」はその記載事項とはされなかったので、これによる本国へ身分登録のアクセスはできなくなった。このため、在留外国人の本国への身分関係証明書等の請求が困難となり、本国政府機関発行の「世帯主との続柄」を証する文書の添付ができず、外国人住民票の世帯事項の記載が正確になされない場合も想定される[13]。

(b) 短期保存期間の問題

また、世帯事項の記載事項は、住民票が消除されてからの保存期間が5年であることや（住基法令34条1項）、世帯事項の変更が市町村長から法務大臣

への通知事項でないことから（入管法令6条2項）、外国人住民票の世帯事項の記載は永続的には記録されないので、在留外国人にとって身分関係を証する書面としては極めて断片的なものになると思われる。したがって、消除された外国人住民票の保存期間の大幅な伸長を図ることが必要であろう。

　(c) 法務大臣による情報公開

　また、日司連提言書でも指摘しているように[14]、世帯事項の変更情報を市町村長から法務大臣への通知事項とし、法務大臣がこの情報を長期間保存し、一定の要件のもと、公開する等の方策が求められよう[15]。

（姜　信潤）

〈注〉

1　「国籍国の住所又は居所」は、在留外国人の多くを占める「韓国・朝鮮」人や「中国」人の本国の身分登録簿である「家族関係登録簿」「戸籍」「戸口簿」が備置されている場所の指標となる。また、「国籍国の住所又は居所」や「出生地」は、「韓国・朝鮮」人や「中国」人のように本国となる国家が国際私法上「分裂国家」とされる場合の渉外的家族関係の準拠法である「本国法」を決定する判断材料になり、アメリカ合衆国のように本国が複数の法域である地域的不統一国の本国法を決定する際に「規則」がないときの「密接関連地法」を決定する一つの判断材料となる。また、在留外国人は本国に居住していないので、身分変動事項が自動的に本国の身分登録簿に直接反映されることはない。この場合に、「本邦にある父母及び配偶者の氏名、出生の年月日及び国籍」は家族関係を推認させる情報となる（日司連意見書1（後掲・資料(2)207頁以下）参照）。
2　住基処理要領第2－1－(2)－エ－(ア)(イ)（後掲・要領通達(2)168頁）。
3　住基処理要領第2－1－(2)－エ－(エ)（後掲・要領通達(2)168頁）。
4　住基処理要領第2－1－(2)－エ－(オ)（後掲・要領通達(2)168頁）。
5　住基処理要領第2－2－(2)－ア－(オ)（後掲・要領通達(2)171頁）。
6　住基処理要領第2－2－(2)－ア－(カ)（後掲・要領通達(2)171頁）。
7　住基処理要領第2－2－(2)－ア－(オ)(カ)（後掲・要領通達(2)171頁）。
8　住基処理要領第4－2－(1)－ウ（後掲・要領通達(2)177頁）。
9　住基処理要領第4－2－(1)－ウ（後掲・要領通達(2)177頁）。
10　住基処理要領第4－2－(1)－ウ（後掲・要領通達(2)177頁）。
11　外国人住民について、外国人住民である「世帯主との続柄」に変更の届出があった場合には、添付された「世帯主との続柄」を証する文書を確認のうえ「世帯主との続柄」の記載を修正し、修正の事由（続柄の変更）を記入するとしている（住基処理要領第2－2－(1)－キ（後掲・要領通達(2)170頁））参照。
12　法務省は、本国で身分登録をしていない在日朝鮮人や台湾人等の特別永住者を当事者

とする婚姻届または養子縁組届等をする際の要件具備証明書として、従来は通達で家族関係に係る外国人登録原票記載事項証明書で要件審査をしても差し支えないとしていたが、入管法等改正法施行による外国人登録法の廃止により従来の通達の取扱いを変更して、「世帯主との続柄」の記載のある外国人住民票を提出させることによって要件審査をしても差し支えないとする通達を発した（平成24年6月25日民一第1550号民事局長通達。民事月報67巻8号（2012年8月）68頁参照）。なお、この通達内容の詳細については第1章3(1)(B)29頁以下を参照。

13　外国人住民について、世帯主との続柄を証する文書の添付が必要な場合において、これが提出されず、事実上の親族関係が認められる場合には、世帯主との続柄は「縁故者」と記載するとされている（住基処理要領第2－1－(2)－エ－(オ)（後掲・要領通達(2)168頁））参照。

14　日司連提言書〔提言3〕（後掲・資料Ⅱ253頁）参照。

15　入国管理局に集積される外国人住民の情報の開示に関する問題点については、第1章4・49頁以下参照。

第3章

外国人住民の今後の渉外民事実務上の課題

第3章 外国人住民の今後の渉外民事実務上の課題

■ **本章の概要** ■

　旧外登法の登録事項であって、改正住基法で定める外国人住民票の記載事項とならなかった「国籍の属する国における住所又は居所」(旧外登法4条7号)、「出生地」(同条8号)、「本邦にある(世帯構成員でない)世帯主の父母及び配偶者の氏名、出生の年月日及び国籍」(同条19号)の記載事項は、在留外国人の渉外民事実務において以下の重要な役割を果たしてきており、いずれも貴重な情報であった。

① 「国籍の属する国における住所又は居所」は、本国に備置または記録されている身分登録簿へのアクセス機能
② 「出生地」は、本国法決定の際の一つの指標
③ 「本邦にある(世帯構成員でない)世帯主の父母及び配偶者の氏名、出生の年月日及び国籍」は、家族関係の推認等

　本章では、これらの事項が外国人住民票の記載事項とされなかったことによる渉外民事実務への影響、さらに、記録、各種届出書類の保存期間が与える影響について述べる。

　1　外国人住民の身分情報の入手をめぐる課題　では、外国人住民の身分情報の一つとして、外国人住民票の「世帯主との続柄」の意義、中国、韓国を例に本国に存在する身分登録簿へのアクセスの問題点、日本の戸籍法において、在留外国人の戸籍の届出(創設的届出・報告的届出)の問題点について事例を挙げながら詳述した。

　2　外国人住民の氏名・住所その他の記録の保存をめぐる課題　では、消除、改製された外国人住民票の保存期間(住基法令34条)および入管法等改正法附則33条の規定により法務省に送付された外国人登録原票の保存期間の問題点、市町村長から法務大臣に通知、伝達され入国管理局等に集約される事項、渉外戸籍届書の保存期間の問題点について指摘する。

1　外国人住民の身分情報の入手をめぐる課題

はじめに

　外国人住民の身分情報は、財産「相続」の前提となる相続人の確定や身分関係の成立・不成立だけでなく、日本における公的扶助や税務の前提となる「世帯」の認定や「扶養関係」の確認、入管法上の在留資格の取得・更新など、多くの場合に必要不可欠な情報である。

　入管法で定める「在留カード」および入管特例法で定める「特別永住者証明書」並びに住基法で定める「外国人住民票」のいずれにも「国籍・地域」の記載はなされるが（入管法19条の４第１項１号、入管特例法８条第１項１号、住基法30条の45本文）、本国（国籍国）の場所的指標となる情報は一切記載されない。また、外国人住民票には「世帯主との続柄」が記載されるが（住基法30条の45本文・７条４号）、その他の身分情報を記載する条項は見当たらない。旧外登法の登録事項であった「国籍の属する国における住所又は居所」（同法４条７号）、「出生地」（同条８号）は、在留カードおよび特別永住者証明書並びに外国人住民票の記載事項とはされず、また「本邦にある（世帯構成員でない）世帯主の父母及び配偶者の氏名、出生の年月日及び国籍」（同条19号）も記載事項とはされなかった。

　2012年７月８日以前に外国人登録をしていた外国人で、その後も引き続き日本に在留している者は、法務省から「廃止外国人登録原票」の写しを取得するなりして、その者の「国籍の属する国における住所又は居所」「出生地」や「（世帯構成員でない）世帯主の父母及び配偶者の氏名、出生の年月日及び国籍」を確かめることができる。また、同日以前に、「外国人登録」をしていた外国人が日本で死亡していたときは、その親族らは、「閉鎖外国人登録原票」の写しを法務省から取得して上記事項を確かめることができる。

しかし、2012年7月9日以後に「中長期在留者」や「特別永住者」となった外国人には、上記記載内容を確認する術がなくなる。

今後外国人住民は自己の身分情報や親族の身分情報を、どのように入手することになるのであろうか。

(1) 外国人住民票の「世帯主との続柄」

外国人住民票の記載事項には、「世帯主についてはその旨、世帯主ではない者については世帯主の氏名及び世帯主との続柄」（住基法30条の45・7条4号）がある。

その記載の仕方は、住基処理要領（第2－1－(2)－エ）によると次のとおりである。

個人票の場合の世帯主は、「世帯主との続柄」欄に「世帯主」または「本人」と記載し、世帯票の場合の各個人の「世帯主との続柄」欄は、世帯主は「世帯主」または「本人」と記載し、世帯員については世帯主との「続柄」を記載する。

その「世帯主との続柄」の記載方法は、「妻」「子」「父」「母」「妹」「弟」「子の妻」「妻（未届）」「妻の子」「縁故者」「同居人」等と記載する。そして、①世帯主の嫡出子、養子および特別養子は「子」とだけ記載、②内縁の夫婦は、法律上の夫婦ではないが準婚として各種の社会保障の面では法律上の夫婦と同じ取扱いを受けているので「夫（未届）」「妻（未届）」と記載、③内縁の夫婦の子の世帯主（夫）との続柄は、世帯主である父の認知がある場合には「子」と記載、世帯主である父の認知がない場合には「妻（未届）の子」と記載、④「縁故者」は親族で世帯主との続柄を具体的に記載することが困難な者、事実上の養子等があるとき、⑤夫婦同様に生活している場合でも法律上の妻のあるときは「妻（未届）」と記載、するとある。また、外国人住民には、世帯主との続柄を証する書面の添付が義務づけられる場合があるが（住基法30条の48・30条の49）、その場合に「証する書面」の添付がない場合で事実上の親族関係が認められる場合には、「縁故者」と記載される。

「世帯」の認定に関する行政運用は、各種社会保障上の行政サービスを実施する観点から「生計の同一性」を重視してなされている[1]。「世帯主との続柄」欄の記載も、夫婦関係や親子関係（自然親子関係・法定親子関係）の成立・不成立が証明されるときとそれらが証明されないときに区分し、嫡出子と普通養子と特別養子が一律に「子」と記載されるようにそれら身分関係の発生原因を特定して記載するものではない。「世帯員」かどうかは事実上の「生計の同一性」で判断し、「世帯主との続柄」の記載もそれに準じて行われているのではなかろうか。

住所地市町村は、戸籍に関する届出等を受理したときはその情報を取得する一方で、他の市町村からそれら情報が通知される場合もある（住基法9条2項）。住所地市町村は、戸籍に関する届書等を受理したときや他の市町村からの通知があれば、「世帯主との続柄」を職権で記載等をすることが可能である（住基法令12条2項1号）。

外国人住民票であれば、住所地市町村は、日本人と外国人に係る戸籍に関する届出等や外国人同士の戸籍に関する届出等の情報を直接取得した場合であれ、他の市町村からの通知によりそれらの情報を取得する場合であれ、それら情報により身分変動の情報を把握できれば、その「世帯主との続柄」を職権で記載等をすることが可能である（住基法令30条の32による住基法令12条1項1号の読み替え、住基処理要領第2－2－(2)－ア－(オ)）。

さらに、外国人住民票の「世帯主との続柄」の変更については以下の特則を設けた。

世帯主でない外国人住民で世帯主が外国人住民の場合には、転入届等以外で「世帯主との続柄」に変更があるときは「世帯主との続柄」を証する文書を添付して届け出ることを義務づけるとともに（住基法30条の48）、転入届等をするときは「世帯主との続柄」を証する文書を添付して転入届等をしなければならないとした（同法30条の49）。また、それら文書が「外国語によって作成されたものについては翻訳者を明らかにした訳文を添付しなければならない」と定めている（住基法規則49条）。

ただし、転入届等以外で「世帯主との続柄」に変更があった場合は、戸籍に関する届書等を市町村が受理していた場合は「世帯主との続柄」を証する書面は不要で(住基法令30条の28第2号)、転入届等の場合で「世帯主との続柄」に変更がある場合は、戸籍に関する届書等または住基法9条2項の通知に係る書面等で親族関係が明らかな書類等を住所地市町村が保存している場合は「世帯主との続柄」を証する書面は不要としている（同令30条の29第4号、住基法規則50条2号）。

(2) 本国の身分登録簿へのアクセス

　外国人の身分関係を証する書面の発行権限は、基本的に当該外国人の本国（国籍国）にあると考えられる。それは、国籍決定に関する国内管轄権に由来する。いずれの国籍を有するかは各国が独自にその法制を定めることが国際法上認められている。国籍決定に関する国内管轄権の原則から、当該国に当該国籍を有する者の範囲を示す義務が導かれよう。しかし、各国の自国民の身分登録に関する法制、具体的には身分登録機関の権能や身分関係を証明する法制度も一様ではない。

　ここでは、中国と韓国を例にして、本国での婚姻の成立手続を瞥見してみよう。

　中国人の本国における婚姻届出は[2]、各地方の人民政府内にある「婚姻登記所」に両当事者が出頭し各自の「戸口簿」等を提出して行う[3]。当事者は、そこで発行される「結婚証」と各人が所持する従前の戸口簿を公安局の「派出所」に持参すると従前の戸口簿の本人の欄が取り消される。そのうえで、夫婦居住地を管轄する公安局の派出所で自ら登記すれば、そこで新しい戸口簿が交付される。人民政府内にある婚姻登記所と公安局の派出所間で「婚姻」した事実が連絡されることはない。また、現在から過去に遡る身分記録を保存して総合的に管理する役所はないといわれる。戸口簿の内容は、住民登録的な色彩が濃く、本人の出生以来の身分関係をすべて記載することはなく、家族関係は正確には把握されていないといわれ[4]、国外に出国・移住した場合

は戸口簿は抹消されるともいわれる[5]。そこで、中国では親族関係の証明などに「公証処」が大きな役割を果たしている[6]。

次に、韓国人の本国における婚姻届出は[7]、届出事件本人の登録基準地または届出人の住所地もしくは現在地の市・邑・面の事務所で可能で、当事者が婚姻した旨の記録は、電算情報処理組織による電算情報資料を登録基準地毎に個人別に区分・作成された両当事者の「家族関係登録簿」に記録される。家族関係登録簿の登録事項別証明書の一種である「婚姻関係証明書」は、全国いずれの市・邑・面事務所等でも交付される。家族関係登録簿や死亡等により閉鎖された「閉鎖登録簿」は、法院行政処が保管・管理し、それら登録簿等の内容は5種の事項別証明書として交付される。また、家族関係登録簿には本人の出生から死亡までの身分変動の記録が保存管理されている。なお、2008年1月以前の「戸籍法」に基づき作成されていた戸主を筆頭者とする除籍簿等も保存管理されていて、それらの交付請求も可能である[8]。

中国の戸口簿には「籍貫」(本籍地)の欄があり、韓国の家族関係登録簿には「登録基準地」(2007年以前は「本籍地」)の欄がある。旧外登法の記載事項であった「国籍の属する国における住所又は居所」(4条7号)欄には、「韓国・朝鮮人または中国人で本国に生活の本拠がないときは、本籍地もしくは登録基準地」を記載する取扱いであった[9,10]。この記載事項が外国人住民票の記載事項から消去されると、本国の身分登録簿にアクセスすることが容易ではないのは明らかである[11]。

(3) 在留外国人の渉外戸籍に関する届出

日本戸籍は「日本国籍」保有者を公証するとともに日本国籍を有する者の身分変動を記録する帳簿(記録簿)である。「渉外戸籍事件」とは、日本に居住している外国人相互間の身分変動、または外国に居住している日本人の身分変動の事実もしくは日本人同士あるいは日本人と外国人相互間の身分行為に関する具体的な戸籍の届出事件をいうが、これらの一連の事務の全体(届出、審査、受付、公証等)を総称して「渉外戸籍」という[12]。

ここでは、渉外戸籍事件の中の、日本における外国人の身分変動事実の届出や外国人に係る婚姻・離婚に関する届出事件を整理・検討し、渉外戸籍事件の取扱いの一端を示すことにする。外国判決の承認による渉外戸籍事件や外国でなされた身分関係の成立に伴う渉外戸籍事件は、ここでは触れない。

(A) **日本における外国人に係る身分変動事実（出生・死亡）に関する報告的届出**

外国人が日本国内で出生または死亡すれば、その身分変動事実を届け出なければならない。それは、戸籍法の属地的効力といわれる。届出を怠った場合は、過料に処せられる（戸籍法135条）[14]。届出地は、届出人の所在地であるが（同法25条2項）、出生届の場合は出生地でも可能であり（同法51条1項）、死亡届は死亡地でも可能である（同法88条1項）。

出生届があり、父または母のいずれかが日本国民で他方が外国人であれば、嫡出親子関係は、日本民法か当該外国人の本国法のいずれかで判断される

〔表6〕 外国人の出生数・死亡数（2011年）[13]

国籍	出生数（母の国籍別）			死亡数		
	総数	男	女	総数	男	女
総数	11,418	6,036	5,382	6,614	3,671	2,943
韓国・朝鮮	1,222	657	565	4,894	2,677	2,217
中国	3,625	1,913	1,712	512	303	209
フィリピン	1,381	718	663	149	43	106
タイ	112	56	56	42	8	34
米国	209	105	104	175	115	60
英国	34	16	18	20	19	1
ブラジル	1,995	1,056	939	137	84	53
ペルー	525	296	229	49	27	22
その他	2,315	1,219	1,096	636	395	241

出典：厚労省2011年人口動態統計

（通則法28条1項）。それにより日本人父または母との嫡出親子関係が成立すればその子は日本国籍を取得し（国籍法2条1号）、日本人父または母の戸籍に入籍する。この場合の届出書類は、「戸籍の記載を要する」書類である。他方、出生届があり、その父母双方が外国人であるときは、届書に記載されたとおりに受理する取扱いである[15・16]。この場合の届出書類は、「戸籍の記載を要しない」書類である。

死亡届があると、生存配偶者が日本人であれば生存配偶者の戸籍の身分事項欄にその旨が記載され（戸籍法規則36条1項）、その配偶欄は抹消されるが、生存配偶者が外国人であればそのまま受理されて保存される（同条2項）。前者の死亡届は「戸籍の記載を要する」書類であり、後者の死亡届は「戸籍の記載を要しない」書類である。なお、在留外国人の死亡は、領事関係に関するウィーン条約よって「接受国の権限ある当局」が「派遣国の当該領事機関に通報」するとなっている[17]。

(B) 日本における外国人に係る婚姻・離婚に関する創設的届出

(a) 日本人・外国人間の婚姻・離婚の場合

〔表7〕 日本人・外国人の婚姻件数・離婚件数（2011年）

	婚姻件数	離婚件数
夫（日本人）妻（外国人）[18]	19,022	14,224
妻（日本人）夫（外国人）[19]	6,912	3,608
総　数	25,934	33,246

出典：厚労省2011年人口動態統計より作成

(i) 日本に居住する日本人と外国人の婚姻の場合

日本に居住する日本人と外国人が婚姻する場合には、各当事者の本国法が定める実質的成立要件を備えている必要がある（通則法24条1項）。準拠法が「本国法」なので、反致するかどうかも外国人当事者の本国の国際私法で確かめなければならない（同法41条）[20]。

そのうえで、外国人当事者は在日公館や本国の機関から、本国法に沿って婚姻が可能とする証明書（婚姻要件具備証明書）などを取得する必要がある（戸籍法規則63条）。また、婚姻の方式は、当事者の一方が日本人で日本の地で婚姻届をするので、日本の民法・戸籍法の定めによる届出でなければならない（通則法24条3項ただし書）。市町村には、外国人当事者の婚姻要件具備証明書等を添付して届け出ることなる（民法739条、戸籍法74条）。

なお、外国人と日本人が婚姻した場合は、その日本人には新戸籍が編製され（戸籍法16条3項）、その戸籍の身分事項欄には婚姻した外国人である夫または妻の記載がなされ（戸籍法規則35条4号）、国籍が記載される（戸籍法規則36条2項）。

(ii) 日本に居住する日本人と外国人の離婚の場合

日本に居住する日本人と外国人が離婚する場合は、離婚の実質的成立要件は、当事者の本国法が同一の場合はその法を適用し、その法がない場合は同一の常居所地法、それもない場合は「最密接関係地法」が適用される（通則法27条本文）。ただし、日本に居住する日本人と外国人の離婚で、日本人が「日本に常居所を有する」場合であれば日本法が適用される（通則法27条ただし書）。なお、協議離婚が認められるか裁判離婚しか認められないかという問題は実質的成立要件の適用範囲の問題である。そこで、日本法か協議離婚を認める準拠法が適用されると協議離婚が認められる。

離婚の方式は実質的成立要件に適用された法か「行為地法」であるが（通則法34条）、実質的成立要件が日本法であり行為地法も日本法であれば、日本法が適用され、市町村への協議離婚の届出により離婚は成立する（民法763条・764条・739条）。そのうえで、日本人配偶者の戸籍の身分事項欄にその旨が記載される。

いずれの届出も「戸籍の記載を要する」届出なので、その届書は、戸籍の記載手続が終了すれば管轄法務局等に送付され管轄法務局等に保存される（戸籍法規則48条・49条）。

(b) 外国人同士の婚姻・離婚等の場合

〔表8〕 外国人同士の婚姻件数・離婚件数（2011年）[21]

国　籍	婚姻件数 夫	婚姻件数 妻	離婚件数 夫	離婚件数 妻
総数	3,948		1,639	
韓国・朝鮮[22]	587	587	367	335
中国[23]	564	665	758	807
フィリピン	112	378	2	79
タイ	59	86	36	39
米国	512	330	16	4
英国	39	19	―	―
ブラジル[24]	745	669	77	41
ペルー	188	179	56	41
その他	692	585	327	293

出典：厚労省2011年人口動態統計

(i) 日本に居住する外国人同士の婚姻の場合

日本に居住する外国人同士が婚姻する場合には、各当事者の本国法が定める実質的成立要件を備えている必要がある（通則法24条1項）。準拠法が本国法なので、反致するかどうかも本国の国際私法で確かめなければならない（同法41条）。

そのうえで、各当事者は在日公館や本国の機関から、本国法に沿って婚姻が可能とする証明書（婚姻要件具備証明書）などを取得する必要がある（戸籍法規則63条）[25]。また、婚姻の方式は、婚姻挙行地法か一方の本国法に適合する方式も有効とされているので、日本の民法・戸籍法の定めによる届出でも（民法739条、戸籍法74条）、本国の婚姻の方式でも有効となる（儀式婚や宗教婚であればそれらの方式）。後者の場合は日本の市町村への届出は報告的届出になる。

(ii) 日本に居住する外国人同士の離婚の場合

日本に居住する外国人同士が離婚する場合は、離婚の実質的成立要件は、当事者の本国法が同一の場合はその法を適用し、その法がない場合は同一の常居所地法、それもない場合は最密接関係地法が適用される（通則法27条本文）。日本に居住する外国人同士の離婚であれば、同一国籍であればその本国法によるが、同一常居所地法の適用可能性も高いであろう。そこで、同一本国法で協議離婚を認めているときや同一常居所地法である日本法が適用されると、協議離婚が認められる。離婚の方式は実質的成立要件に適用された法か行為地法である（法同34条）[26]。それらの経過をたどり、日本に居住する外国人同士が市町村に届け出た協議離婚の届出は、離婚の創設的届出となる。

協議離婚の届出は、同一本国法が適用されたときは本国法によれば協議離婚が認められる旨の証明書を提出して（戸籍法規則63条）[27]、届出人の所在地の市町村で行うことになる（戸籍法25条2項）。この場合の創設的届出書類は、「戸籍の記載を要しない」書類である。

(C) 日本における外国人に係る離婚に関する報告的届出

(a) 日本人・外国人間の日本の裁判所の離婚判決に関する報告的届出

日本に国際管轄権があり、日本の裁判所で、通則法でいう準拠法が適用されて（通則法27条）、外国人同士の離婚判決が下された場合には、その確定判決によりなされる報告的届出は、届出人所在地の市町村で受理される（戸籍法77条・63条）。そのうえで、日本人配偶者の戸籍の身分事項欄にその旨が記載される。この報告的届出は「戸籍の記載を要する」届出なので、その届書は、戸籍の記載手続が終了すれば管轄法務局等に送付され、管轄法務局等に保存される（戸籍法規則48条・49条）。なお、戸籍の届出または訂正を必要とする事件について判決が確定したときは裁判所書記官は、事件本人の本籍地の戸籍事務管掌者に通知することされている（人事訴訟規則17条等[28]）。

(b) 外国人同士の日本の裁判所の離婚判決に関する報告的届出

日本に国際管轄権があり、日本の裁判所で、通則法でいう準拠法が適用されて（通則法27条）、外国人同士の離婚判決が下された場合には、その確定判決によりなされる報告的届出（戸籍法77条・63条）は、届出人所在地の市町村

で受理されるかについて諸説はあるが、受理されると考えられよう[29]。この場合の報告的届出書類は、「戸籍の記載を要しない」書類である。

(4) 在留外国人に関する渉外戸籍届書等の保存と受理証明書

(A) 渉外戸籍届書等の保存と保存期間

(a) 管轄法務局に保存される日本人・外国人間の渉外戸籍届書

日本人・外国人間の戸籍に記載される届書は、戸籍の記載が終了すれば、本籍地市町村から管轄法務局に送付される（戸籍法規則48条2項）。その届書に「父又は母が外国人である子の出生届、……当事者の一方を外国人とする認知届、養子縁組届、養子離縁届、婚姻届及び離婚届、戸籍法第107条第2項から第4項までによる氏の変更届」がある場合は、その送付の際に、「送付目録中の当該届書の記載の頭部に渉の印を付す」とされ、その「届書は……他の書類と容易に分別することができる措置を講じた上、送付するもの」とされている[30]。管轄法務局の届書の保存期間は、「翌年から27年」間である（同規則49条2項）。ただし、戸籍または除かれた戸籍の副本が管轄法務局に送付されたときは、保存期間は5年に短縮される（同規則49条の2）。

(b) 市町村に保存される戸籍記載不要の届書の保存

外国人または外国人同士の渉外戸籍に関する届書は、戸籍に記載されない。その場合には受理した市町村は、「年ごとに各別につづり、且つ、目録を付けて、……保存しなければならない」（戸籍法規則50条1項）。その保存期間は、創設的届書書類は「翌年から50年」、「その他のもの」は「翌年から10年」である[31]。

(c) 市町村の受付帳の保存

市町村長は、「毎年受付帳を調整し、これにその年度内に受理し又は送付を受けた事件について受付の順序に従い、……記載しなければならない」とされ、「件名」「届出事件の本人の氏名及び本籍又は国籍」等が記載される（戸籍法規則21条1項）。市町村が自ら受理し、または他の市町村または大使等が受理して送付してきた届書等について、報告的届出も創設的届出も区別する

ことなく、事件本人が日本国民であるか外国人であるかを区別することなく、記載しなければならない[32]。受付帳の保存期間は、「翌年から150年」である（同規則21条3項）[33]。

(B) 届書の受理証明書・記載事項証明書の交付請求

日本人であるか外国人であるかを問わず、届出人は、届出の受理または不受理をした市町村にその証明書を請求することができる（戸籍法48条1項）。「利害関係人」も「特別の事由がある場合に限り」届書その他市町村長の受理した書類の閲覧を請求し、またはその書類に「記載した事項について証明書」を請求することができる（同条2項、戸籍法規則14条）[34]。届書または申請の受理または不受理の証明書の書式、婚姻、離婚、養子縁組、養子離縁または認知の届出の受理の証明書の様式は法定されている（戸籍法規則66条・附録第20号書式・第21号書式（〈図4〉））。

交付請求先は、日本人と外国人に関する渉外戸籍届書は、戸籍の記載が完

〈図4〉 戸籍法施行規則附録第21号書式（第66条関係）[36]

婚姻届受理証明書	離婚届受理証明書
戸籍又は国籍の表示 夫　氏　　　　名 生　年　月　日 戸籍又は国籍の表示 妻　氏　　　　名 生　年　月　日	戸籍又は国籍の表示 夫　氏　　　　名 生　年　月　日 戸籍又は国籍の表示 妻　氏　　　　名 生　年　月　日
右当事者の婚姻届は、証人何某及び何某連署の上届け出られたところ、本職は審査の上、平成何年何月何日これを受理した。 　よってここに法律上婚姻は、成立したこととなる。 　　右証明する。 　　　平成何年何月何日 　　　日本国政府戸籍事務管掌者 　　　何市町村長氏名　　職印	右当事者の離婚届は、証人何某及び何某連署の上届け出られたところ、本職は審査の上、平成何年何月何日これを受理した。 　よってここに法律上離婚は、成立したこととなる。 　　右証明する。 　　　平成何年何月何日 　　　日本国政府戸籍事務管掌者 　　　何市町村長氏名　　職印

了し管轄法務局に送付された場合は管轄法務局であるが、外国人または外国人同士の渉外戸籍届書の交付請求先は、届書を受理した市町村である[35]。

(5) 外国人住民の身分情報の入手をめぐる課題

本項では、第1に、外国人住民票の「世帯主との続柄」の意義を検討した。「世帯主との続柄」が、世帯内という限られた範囲内の身分情報とはいえ、また、その続柄の記載の要領や市町村間の渉外戸籍情報の連絡からみて一定の限界はありつつも、在留外国人の身分情報の一つであることが確認できた。

第2に、中国や韓国の婚姻の届出と身分登録簿の関係を簡単に紹介したうえで、本国の身分登録簿を取得しても、海外で成立した身分関係が本国の身分登録簿に直ちに反映されるとは言い難く、また、本国の身分登録簿が存在しない場合もありうることを述べた。ただし、本国に当事者の身分登録簿等の身分情報が存在していれば、その身分情報は貴重な情報である。しかし、外国人住民票には「国籍の属する国における住所又は居所」（旧外登法4条7号）や「出生地」（同条8号）[37]などの身分情報にアクセスできる指標がない。そのときには、それら身分情報をどのように取得するのであろうか。2012年7月9以降に出生した中長期在留者や特別永住者などの在留外国人は、父母や祖父母の廃止外国人登録原票や閉鎖済外国人登録原票の写しを法務省から取り寄せるのであろうか。本国や日本にいる親族からその情報を入手するのであろうか。また、2012年7月9日以降に入国して中長期在留者等になった者は母国の親族からその情報を取得するのであろうか。

第3に、日本戸籍法では在留外国人の出生届・死亡届は義務化されていること、日本国内で発生した外国人同士の渉外戸籍事件の創設的届出は受理され、裁判離婚等の報告的届出も受理されると考えられよう。いずれにしても、日本人と外国人または外国人同士の渉外戸籍届書は、受理市町村の管轄法務局等または受理市町村に保存され、その受理証明書や記載事項証明書の交付請求が可能である[38]。また、受理した市町村には受付帳が備え置かれている。それらは、外国人住民の身分情報として貴重な書類である[39]。

しかし、外国人に関する届出は原則として「届出人の所在地」である（戸籍法25条1項）[40]。それは、在留カード・特別永住者証明書の「住居地」や「外国人住民票」の「住所」と重なる場合もあるが、無関係の場合もある。それに加えて旧外登法上の「出生地」（4条8号）[41]も外国人住民票の記載からなくなった。外国人住民票の記載には、渉外戸籍届書類を保存する市町村または法務局等に辿りつける場所的手掛かりが見当たらない。

おわりに

日本戸籍においても、日本人と一定の身分関係にありながら戸籍に反映されない場合がある。たとえば、日本人夫婦あるいは日本人・外国人夫婦の嫡出子が外国で出生し外国国籍を取得し、日本国籍を留保しなかったとき（国籍法12条）や[42]、日本人の配偶者や子が外国人で、外国において死亡したときである[43]。海外に3カ月以上長期在留する日本人が約118万人、その中で海外の永住権を取得している者が約40万人に達する状況で[44]、それら在外邦人の身分情報をどのように戸籍に反映させるかは今後の日本戸籍法の課題である。それと同様に、約210万人に達する外国人住民の本国である各国も、海外に長期在留する自国民や自国民に密接な身分関係を有する人の情報を自国の身分登録簿に記録するのには一定の限界がある[45]。将来的には、二国間または多数国間の取り決めなどにより各国間で身分情報を交換することも考えられよう[46]。

しかし、現状では、外国人住民は、本国の身分登録簿の記載内容、外国人住民票の「世帯主との続柄」、それに加えて日本の法務局等や市町村に保存されている戸籍届書類の受理証明書・記載事項証明書・受付帳等を突き合わせながら自己を取り巻く身分関係を把握することになるのではなかろうか。

そのためにも、可及的速やかに、外国人住民票の記載事項に、旧外登法の記載事項であった本人の「国籍の属する国における住所又は居所」（旧外登法4条7号）やその地が日本であれ外国であれ本人の「出生地」（同条8号）、さらに「本邦にある父母及び配偶者（申請に係る外国人が世帯主である場合には、

その世帯を構成する者である父母及び配偶者を除く。)の氏名、出生の年月日及び国籍」(同条19号)を加えることが必要である。それとともに、当事者が自己を含めた親族に関する日本の戸籍届書等にアクセスできるために、それら戸籍届書を受理した市町村などを知り得る方策を講じるべきである[47]。

(西山慶一)

〈注〉

1 たとえば、生活保護の世帯認定について、吉永純「生活保護実務からみた外国人と生活保護及び本件における問題点」賃金と社会保障1562号(2012年5月)9頁以下。
2 2011年末現在の外国人登録統計では、「中国」の者は約67万5000人である。在留資格別では、「永住者」約18万4000人、「留学」約12万7000人、「家族滞在」約6万4000人、「日本人の配偶者等」約5万1000人、「定住者」約3万人、である。
3 中国の戸籍制度全般は、陳宇澄『中国家族法の研究』(信山社、1994年)167頁以下に詳しい。また「中華人民共和国戸口登記条例」は、同書224頁に翻訳がある。最新の「中華人民共和国婚姻法」は、平成25年版戸籍実務六法(日本加除出版)1207頁を参照。
4 中国の「戸口簿」の実状は、府川恵子「『戸口簿』について」ケース研究239号(1994年1月)175頁以下参照。
5 「出国して現在外国に住んでいる人の戸籍が中国国内のどこにもないことである」(府川・前掲(注4)5頁)、「国外へ移住した場合は戸籍が抹消される」(府川恵子「中華人民共和国における公証制度の紹介」ケース研究240号(1994年2月)189頁)。
6 中国の「公証処」は、府川・前掲(注5)189頁以下参照。
7 2011年末の外国人登録統計では、「韓国・朝鮮」の者は約54万5000人である。在留資格別では、「特別永住者」約38万5000人、「永住者」約6万人、「留学」2万2000人、「日本人の配偶者等」1万9000人、である。
8 韓国の「家族関係の登録等に関する法律」(2007年法律第8541号、最近改正2010年法律第10279号)は、木棚照一監修・「定住外国人と家族法」研究会編著『「在日」の家族法Q&A〔第3版〕』(2010年、日本評論社)80頁(山池実執筆)を参照、登録事項別証明書は同書88頁以下に翻訳されている。婚姻法は、平成25年版戸籍実務六法(日本加除出版)1100頁以下を参照。最近の家族関係登録法の動きは、文၄安「韓国における身分登録制度の改変と課題」アジア家族法会議編『戸籍と身分登録制度』(日本加除出版、2012年)133頁以下を参照。
9 外国人登録要領第6-3-(12)、平成20年4月25日法務省官登第5887号入国管理局登録管理官通知。
10 毎年の「外国人登録統計」では、本籍地別の統計を集計している。2011年末の「中国」人の本籍地は、上位順に「遼寧」(約10万5000人)、「黒竜江」(約7万8000人)、「福建」(約6万4000人)、「山東」(約5万000人)、「吉林」(約5万7000人)である。なお、「台

湾」は4万606人である。「韓国・朝鮮」人の本籍地の上位順は、「慶尚南道」(約14万8000人)、「慶尚北道」(約11万人)、「済州道」(約8万6000人)、「ソウル特別市」(約6万人)、「全羅南道」(約3万5000人)、である。

11　中国のパスポートの使用言語は中国語および英語で、「氏名」「生年月日」の他には「婚姻状況」(未婚か既婚か)があり、場所的指標としては、「出生地」、保護要請文に「発給地」が記載される。韓国のパスポートの使用言語は、基本的に英語で、「姓」「名」「生年月日」の他に「住民登録番号」(国内居住者のみ)が記載され、「姓名」は英語とは別に「ハングル文字」も記載されるが、場所的指標は見当たらない。以上は、外国人登録事務協議会全国連合会法令研究会編『外国旅券の見方』(テイハン、1999年) 9頁、51頁。

12　南敏文『全訂　Q&A渉外戸籍と国際私法』(日本加除出版、2008年) 64頁。

13　出生は両親とも外国籍のもの、または嫡出でない子のうち母の国籍が外国のもので、死亡は死亡した者が外国籍のもの。

14　昭和24年11月10日民事甲第2616号民事局長通達、なお「日本に在留する外国人の出生又は死亡についてはその者の所属する国の駐日公館にその国の法律に基づいて出生又は死亡に関する登録をした場合でも戸籍法による届出義務が消滅するものでもない」(昭和27年9月18日民甲第274号回答)。

15　外国人に関する届出で戸籍の記載を要しないものの届書に不備があった場合の追完届(戸籍法45条)については、島野穹子「渉外戸籍法(7)」戸籍708号 (2000年11月) 7頁参照。

16　佐藤やよひほか編『渉外戸籍法リステイトメント』(日本加除出版、2007年) 51頁では、父母双方が外国人の場合にも、出生証明書のほかに両親の国籍証明書の添付を提案する。その理由として「我が国において外国人について身分を公証する機能を有するのは、戸籍窓口に提出された出生届に関する受理証明書や戸籍受付帳への記載以外にない。そして、相続関係の確定や税の支払いにおいては、その外国人子が夫婦の嫡出子であるか否かが重要性をもつ場合もありうる」としている。

17　市町村からの通知・管轄法務局の処理等は、昭和58年10月24日民二第611号民事局長通達を参照。

18　妻の国籍別上位順は、婚姻は「中国」8104件「フィリピン」4290件「韓国・朝鮮」3098件、離婚は「中国」5584件「フィリピン」4216件「韓国・朝鮮」2275件である。

19　夫の国籍別上位順は、婚姻は「韓国」1837件「米国」1375件「中国」850件、離婚は「韓国・朝鮮」915件「中国」632件「米国」397件である。

20　日本国に在る日本人と中華人民共和国に在る中国人が日本において婚姻した場合について、従前はその婚姻には中華人民共和国民法通則第147条は適用されないとの在東京中国大使館領事部の見解を紹介していたが(平成3年8月8日民二第4392号民事局第二課長通知)、中華人民共和国の見解が明らかになったとして、「同国国内においても有効な婚姻と認められる」との通知を発した(平成14年8月8日民一第1885号民事局民事第一課長通知)。なお、2011年4月1日施行された「中華人民共和国渉外民事関係法律適用

法」21条は「婚姻成立の要件については、当事者の共通の常居所地法を適用する。共通の常居所地法がないときは、共通の国籍国法を適用する。共通の国籍がない場合において、一方当事者の常居所地又は国籍国において婚姻を締結したときは、婚姻の締結地法を適用する」(黄軔霆「中国の新しい国際私法について」帝塚山法学22号61頁)。
21　夫妻とも外国籍のもの。
22　夫妻ともに婚姻相手国籍の上位は「韓国・朝鮮」502件、夫妻共に離婚相手国籍は「韓国・朝鮮」309件である。
23　夫妻ともに婚姻相手国籍の上位は「中国」511件、夫妻共に離婚相手国籍の上位は「中国」750件である。
24　夫妻ともに婚姻相手国籍の上位は「ブラジル」592件、夫妻共に離婚相手国籍の上位は「ブラジル」15件である。
25　南・前掲(注12)141頁。
26　韓国では、2004年9月20日から在日韓国人同士が「行為地」である日本で行った協議離婚受理証明書を添付して申告すれば受理するとの取扱いを廃止した(大法院例規668号)。その理由は韓国の「家庭法院の確認」(韓国民法836条1項)は、「方式」に含まれず離婚の実質的成立要件の適用範囲になるとの考え方からである。それを受けて日本では「在日韓国人夫婦から日本の方式による適法な協議離婚の届出が我が国の市区町村に提出された場合には、……『行為地法』によるものとして受理せざるを得ませんが、当該受理をもっては韓国法上、協議離婚の成立は認められないことから、在日韓国人夫婦の協議離婚につき相談等があった際には、相談者に対し、取扱いの変更の概略を説明し……」という趣旨の事務連絡を発出した(平成16年9月8日民事局民事第一課補佐官事務連絡)。
27　南・前掲(注12)167頁。
28　平成16年4月1日民一第769号民事局長通達も参照。
29　「日本の国内に居住している外国人が……、その他の報告的届出、例えば、裁判上の離婚、離縁等についても、戸籍法による届出ができることになります。これは、届出によって外国人の身分関係を公証し、また、日本の国内で発生した身分関係の事実を把握するという行政上の目的等によるものであるといわれています」(南・前掲(注12)88頁)。また、島野穹子「渉外戸籍法(13)」戸籍729号(2002年4月)2頁では「日本の裁判所で離婚の裁判が確定した場合は……当事者の双方が外国人である場合も戸籍法第77条が適用されるかどうかについては、筆者は積極に解するが、戸籍の実務では、消極的取扱いがなされている」と述べる。それを受けて、佐藤ほか・前掲(注16)246頁では「確かに、外国人夫婦の離婚の場合、その届出は戸籍に反映されるわけではなく、かつ77条が準用する63条に違反すれば罰則が課せられるから、77条を適用することは外国人にとっては負担が過重となるようにも思われる。しかしこの場合、離婚の裁判は日本国内で行われており、したがって日本の領域内で生じた家族関係であるといえるから、戸籍法77条は離婚当事者双方が外国人である場合にも適用されるものと解すべきである」と

119

述べる。
30 昭和59年11月1日民二第5500号民事局長通達「第4 渉外戸籍届書の送付方法」(1)(2)参照。
31 なお、「平和条約発効後に受理した朝鮮人に関する戸籍届書類について戸籍法施行規則第50条による保存期間が経過したものについても、当該外国人の日本国における協定永住権などの特別の地位に附随してその資格要件の審査の資料として必要とされる向もあるので、当分の間そのまま保管する措置をとられたい」（昭和41年8月22日民甲第2431号民事局長通達）。
32 島野穹子「渉外戸籍法(6)」戸籍706号（2000年9月）7頁。
33 除籍簿等の保存期間を150年とした改正戸籍法規則（平成22年法務省令第22号）に併せて発出された平成22年5月6日民一第1080号民事局長通達「第1－2」では「既に保存期間を経過している受付帳で廃棄決定をしていないものについても、同様である。……廃棄決定をしたものであっても、市区町村が廃棄処分を留保して保管しているものについては、当該廃棄決定を取り消し、改正後の保存期間に関する規定を適用する」とする。
34 「閲覧・記載事項証明書の交付が認められる届書には、その添付書類（出生証明書、死亡診断書など）も含まれる」（島野・前掲（注32）9頁）。
35 島野・前掲（注32）4～5頁。
36 原文は縦書きで大きさの指定もある。
37 出生地が外国であれば、本国の身分登録簿または出生簿にアクセスする指標となる。出生証書に身分関係記録が集積される例として、平田陽一「フランスの身分登録制度」時の法令1285号53頁等。
38 「届書の受理・不受理の証明書の交付請求については、戸籍法は外国人に関するものについての特則は規定していないので、日本人に関するものと同じ扱いになる」島野・前掲（注32）4頁。また「届書の閲覧等についても、戸籍法は外国人に関するものについての特則を規定していないので、日本国民に関するものと同じ取扱いになる。届書の記載事項証明書は、外国人の在留資格や外国人登録手続に必要なことが多いと考えられる」（島野・同5頁）（参照戸籍法48条、戸籍法規則14条・66条）。
39 「外国人については、その本国の身分登録制度に任せることで足りるとすることも一理あるが、人々が国境を越えて生活することが珍しくなくなり、外国人についても日本国民と同様の期間は、その身分を登録・公証をするという姿勢を持つべきと考える」（島野穹子「渉外戸籍法(1)」戸籍691号（1999年8月）7頁）。
40 「届出人の所在地とは一時の滞在地をも含む」（明治32年11月15日民刑第1986号回答）。
41 出生地が日本であれば、日本の渉外戸籍届書への手掛かりとなる。
42 西谷祐子「渉外戸籍をめぐる基本的課題」ジュリスト1232号（2002年10月）145頁。
43 佐藤ほか・前掲（注16）5頁では、現行実務では「外国人が外国において出生又は死亡した場合には戸籍法の適用がない」ので、「(1)日本人を親として外国において出生した子が、出生と同時に外国籍を取得し、日本国籍の留保を行わなかったために日本国籍を

喪失した場合。(2)外国において死亡した外国人が、日本人の配偶者又は子である場合」には戸籍法を適用することを提案している。

44　統計は2011年10月1日現在、外務省領事局政策課「平成24年版海外在留邦人数調査統計」。旅券法16条は、「旅券の名義人で外国に住所又は居所を定めて3月以上滞在するものは、外務省令で定めるところにより、当該地域に係る領事館の領事官に届出なければならない」と定めているが、その届出がなされない場合も少なくないといわれる（大谷美紀子ほか『渉外離婚の実務』（日本加除出版、2012年）70頁）。

45　韓国ではその歴史的経緯もあって「在外国民の家族関係登録創設、家族関係登録訂正及び家族関係登録簿整理に関する特例法」（1973年法律第2622号、2007年法律第8435号）を制定し、在外国民の家族関係登録簿への簡易な登録方法を定めている。翻訳文は、「定住外国人と家族法」研究会・前掲（注8）408頁参照。

46　欧州理事会の専門委員会的役割を担う「国際戸籍委員会（CIEC）」の加盟国は人事法・国籍法の領域で証書作成のため必要な資料につきCIECに照会する権利を有し、自国の資料をCIECに提出する義務を負う（国際法学会編『国際関係法辞典』（三省堂、1995年）259頁（山内惟介））。詳細は、山内惟介「国際戸籍委員会（CIEC）の協定および協定案について(1)(2)(3)(4)(5)・完」戸籍時報218号6頁、219号35頁、220号34頁、222号36頁、223号35頁参照。

47　日司連提言書は、〔提言1〕で、外国人住民の「国籍の属する国における住所又は居所」「出生地」「本邦にある父母及び配偶者（申請に係る外国人が世帯主である場合には、その世帯を構成する者である父母及び配偶者を除く。）の氏名、出生の年月日及び国籍」「日本における戸籍法上の出生届、死亡届、婚姻届、離婚届等を保存管理する市町村名」の情報を蓄積することとそれらを当事者または親族が知り得る制度上の措置を講ずることを提言している（後掲・資料Ⅱ247頁）。

121

2 外国人住民の氏名・住所その他の記録の保存をめぐる課題

はじめに

　日本における外国人住民の住所・氏名、身分変動等に関するデータはどの書面に記録され、その書面の保存と保存期間は、何年間であろうか。戸籍制度は、日本国民の国籍とその親族法上の身分関係を登録・公証する（戸籍法6条・16条・23条）ため、外国人住民には戸籍が編成されない。ただし、外国人住民が日本国内で出生または死亡した場合には届出義務が課されている（戸籍法49条2項3号・86条2項2号、戸籍法規則58条2号）[1]。また、外国人住民が日本国内で婚姻や協議離婚をした場合にも、戸籍法の適用を受け、戸籍法上の届出を行うことができる（戸籍法74条2号・76条2号、戸籍法規則56条1号・57条2号）。

　日本に定住する外国人住民は、主に日本にその生活の本拠を置くことになる。したがって、その者の国籍国よりむしろ日本の市町村にその者の身分関係に関する記録が集積されているといえる。

　改正住基法の施行（平成24年7月9日）により、外国人住民票が創設されたが、旧外登法上の外国人登録原票に比べて身分に関する記載事項は極めて少ない[2]。

　本項では、日本における外国人住民の住所・氏名、身分変動に関する記録について、その保存と保存期間をめぐる課題を述べる。

(1) 外国人住民票の保存

　日本の国籍を有する者は、婚姻、認知、養子縁組等で氏が変われば、戸籍の記載によりその事実が明らかとなる（戸籍法74条・18条3項・19条1項）。また、住民票や戸籍の附票により住所の変遷もたどることができる（住基法17

条・18条・19条)[3]。

他方、外国人住民は、戸籍法の適用を受けないので戸籍はもちろん、戸籍の附票も作成されない。

(A) 氏名の変更

たとえば、改正住基法の施行日以後に、外国人住民票に記載された外国人女が日本人男と婚姻したとする。この場合、外国人女は日本人男と新たな世帯を構成すれば、住民票はその世帯で編成される[4]。外国人女の国籍国が婚姻により夫の氏を称することのできる法制であれば、外国人女の氏名欄には夫の氏が記載されることになる。

住基法令34条によれば、消除または改製された住民票は5年の保存期間としている。したがって、外国人女が婚姻により転出すれば、前の住民票は消除され、5年間に限って保存される。

そうすると、5年の経過後に外国人女の婚姻前の氏を知るには、日本人男の戸籍謄本、外国人女の国籍国にある婚姻簿の証明書もしくは日本での婚姻届の写しを請求することになろう。

(B) 住所の変更

外国人住民が他の市町村に住所を移転した場合も同様の問題が生じる。改正住基法の施行日以後に外国人が住所を数度移転したことにより外国人住民票が消除または改製され、5年が経過すれば最初の住所を探索するのは至難の業となる[5]。

(2) 外国人登録原票の保存と保存期間

入管法等改正法附則33条の規定により外国人登録原票は、改正住基法の施行日以後、法務省に送付された。これにより、外国人登録原票の開示請求は法務省に対して行うことになった[6,7]。

改正住基法の施行日以前の外国人住民の日本における身分変動や住所・氏名の変更履歴に関する情報は、外国人登録原票に集約されている[8]。

廃止された外国人登録原票の保存期間は30年とされるが[9]、現在のような

長寿高齢化社会においてこれはあまりにも短すぎる。

　戸籍法規則5条4項は除籍簿の保存期間を150年としている。外国人登録原票のもつ役割を考慮すれば、除籍簿に準じてその保存期間の伸長をすべきと考える[10]。

(3) 入国管理局等に集約される外国人住民情報の保存

(A) 外国人住民の住居地届出に関する市町村長から法務大臣への通知

　市町村長は、中長期在留者である外国人住民が日本における住居地を定め、在留資格変更等により住居地を定めまたは住居地を変更して新たな住居地を届出た場合、また、特別永住者が住居地を定め、または住居地を変更して新たな住居地を届け出た場合、①中長期在留者・特別永住者等（以下、「中長期在留者等」という）の氏名、生年月日、性別、国籍の属する国または地域および住居地（入管法令2条1号、入管特例法令3条1号）、②在留カードまたは特別永住者証明書の番号（入管法令2条2号、入管特例法令3条2号）等を法務大臣に伝達すると規定している（入管令2条本文、入管特例令3条本文）。ここにおいて外国人住民の情報は法務大臣に集積されることになる。

(B) 外国人住民票の記載等の市町村長から法務大臣への通知

　入管法61条の8の2は、外国人住民票の記載事項について、次の場合は市町村長は法務大臣に通知しなければならないとする（入管法令6条1項）。

① 外国人住民からの住所を定めた等の届出があったとき（住基法令11条、住基法30条の46等）

② 外国人住民からの届出がないことを市町村長が知ったとき（住基法令12条1項）

③ 戸籍に関する届書、申請書その他の書類を受理し、他の市町村や法務大臣からの通知があり職権で住民票の記載等をしたとき（住基法令30条の32・12条2項1号）

④ 住民基本台帳に脱漏、誤載、または住民票に誤記があることを知ったとき（住基法令12条3項）

その通知事項は、①外国人住民の氏名、生年月日、性別、国籍・地域（入管法令6条2項1号）、②中長期在留者、特別永住者等の別（同項2号）、③中長期在留者の在留カード番号（同項3号）、④特別永住者証明書の番号（同項4号）、⑤記載、消去または記載の修正の別（同項6号）等である。

これらの通知事項は、「外国人出入国記録マスタファイル」に記録される。保存については、法務省行政文書管理規則（平成23年4月1日法務省秘文訓第308号）16条の標準文書保存期間基準による[11]。

(4) 戸籍法上の届出書類等の保存と保存期間

前述したとおり、日本国内で外国人が出生または死亡した場合には届出義務が課せられ、また、外国人が婚姻や協議離婚をした場合には戸籍法上の届出を行うことができる。したがって、戸籍法上の届出書類にも外国人住民の住所・氏名や身分変動の記録が記載されていることになる。ここでは、戸籍法上の届出書類の保存と保存期間について述べる。

(A) 受附帳の作成と保存

外国人住民が戸籍法上の届出をすると、市町村長は受附帳を調整し、年度内に受理または送付を受けた事件について、件名、届出事件の氏名および本籍または国籍等を記載するが、その保存期間は、150年である（戸籍法規則21条1項・3項）。

(B) 届出書の受理または不受理の証明書

戸籍上の届出が市町村にされた場合、外国人住民も受理または不受理の証明書を請求することができる。また、利害関係人は、特別な事由があればその記載した事項の証明書を請求することができる（戸籍法48条、戸籍法規則66条）。なお、サンフランシスコ講和条約発効後の在日韓国人・朝鮮人に関する届出書類は、当分の間保存するとされている[12]。

(C) 戸籍記載後の届書類の保存

外国人住民と日本人住民の間の子の出生届、婚姻届および離婚届等は、戸籍の記載完了後、管轄法務局に送付される（戸籍法規則48条1項・2項）[13]。た

125

とえば、子Ｘは、外国人Ａと日本人Ｂから出生し、ＡＢとの間に嫡出子親子関係が成立して日本国籍を取得した（国籍法2条1項）。Ｘの出生届により、ＸはＢの戸籍に入籍し身分事項欄に記載される（戸籍法規則35条）。戸籍の記載後に管轄法務局に送付された届出書の保存期間は27年である（同規則49条2項）。

(D) 戸籍の記載不要届書類の保存

(a) 死亡届

日本人と外国人夫婦の一方が死亡すれば、その旨を市町村に届け出る。この場合、外国人配偶者が死亡すれば、日本人配偶者がした死亡届は戸籍の記載を要しない書類として受理後に10年間保存される（戸籍法規則36条2項・50条2頁）。

(b) 出生届

外国人夫婦の間に子が生まれれば、出生した旨を市町村に届け出る。この場合の届出は、戸籍の記載を要しない書類として同じく10年間保存される（戸籍法規則50条2頁）。

(c) 婚姻届等

外国人同士が婚姻、離婚、養子縁組または認知をした場合の婚姻届等は、戸籍の記載を要しないが、その届出により効力を生ずべきものに関する書類として受理した後50年間保存される（戸籍法規則50条2頁）。

おわりに

外国人住民の日本における施行日以降の身分に関する情報は、外国人住民票を除けば、廃止された外国人登録原票、出入（帰）国記録[14]、それに戸籍法上の届出書類に記録が保存されている。ただし、外国人登録原票には平成24年7月8日以前の過去の情報が記録されているだけである。

これまでみてきたように、外国人住民の戸籍法上の届出に関する書類は、受理した市町村や管轄法務局に保存される。また、届出事項についての受理・不受理の証明を市町村に請求をすることができる。そうであれば、これ

ら届出書類の保存期間を伸長することにより、外国人住民の身分変動に関する事項にアクセスする手がかりがいくらかでも増すことになる。

現状では、外国人住民に係る渉外事件はこれら届出書類を含め、それらを収集して解決の道を探るほかはない。

(高山　駿二)

〈注〉

1　昭和24年3月23日民事甲第3961号民事局長回答参照。
2　住基法7条・30条の45に規定する記載事項のほかに、旧外登法4条は身分に関するものとして、「国籍の属する国における住所又は居所」(同7号)、「出生地」(同8号)、「本邦にある父母及び配偶者(申請に係る外国人が世帯主である場合には、その世帯を構成する者である父母及び配偶者を除く。)の氏名、出生の年月日及び国籍」(同19号)を登録事項としていた。
3　戸籍の附票への新住所等の記載は、住基処理要領第3－1－(2)－ウエを参照。
4　住基処理要領第2－2－(1)－ア－(ア)－Bを参照。
5　日司連意見書7(後掲・資料Ⅰ(2)211頁)は、外国人住民票の保存期間を80年と主張した。同じく日司連提言〔提言5〕(後掲・資料Ⅱ256頁)参照。
6　法務省 http://www.moj.go.jp/hisho/bunsho/hisho02_00016.html 参照。
7　日本司法書士会連合会が自治体に対して行ったアンケートに対し、改正住基法施行後も各市町村の個人情報保護条例に基づき、保有する外国人登録原票のデータに基づいて「行政証明」を発行すると回答した市町村がある(後掲・資料Ⅰ(3)215頁参照)。
8　渉外相続事件や外国人住民に係る登記名義人住所・氏名変更の登記手続の場における外国人登録原票記載事項証明書の役割は大きい。
9　移行実務研究会(第6回)において、「改正入管法施行以前に回収された原本や施行後に回収される原票には、明確な保存年限があるのか、それとも永年保管か」との市町村の戸籍担当者からの問いに、法務省担当者は「法務省行政文書管理規則に基づき定められた標準文書保存期間基準によると、登録原票の保存期間は30年と定められて」いると回答している(外国人登録631号(2011年)39頁参照)。
10　日司連意見書8(後掲・資料Ⅰ(2)211頁)は、保存期間を150年とすることを主張した。日司連提言書〔提言5〕(後掲・資料Ⅱ256頁以下)は、戸籍の記載を要しない各種戸籍届出書の保存期間も150年と主張した。
11　法務省行政文書管理規則16条は、「文書管理者は、別表第1に基づき、標準文書保存管理基準を定めなければならない」として、その別表第1の備考欄5に「本表が適用されない行政文書については、文書管理者は本表の規定を参酌し、当該文書管理者が所掌する事務及び事業の性質、内容等に応じた保存期間を定めるものとする」と規定する。
12　昭和41年8月22日民事甲第2431号民事局長通達参照。

第3章　外国人住民の今後の渉外民事実務上の課題

13　昭和59年11月1日民二第5500号民事局長通達第4－4参照。
14　外国人の出入国記録のデータは1970年以降から請求日現在のものまでである（法務省入国管理局 http://www.moj.go.jp/hisho/bunsho/disclose_disclose05-05.html 参照）。

補章

日本司法書士会連合会の法改正に対する取組み

補章　日本司法書士会連合会の法改正に対する取組み

■本章の概要■

　本章は、「外国人住民票」検討委員会が日本司法書士会連合会に設置された2011年8月から2013年3月にその役割を終えるまでの約1年8カ月の取組みの軌跡である。
　1　検討委員会の発足から改正法の施行まで（2011年8月5日～2012年7月9日） では、(1)司法書士とのワークショップの開催、(2)「住基法政令案」「住基法省令案」についてのパブコメに対する意見書、(3)書籍『外国人住民票の創設と渉外家族法実務』の発刊、(4)「仮住民票」のモデル収集と分析、(5)2012年6月開催の公開報告会、(6)100自治体への「外国人に係る住民票に関するアンケート」、(7)全国都道府県知事宛ての「外国人登録法廃止後の登録原票データの一部保有と開示」に関する要望書などの取組みを述べる。
　2　改正法の施行から現在まで（2012年7月9日～2013年3月末日） では、(1)法務省民事局長宛ての「外国人登録法廃止後の在留外国人の住所・氏名変更登記の取扱いについて」の照会文の作成とその後の経緯、(2)「今後の在留外国人の身分登録」に関する司法書士との意見交換、(3)計3回にわたる法務省入国管理局との連絡会での議論の経過、(4)浜松市（外国人集住都市会議参加都市）への実情調査、(5)全国司法書士への「外国人住民票のアンケート」などの取組みについて述べる。
　そのうえで、検討委員会が作成し日本司法書士会連合会に提出した、(6)総務省自治行政局外国人住民台帳室宛てと法務省民事局宛ての質問書の概要を述べ、最後に、(7)2013年3月26日に法務省入国管理局長宛に提出した「外国人住民に係る渉外民事実務の課題について（提言）」の概要を述べる。

1 検討委員会の発足から改正法の施行まで（2011年8月5日〜2012年7月9日）

　全国の司法書士会を構成員とする日本司法書士会連合会（以下、「日司連」という）は、2011年6月開催した第74回定時総会の場で、大阪司法書士会北田五十一代議員より提案された「日司連内に外国人住民票検討委員会を早急に設置する件」を決議した。その提案の趣旨によると、「2012年（平成24年）7月施行予定の改正『住民基本台帳法』で創設される『外国人住民票』が在留外国人の思いと利便性を看過している点が多々ある。そこで、『外国人住民票』の在り方を検討しその改善策について提言を行う委員会を、早急に日司連内に設置すること」とある（日司連ホームページ「情報公開」「総会決議集」「2011. 06. 24第74回定時総会　日本司法書士会連合会内に（仮称）「外国人住民票検討委員会」を早急に設置する決議」http://www.shiho-shoshi.or.jp/association/info_disclosure/resolution/110624/res110624_01.html)。

　日司連は、その決議を受けて、執行補助機関として「外国人住民票」検討委員会（以下、「検討委員会」という）を設置することを理事会で決し、その第1回委員会を同年8月5日に開催した。

1　検討委員会の発足から改正法の施行まで（2011年8月5日〜2012年7月9日）

(1)　はじめに

　外国人住民票を創設する改正住基法とそれとリンクする入管法等改正法は、2009年7月15日に公布された。

　以後は、それら改正法の細目を定める政省令の制定が焦点となっていたが、2010年12月27日には改正住基法令（平成22年政令第253号）と改正住基法規則（平成22年総務省令第113号）が制定され、次いで、2011年12月26日には入管法等改正法関連の政令（政令第419号、政令第420号、政令第421号）が制定され、同日に省令（法務省令第43号、法務省令第44号）と漢字告示（法務省告示第582号）が制定された。

翌2012年1月20日には、2010年12月27日制定された「改正住基法令の『一部を改正する政令』」(平成24年政令第4号)と「改正住基法規則の『一部を改正する省令』」(平成24年総務省令第4号)が制定された。この改正政省令の制定で「入管法等改正法」「改正住基法」関連の政省令がすべて出揃った。
　それらの内容は、2009年9月14日から総務省内に設置された移行実務研究会の13回にわたる議論を踏まえたものではあったが、今後の渉外家族法実務や民事実務に与える影響は見逃せないものであった。
　検討委員会は、①それら改正法と改正政省令の内容を検討すること、②改正法が今後の渉外家族法実務や民事実務に具体的にどのような影響を与えるのかを探ること、③上記2012年1月20日の住基法関連の改正政省令(平成24年政令第4号、平成24年総務省令第4号)の制定前に行われたパブリックコメントに応えて意見発表を行うこと、④同年5月7日から作成された仮住民票の記載内容を確認するために仮住民票のモデル収集と分析を行うこと、⑤改正法施行日である同年7月9日以後に直面するであろう課題を整理すること、以上の点を重点的に取り組むことにした。

(2) 渉外実務に精通する司法書士とのワークショップの開催

　検討委員会は、渉外家族法実務に精通している司法書士6名を招請し、全国の司法書士約80名を交え、計3回のワークショップ「渉外家族実務――日本の官公署発行の書面を手掛かりにして」を開催した(詳細は、検討委員会・渉外実務196頁以下参照)。

　(A)　第1回(2011年8月26日)
　アメリカ人の相続に精通している大阪会の櫻井惠子氏と北朝鮮法を本国法とする者の相続を扱った大阪会の和田眞実氏である。櫻井氏は、地域的不統一法国であるアメリカ合衆国の本国法の決定に欠かせない最密接関係地法の探求には「ドミサイル」が必要であること、登録原票記載事項証明書の記載事項である「国籍」「国籍の属する国における住所又は居所」「出生地」がドミサイルを推定する有力な情報であること、相続を証する書面は「出生」「死

亡」「婚姻」などの事実の発生した地で断片的な証明しかとれないこと、などを述べられた。和田氏は、本国が北朝鮮であるかや身分関係書面の収集にとって「国籍の属する国における住所又は居所」が必須であること、韓国戸籍謄本の内容と登録原票記載事項の内容が異なり困ったこと、などを述べられた。

(B) 第2回（2011年9月16日）

帰化許可申請手続を大阪会の大西松子氏が、中国人の相続事件について福島県会の大和田亮氏が解説した。大西氏は、帰化事件の必要書類の収集から身分証明書の交付までの手続を語った後、帰化事件に必要な書類、とりわけその身分関係書面を収集するには外国人登録原票の「出生地」「国籍の属する国における住所又は居所」が必要でありそれがなくなると困ることを力説された。大和田氏は、中国人の相続証明書は公安部が発行した戸口簿などと内政機関が発行した証明書、中国の公証人による証明書などであるが、「国籍の属する国における住所又は居所」がなくなることや氏名が簡体字から「正字」に変換されることを憂慮すると、述べられた。

(C) 第3回（2011年10月7日）

日本国籍を取得した者（帰化者）の相続について京都会の李光雄氏が、ブラジル人の相続を茨城会の齋藤浩子氏が述べられた。李光雄氏は、帰化した者には帰化前の国籍国の身分証明書が必要なこと、韓国人であれば現在の韓国の「登録事項別証明書」が必要となるが、それを請求するためには「閉鎖済登録原票記載事項証明書」が必要であること、法施行日から法務省に請求してどの程度の期間が必要になるのかが心配と述べられた。齋藤氏は、ブラジルで死亡したブラジル人の死亡証明書の内容や宣誓供述書などを説明され、ブラジル人の相続には夫婦財産制を考慮する必要があること、外国人登録原票の「家族事項」欄は大いに参考になったと述べられた。

(3) 日司連、総務省自治行政局外国人住民基本台帳室へ「改正住基法令改正政令案」「改正住基法規則改正省令案」についての意見書を提出（2011年11月19日）

　検討委員会は、先に述べた2012年1月20日制定された「改正住基法令」の「一部を改正する政令」（平成24年政令第4号）と「改正住基法規則」の「一部を改正する省令」（平成24年総務省令第4号）の原案（2011年11月19日意見募集）についての意見書を2011年12月11日に日司連執行部に提出した。その意見書を踏まえた日司連の意見書は、2011年12月16日に総務省自治行政局外国人住民基本台帳室に提出された（後掲・資料Ⅰ(2)207頁（日司連ホームページ「情報公開」「意見書等」「2011. 12. 16『住民基本台帳法施行令の一部を改正する政令の一部を改正する政令案』」び『住民基本台帳法施行規則の一部を改正する省令の一部を改正する省令案』に対する意見書」http://www.shiho-shoshi.or.jp/association/info_disclosure/opinion/opinion_detail.php?article_id=91）。これに対する総務省の考え方は、検討委員会・渉外実務190頁以下参照）。

　その要旨は、次のとおりである。
① 　外国人登録原票の記載事項である「国籍の属する国における住所又は居所」「出生地」「家族事項」を外国人住民票の記載事項とすること。「国籍の属する国における住所又は居所」は本国に備置される身分登録簿にアクセスする指標であること、分裂国家の本国法の決定や地域的不統一法国の密接関係地法の決定の判断材料になること、「出生地」は本国であれ日本であれ出生届を取り寄せるのに不可欠であること、「家族事項」は家族事項を推認させる指標となるからである。
② 　改正法施行日（2012年7月9日）に外国人住民と見込まれる者に同年5月7日に作成される仮住民票に、①の事項を移記すること
③ 　氏名の表記はローマ字で表記されるが希望があれば「本国文字」表記、「漢字」表記、「本国文字・漢字のカタカナ読み」表記を併記すること。その理由は、氏名権が人格権であることや氏名が人のアイデンティティ

に欠かせないこと、各種公簿との照合が容易であること、などである。
④　本人の希望があれば氏名欄に「通称名」を併記すること。その理由は、通称使用が一般化していることや公簿との識別・同定に欠かせないこと、である。また、外国人登録原票の「氏名」欄に記載されている事項は、仮住民票作成時にはすべて外国人登録原票から移記すること。
⑤　仮住民票に「転入をした年月日」や「前住所」欄を空欄にする取扱いを撤回すること。その理由は、法施行日以降に人の識別・同定に混乱をもたらすからである。
⑥　外国人住民票の保存期間を消除・改製されてから50年とすること。
⑦　法務省に送付される外国人登録原票の保存期間を150年とすること。その理由は、外国人住民票が在留外国人の身分情報や識別・同定のために長期間保存する必要があるからである。

(4) 書籍『外国人住民票の創設と渉外家族法実務』（民事法研究会）の発刊（2012年5月）

検討委員会は、日司連執行部に2011年12月20日報告書「『外国人住民票』の問題点──渉外家族関係の法実務からみて」を提出した。その内容を大幅に加筆した『外国人住民票の創設と渉外家族法実務』を2012年5月17日に発刊した。

(5) 仮住民票のモデル収集と分析（2012年6月）

在留外国人が所在する市町村では、法施行日（2012年7月9日）に外国人住民になると見込まれる者に、2012年5月7日（基準日）を期して仮住民票を作成し、その内容を在留外国人に通知した。

総務省は、すでに同年2月10日に「仮住民票に関する事務について」（総行住第19号）の通知を発し（仮住民票の記載事項等は、第2章1を参照）、仮住民票には5月7日現在の事項のみを記載し、同年5月6日以前の住所や氏名

(通称含む）などの事項は何ら記載せず、簡体字（繁体字を含む）で表記された氏名は漢字告示に沿って正字に職権で置換するとの方針を示していた。仮住民票は改正住基法施行日に外国人住民票になるものである。

　検討委員会は、関係者の協力を得て、在留外国人に通知された仮住民票の収集を行った。2012年6月23日開催の第10回検討委員会での高山委員からの報告によると、提供を受けた在留外国人は、7自治体（福島県、愛知県、京都府、大阪府、兵庫県管下）に在住する者で、その国籍は韓国14名、中国3名、計17名であった。

　それによると、①「氏名」に「ふりがな」を記載するのは4自治体、「ふりがな」の記載を求めるのは3自治体、②「通称」を記載していない人員5名、通称に「ふりがな」を記載するのは1自治体、「ふりがな」の記載を求めるのは4自治体、③「通称の記載及び削除に関する事項」欄がないのは3自治体、④住基法「30条の45に規定する区分」（「特別永住者・中長期在留者」の別など）の記載のないのは1自治体、⑤「在留資格」欄が空欄の自治体は3自治体、⑥「住所及び住所を定めた年月日」に記載のないのは5自治体、記載欄のないのは3自治体、などであった。また、多言語の案内文を同封するもの、返送を促すもの、「誤り」があれば電話を呼び掛けるものなど、記載内容・記載欄の有無や対応などは各自治体によってマチマチであることが、報告された。

⑹　公開報告会「知らないではすまされない外国人住民票」の開催（2012年6月23日）

　近畿司法書士会連合会主催で開催された報告会「知らないではすまされない外国人住民票」（2012年6月23日）には、近畿一円の司法書士約500名が集った。検討委員会から、①外国人住民票の創設に至るまで、②渉外家族の法実務からみた外国人住民票の記載事項等の問題点、③「外国人住民票」、何が問題なのか、というテーマの報告を行った。

　会場からは、ⓐ外国人住民票に法施行前の住所・氏名（通称名を含む）の履歴が記載されないことは大きな問題である、ⓑ外国人登録原票の写しを法務

1　検討委員会の発足から改正法の施行まで（2011年8月5日〜2012年7月9日）

省から取り寄せるのに実際には2カ月から3カ月程度かかるとすると司法書士の実務や在留外国人の経済活動に支障を来す、との意見があった。

⑺　**外国人登録者総数上位100自治体への「外国人に係る住民票に関するアンケート」の実施（2012年6月27日）**

　仮住民票に基準日前の住所や氏名（通称含む）の変更履歴が記載されないと従前の住所や氏名で登記・登録などをした者との識別・同定に困難を招来する。併せて、外国人登録原票の記載事項で外国人住民票から消去される貴重な情報も法務省に移管され、外国人登録原票の写し等は市町村窓口では交付されない。

　そこで、検討委員会は、市町村が保有する外国人登録データを法施行後も保存し、自治体独自の判断でそのデータを「行政証明」として発行するかに関するアンケートの案文を2012年5月25日作成した。日司連は、その案文に沿って同年6月27日に外国人登録者総数上位100自治体に標記の緊急アンケートを実施した（アンケートの内容と結果は、後掲・資料Ⅰ⑶212頁を参照）。

　回答自治体は49、「国籍の属する国における住所又は居所」「出生地」を保存する自治体7、「家族事項」「氏名の履歴」を保存する自治体6、「通称名の履歴」を保存する自治体7、「居住地の履歴」を保存する自治体5、そして、それらのデータを改正住基法施行日から公開する自治体7、であった。

　また、大阪会や京都会でも管下自治体に対してアンケートを実施したとのことである。

⑻　**全国都道府県知事宛て「外国人登録法廃止後の登録原票データの一部保有と開示」要望書の発送（2012年7月4日）**

　法務省は、2012年5月付けで「外国人登録に係る開示請求について」を発出し、同年5月25日に「外国人登録法廃止後の外国人登録原票の開示請求に関するお知らせ」を同省ホームページに公開した。他方、法務省入国管理局は同年6月28日にホームページ上で「死亡した外国人に係る外国人登録原票

137

の写しの交付請求について」を公開した(これら開示請求・交付請求の詳細は、第2章2・64頁を参照)。それらによれば、開示請求者は本人または法定代理人に限ること、開示決定には30日以上の日数を要することが記され、開示請求書の用紙が付されていた。

　検討委員会は、各自治体が発行する「行政証明」が必要との観点から、全国都道府県知事宛てに、管下自治体に登録原票データの保存と開示を促す要望書を、同年6月28日作成した。日司連は、その案文に沿って2012年7月4日に全国都道府県知事宛てに標記の要望書(後掲・資料Ⅰ(4)218頁参照)を発送した。それに対して、受領する所管部署がないとして返送する自治体もあった。

2 改正法の施行から現在まで
（2012年7月9日〜2013年3月末日）

(1) はじめに

　入管法等改正法と改正住基法は2012年7月9日施行された。それにより同日から市町村では外国人登録原票に代わり外国人住民票が備え置かれた。

　検討委員会は、①焦眉の課題である在留外国人の住所・氏名変更登記の際の添付情報の提案を行うこと、②改正法の施行が渉外家族実務や渉外民事実務にどのような影響を与えるのかを探ること、③今後、在留外国人の身分関係書面の収集はどのように考えるべきなのか、などについて重点的に取り組むことにした。

(2) 法務省民事局長宛ての照会文「外国人登録法廃止後の在留外国人の住所・氏名変更登記の取扱いについて」とその後の打合せの経緯（2012年8月8日・9月14日・12月21日）

　検討委員会は、仮住民票から移行した外国人住民票には基準日前の住所や氏名（通称含む）の変更履歴が記載されないこと、廃止外国人登録原票のデータを「行政証明」として発行する自治体が極めて少ないこと、さらに廃止外国人登録原票の開示に相当の日数を要すること、それらが在留外国人の住所・氏名変更登記に多大な支障を生じさせることになるとの観点から、2012年7月26日に標記の照会文を作成し、日司連に提出した。

　日司連執行部は、上記照会文に若干の修正を行い、同年8月8日法務省民事局民事第二課に提出した（照会文は、後掲・資料Ⅰ(5)219頁を参照）。その席上で、民事第二課から、登録原票をPDF等の画像データに変換する作業を12月末までに終える予定であること、入国管理局で保有している登録原票の変更記録履歴を記載している出入（帰）国管理記録で代替できないか検討してい

ること、在留外国人からの苦情が相当あること、開示請求が多く処理が滞っていることなど、が説明されたとのことである。

　次いで、同年9月14日の民事第二課との打ち合わせでは、①住所・氏名変更登記の添付情報は、原則は開示された外国人登録原票の写しであるが、市町村発行の行政証明で明らかであればそれでもよいのではないか（登記研究773号（2012年7月）185頁参照）、②出入（帰）国管理記録でも可能と思われる、③みなし在留カード等となる外国人登録証明書や運転免許証の裏面の記載などは今後検討するが、運転免許証には履歴がないので難しい、との説明があったとのことである。なお、後日、民事第二課から連絡があり、出入（帰）国管理記録には、住所移転の移動年月日が記載されないので、出入（帰）国管理記録は変更証明書としては認められない旨の連絡があった、とのことである。

　また、同年12月21日の打ち合わせでは、外国人登録証明書の裏面の記載は、①常時携帯義務などにより提出が不可能なのではないかとの説明がなされたうえで、現在、外国人登録原票の開示請求は1カ月約3000件程度で、請求から交付まで約1カ月程度の期間を要し、増員して対処していること、さらに民事第二課としては、入国管理局に対して期間の短縮を要請している、との説明があったとのことである。

⑶　司法書士との「今後の在留外国人の身分登録」に関する意見交換

　検討委員会は、法施行後の渉外家族実務・民事実務のあり方を検討するために、計2回にわたりそれらに詳しい司法書士から標記の意見を聞くことにした。

　(A)　第1回（2012年9月21日）

　齋藤浩子氏（茨城県会）、山北英仁氏（東京会）、金山幸司氏（愛知県会）と意見を交換した。

　齋藤氏は、外国人住民票から「国籍の属する国における住所又は居所」「家

族事項」がなくなり困る、今後は相続であれば公正証書遺言を遺しておくことも必要かと述べた後に、齋藤氏の近辺では「ブラジル」「中国」「スリランカ」「南アフリカ」の方がマイホームを購入する事例があることを紹介され、その際に外国人住民票の備考欄にカタカナ表記をしてもらうように頼んだことを述べられた。

　山北氏は、事務所では在留資格認定証明書や帰化申請書の書類は全部コピーして保管しているので、その人たちの本国の居住地はわかるが、一般的にはこれからは「聞き取り」が中心になるのではないか、英米系の人は「本国の居住地」に関する情報が必要で、外国人住民票には特に「家族事項」の登載が必要と述べられた。

　金山氏は、売主が韓国人で取引の1週間前に登記簿上の住所と現住所が異っていることが判明し困った事例、韓国人の相続で子ども四人はすべて帰化していて遺産分割をする際に閉鎖済外国人登録原票の写しだけが揃わなかった事例、いずれも法務省に請求して発行されるまでに相当の日数が掛かり困っていること、今後は外国人住民票の備考欄に「国籍の属する国における住所又は居所」「出生地」「家族事項」が載せられないか、入管局にあるデータを市町村に戻せないか、などを述べられた。

　委員との意見交換では、「世帯主との続柄」は効用があるか、日本人と外国人の世帯であれば多くは戸籍届により把握できることになる、在留外国人も高齢者が増加し高齢者単独世帯が多く「世帯主との続柄」では家族関係が判明しないのではないか、などの意見があった。

(B) 第2回 (2012年10月12日)

　崔尚徳氏（広島県会）、昌山淳一氏（京都会）、李光雄氏（京都会）と意見を交換した。

　崔氏は、入管法等改正法の附則61条に「3年を目途として……必要があると認めるときは、これらの法律の規定について検討を加え……」とある。そこで、入管法と連動する「外国人住民票」に「国籍の属する国における住所又は居所」「出生地」「家族事項」を入れるべきことを要望すること、その際

141

に特に「本籍地」「家族事項」は必須であること、廃止登録原票の保存期間を延長すべきこと、また、本人が外国人登録原票の写しを法務省に請求するのにその手続が複雑すぎるので請求は市町村で請求できないか、司法書士が職務上請求できるようにすべきではないか、などを述べられた。

昌山氏は、外国人の日本の市町村への戸籍法上の届出を検索できないか、入国してから死亡までの、たとえば婚姻届、子の出生届、認知届、養子縁組届、死亡届が検索できないか、その受理証明書によって親族関係の証明が可能ではないか、と述べられた。

李氏は、外国人の戸籍法上の届出は通則法による準拠法要件を前提にして受理されるので、日本で仮に外国人の身分登録簿を作成することも技術的には可能ではないか、たとえば、外国人住民票の付属原簿で作成できるのではないか、離婚調停の審判なども日本の戸籍法上で届出が可能かは微妙であるが、特別永住者の番号で身分台帳をつくることも可能ではないか、と述べられた。

委員との意見交換では、司法共助協定に基づく身分登録証明書の請求手続や、中国の身分証明書の取得が難しいと聞くので日本で戸籍に代わるものをつくるとしたら活用されるのではないか、しかし、仮にそれが作成された場合に中国ではそれなりに親族関係証明書ができる状況なので日中で身分関係が抵触する可能性があるのではとの指摘もあった。また、日本で外国人の戸籍法上の届出の検索を望むとしても、対象者は在留資格・在留期間で限定するのか、日本に定住する意志を持つ人にするのか、もっと絞り込んで特別永住者に限定すべきか、との意見が出された。さらに、本国の身分登録の内容とが齟齬した場合にどのように解決するのか、二国間で身分登録の変動を通報し合えないか、との意見もあった。

次いで、「国籍の属する国における住所又は居所」とは身分登録簿所在地なのか、本籍地は例外なのでやはり「住所・居所」がよいのか、「家族事項」は任意的記載事項でかつ自主申告であり平成4年からの記載事項なのでその信用性は乏しいのではないか、その半面、実際の場面では「家族事項」は必要

になるという意見も出された。

最後に、崔氏から全国の司法書士に、施行後半年を目途に外国人住民票に関するアンケートをとってはどうか、との提案があった。

司法書士6名との意見交換は、検討委員会の今後の行動指針の策定に有益なものとなった。

(4) 法務省入国管理局との連絡会

法務省入国管理局から日司連に、2012年9月7日、面談したい旨の連絡があり、計3回の連絡会を行った。

(A) 第1回連絡会（2012年9月18日）

入国管理企画官と同室補佐官2名、日司連執行部2名、検討委員会2名が一同に会して、法務省入国管理局で行われた。

入国管理局側から、大要以下の説明がなされた。

① 総理決裁により2012年5月に「外国人との共生会議」実現検討会議が設置され、これまで5回開催され、実現検討会議は8月27日に「外国人との共生社会実現に向けて」と題する「中間的整理」（後掲・資料Ⅰ(7)225頁を参照) をまとめた。その中で「外国人の家族関係等身分関係の把握や、単純出国と入国を繰り返す等断続的に我が国に居住する外国人の経歴・履歴等の情報を、1人の在留外国人として国が把握することについて、そのあり方を検討する」としている。

② ①の課題がある中で入国管理局としても外国人に関する情報の収集や把握・管理の仕方等について検討していきたいと考えている。そこで、実務面も含めて日司連から意見や提言をいただきたい。そのうえで、行政サービスとしてどこまでの情報を公開するのかを検討したいと考えている。

③ 旧外登法の一定の記載事項を削除した主な理由は、出入国管理や在留管理に必要な最低限の情報に留めたいとする趣旨からであり（入管法19条の18第3項）、在留カード等の氏名をローマ字表記にするのは、基本的

にパスポートの英語表記で統一するからである。
　④　外国人登録原票のデータ化は件数が相当数（230万から300万）であり、システム化した後に画像データとして管理することを予定している。開示請求の対応には人員を増やして対応している。
検討委員会からは、大要以下の意見を述べた。
　①　旧外登法の「国籍の属する国における住所又は居所」「出生地」「（世帯構成員でない）本邦にある父母及び配偶者の氏名、出生年月日及び国籍」の記載事項を削除したことにより、外国人当事者も、実務家も非常に困っている。
　②　これまでは、外国人登録原票の写しは市町村で即日交付されたが、法務省への開示請求になってから交付までに相当の日数を要するので不動産登記手続や渉外実務に大きな支障が生じている。
　③　在留管理制度の改正についてはホームページだけでなく、市町村の窓口でも広報を行い、当事者にとって不都合な事柄については今後検討し改善策を示してほしい。
　最後に、検討委員会が作成した「『住民基本台帳法』の『外国人に係る住民票』関連の質問」を入国管理局側に提出し、次回連絡会の開催を決めた。
　(B)　第 2 回連絡会（2012年11月21日）
　入国管理企画官室補佐官と同室計画係長 2 名、日司連執行部 2 名、検討委員会 2 名が一同に会して、法務省入国管理局で行われた。
　入国管理局側から、11月12日開催の外国人集住都市会議に中川正春内閣府特命担当大臣が出席したこと、住民基本台帳制度の対象となる対応等は関係省庁の検討となるが、外国人住民に関する政策は内閣官房が中心となること、が述べられた。
　次いで第 1 回連絡会で検討委員会が提出した「『住民基本台帳法』の『外国人に係る住民票』関連の質問」（後掲・資料Ⅰ(8)－1・228頁）に対しての応答が行われた。なお、質問事項の「Ⅰ－4」と「Ⅰ－5」は総務省の所管との理由で応答はなされなかった。

2 改正法の施行から現在まで（2012年7月9日〜2013年3月末日）

応答の大要は、以下のとおりである。

① 旧外登法上の登録事項であった「国籍の属する国における住所又は居所」「出生地」「（世帯構成員でない）本邦にある父母及び配偶者の氏名、出生年月日及び国籍」の記載事項を削除した点（質問Ⅰ－1）については、外国人住民票の記載事項なので入管局が答える立場ではないが、前回も説明したように最低限の情報で管理する理由からであるが、住民基本台帳制度から切り離して在留管理制度を検討する中で必要と判断すれば司法書士会からの意見も参考にして検討したい。

② 外国人住民票の氏名欄を法文上「アルファベット」ではなく「ローマ字」とした理由等（質問Ⅰ－2）については、法文上「ローマ字」表記とした理由は内閣法制局の要請であり、パスポート記載の氏名を原則としている。パスポートは、ICAO（国際民間機関）により標準化が進められ、英語表記に統一される方向にある。

③ ローマ字表記を原則とし漢字表記を併記する点や通称を在留カード等に記載しない点（質問Ⅰ－3）については、ローマ字表記と漢字との併記ではなくローマ字表記を原則したのは管理技術上の理由からであり、「著しい不利益」（入管法規則19条の7第4項等）があれば漢字表記だけでよいとする「著しい不利益」とは、パスポートに英語表記がない場合に外国人において立証する術がないこと、それを「著しい不利益」と考えている。また、「通称」は入管局としては不要であることや個人情報の提供を限定する理由からであり、住民基本台帳制度で検討すべきことである。

④ 入国管理局に集積される情報の内容（入管法令6条等）とその開示（質問Ⅰ－6）については、世帯事項を通知事項に含めていないのは入管局が不要と考えたからであり、入管局の情報は外国人出入国記録のマスタファイルに保存しているので法務省のホームページ記載の要領で公開請求が可能であること、失踪宣告関連の特別通知事項は限定列挙であること。

⑤ 廃止外国人登録原票の開示（質問Ⅱ－1）については、現在処理期間は

約1カ月であるが、市町村からの外国人登録データは約312万件で、古いマイクロフィルムのデータもあり画像処理に時間を要した、また裁判所の調査嘱託や弁護士法23条の2の照会は応諾義務があるが、司法書士の職務上の請求には法的根拠が必要である。
⑥ 死亡した外国人に係る外国人登録原票の写しの交付請求（質問Ⅱ－2）については、この交付請求は行政サービスの一環としての情報提供であり特例であること、直系卑属や直系尊属が請求する場合は入管局のデータで確認できればよいが、確認できなければ身分関係の証明が必要となろう。

検討委員会からは、次の2点を要望した。
① 外国人登録原票の写しの交付請求について、市町村の窓口でチラシを配布するなどその周知を徹底すること。
② 外国人登録原票の「開示」と関連するが、住所や氏名の履歴が証明できないことなどで経済活動に多大な影響が出ているので、民事局と摺り合せるなどの努力をしていただきたいこと。

(C) 第3回連絡会（2013年2月19日）

入国管理企画官と同室補佐官ら3名、日司連執行部1名、検討委員会2名が一同に会して、法務省入国管理局で行われた。当日は、あらかじめ検討委員会が提出していた補充質問（後掲・資料Ⅰ(8)－2・232頁）に対する応答から始まった。

応答の大要は、以下のとおりである。
① 在留カード等のローマ字氏名により「著しい不利益」の「特別の事情」（補充質問1）については、旅券等を所持しない場合が最も多いと考えられるが、個々の事案に応じて判断することになろう。
② 住居地変更の場合に在留カード等の裏面記載に住居地を「定めた年月日」が記載されるか（補充質問2）については、「定めた年月日」は在留カード等の記載事項ではないが、具体的な記載例は後日示すことにしたい。

③　在留カード等の「国籍・地域」欄の「地域」の表示を「台湾」とする根拠、「韓国・朝鮮」の表示は従来のままかなど（補充質問3）については、「地域」を「台湾」とする根拠は台湾旅券（護照）を示したときで、平成23年末現在は4万608人、国籍が「中国」の者と別に集計することを検討中であり、「朝鮮」は「朝鮮半島出身者」という取扱いは従来どおりで、「朝鮮」の員数は公表できないこと、今後も統計は「韓国・朝鮮」として集計する。

④　入国管理局に集積される情報（補充質問4）として、入管法令6条の市町村長から法務大臣への通知事項には住所を「定めた年月日」は含まれず、「世帯事項」「通称の記載及び削除に関する事項」を通知事項に含む予定はないこと、入国管理局に集積される外国人住民の情報は、すべての外国人情報の「外国人出入国記録マスタファイル」で一括保有しており、外国人住民に限っての開示請求は考えていない。

⑤　外国人登録原票の開示請求の迅速化等（補充質問5）については、平成24年末までにすべてのデータ化が終了し、別室を設けて開示請求に応じているので開示請求の期間は徐々に短縮していること、他の省庁との摺り合せは引き続き検討する、とのことであった。

⑥　入管法令2条、入管特例法施令3条の住居地の届け等があった際の市町村長から法務大臣への通知事項の開示や簡体字等と正字の対応表の交付については、外国人出入国記録マスタファイルに情報を保存しているので行政機関個人情報保護法に基づき開示請求ができること、「簡体字等」と「正字の」対応表は法務省のホームページで公開している、とのことであった。

次に、検討委員会から、外国人住民票について、渉外家族実務の観点から、韓国の家族関係登録法の登録事項別証明書、台湾の戸籍簿、中国の戸口簿を示して、大要以下の説明を行った。

①　旧外登法の登録事項であった「国籍の属する国における住所又は居所」を手掛かりに上記の身分登録簿を取得していたが「外国人住民票」にそ

の記載がなくなりそれら身分登録簿の取得が非常に困難になっていること。
② 同じく旧外登法の登録事項であった「出生地」を手掛かりに、たとえば日本の市町村に届けられた「出生届記載事項証明書」を取得して親子関係などの身分関係を把握することができたにもかかわらず、「外国人住民票」にその記載がなくなり困っていること。
③ 同じく旧外登法の登録事項であった「(世帯構成員でない)本邦における父母及び配偶者の氏名、出生の年月日及び国籍」が記載事項ではないこと、外国人住民票の「世帯主との続柄」が市町村長から法務大臣への通知事項とされないことは、今後の身分情報の取得に支障をもたらすこと
続いて、検討委員会からは、大要以下の意見を述べた。
① 簡体字等と正字の対応関係は、告示やホームページで公開されているが普通人がそれを読み解くのは困難である。本人の希望があれば市町村が対応表を発行することが必要ではないか。
② 外国人登録原票上には「死亡」の記載はなく平成24年7月9日以降死亡した者の開示請求手続をわかりやすく示してほしい。
③ 戸籍法上の外国人の届出は、原則として「届出人の所在地」でありこれら届書の写し等の取得への対応が必要と考える。

最後に、入国管理局側から、在留外国人の身分変動の異動に関する情報をいかに取得し、管理・整理するのか、検討すべきと考えているので、できればその点について日司連から意見書等をいただけないか、との提案がなされた。

(5) 浜松市(外国人集住都市会議参加都市)への実状調査(2013年1月23日)

外国人集住都市会議は、平成24年8月1日に「新たな在留管理制度及び外国人住民に係る住民基本台帳制度等に関する緊急提言書」(後掲・資料Ⅰ(6)221頁を参照)を公表した。

2　改正法の施行から現在まで（2012年7月9日～2013年3月末日）

　検討委員会は、2001年発足した外国人集住都市会議の最初の座長都市である浜松市を訪問して、今回の法改正による外国人市民の窓口対応などの実状調査を行った。

　当日は、検討委員会から2名が、浜松市役所内に企画調整課課長と市民部市民生活課（戸籍・住基担当）担当者を訪問した。

　浜松市の外国人は、平成24年末の統計で、総人口（81万6843人）の3.08％を占める2万5138人であり、国籍別では、「ブラジル」（1万2268人）、次いで「中国」「フィリピン」と続くが、南米地域の外国人登録者数が全体の6割でブラジル国籍者が全国の都市の中で最多とのことであった。

　自動車・楽器製造に従事する者が多いが、リーマンショック後は有効求人倍率が低下し深刻な状況であること、在留資格は「永住者」の増加が顕著なことを説明された。

　そのうえで、浜松市の担当者から大要以下の説明が行われた。

① 　氏名や通称の使用は管理していないが、漢字表記の氏やカタカナ表記の名を使用するケースがあること。

② 　浜松市は外国人登録原票をすべて法務省に送付したので、旧外国人登録原票の記載事項を行政証明としては発行していない。しかし中長期在留者等以外の外国人に対する施策もあり、それら外国人登録のデータは保存していること。

③ 　今回の入管法の改正や住基法の改正は、市の広報誌・ラジオ等や外国人コミュニティ会議・雇用企業協議会の場を利用して広報したこと。

④ 　簡体字等から正字への置換作業を相当数行ったが、それらの対応表を発行することは今のところ考えていないこと。

⑤ 　外国人住民のローマ字氏名の並びについて、入国管理局から修正の通知があること。

⑥ 　今後は、住基法に移行しなかった外国人の人々へのサービスの検討が課題であり、未就学児童、メンタルヘルスなどが焦眉の課題で中長期在留者以外の外国人の把握が必要であること。

149

浜松市の訪問を終えた後、浜松駅近くの多文化共生センターに設置されている「ワンストップサービス」を訪問し、多言語により応対をしていること「求人情報」「入国・在留相談」「労働条件相談」等の各ブースの説明を受けた。

(6) 全国司法書士への「外国人住民票」に関するアンケートの実施（2013年2月）とその結果

　検討委員会は、今回の法改正により在留外国人の住所・氏名変更登記に多大な支障が生じていると考え、登記を担う司法書士にどのような実務上の困難に直面しているかのアンケートを実施した（月報司法書士平成25年2月号同封、後掲・資料Ⅰ(9)235頁を参照）。

　アンケートは、平成25年2月下旬に全国の司法書士に配布される「月報司法書士」平成25年2月号に同封して行い、締切を同年3月15日とした。

　回答者数は284名であり、回収率は全国司法書士会員数2万952名（平成25年2月1日現在）の1.35％であった。単位会別の多い回答者順は、大阪会（37名）、東京会（33名）、兵庫県会（26名）、神奈川県会（17名）、愛知県会（16名）、京都会（13名）であった。その中で外登法廃止後であっても、外国人登録原票記載事項証明書を添付情報または資料として登記申請をした者は95名であり、不動産登記で使用した者が多かった。

① 法務省への開示請求書の案内がわかりやすかったかとの問に「はい」と答えた者が63名、「いいえ」と答えた者は41名であった。

　「いいえ」と答えた者の主な理由は下記のとおりである。

・請求書記載方法が複雑である。
・一般の人がいつ頃の登録事項が必要かなどわかるはずがない。我々専門家でも取り寄せてみなければわからないことがある。
・保有個人情報開示請求書の「1、開示を請求する保有個人情報」のチェック欄で「□最後の原票のみ　□1999年以降に書換えされた全ての原票　□その他」と区別されているがその区別の意味がわからない。また、請求から開示までに要した日数は、1カ月以上2カ月以内が最

も多かった。
② 死亡者の外国人登録原票の案内がわかりやすかったかとの問に「はい」と答えた者は31名であり、「いいえ」と答えた者は29名で拮抗している。「いいえ」と答えた者の主な理由は下記のとおりである。
- 請求者・請求の範囲の説明等がわかりづらい。
- 平成24年7月9日以後に死亡した外国人が「死亡者」に当たるのか、それとも質問3の外国人登録原票に当たるのかがわからない。別に居住する受権者（親族）からの申請が却下された。
- 行政サービスによる写しの交付と行政機関個人情報保護法による開示請求の差異がよくわからない。
- 死者に係るすべての事項が開示されない（黒ぬりされる等）。
- 添付書類がわかりにくい、開示内容がわかりにくい。

また、請求から開示までに要した日数は、1カ月以上2カ月以内が最も多かった。
③ 外国人住民票を添付して登記申請手続をした者は112名に達し、その登記申請で最も多かったのは所有権移転登記の住所証明情報が71名と最も多く、次いで登記名義人住所変更等登記の変更証明情報が48名である。
④ 外国人住民の氏名・住所で困ったことがあるかとの問いでは、正字に置換された氏名との同一性の証明で困った者19名、ローマ字表記と登記記録の氏名の相違で困った者12名、外国人住民票の氏名がローマ字だけなので困った者19名、外国人住民票に前住所が記載されていないことで困った者72名、外国人住民票の保存期間が5年では将来困るかとの問には、79名がそのように予想している。

その他困った主な点は、下記のとおりである。
- 日本に入国する前の外国における住所の表記がないので困った。
- 中国国籍の方で、住民票と印鑑証明書（日本の自治体のもの）が簡体字、コンピュータ登記記録が繁体字で見た目がまったく似ていない。
- 非英語圏（北欧）の外国人であったためアルファベット表記とカタカ

ナ表記が日本人の感覚としてはアンマッチなものであった（例：
ANDERS（アンディシュ））。外国人住民票におけるカタカナ表記と夫の
戸籍（日本人）に記載されているカタカナ表記が相違していた。
・氏名（姓と名）が日本人と逆になっているので、そのままでよいのか
（登記事項として）登記所に尋ねたところ、そのままでよいとのことで
申請した（例：山田花子→ハナコ山田）。
・今後、外国人登録原票のない人がでてきた場合、本籍地をどうやって
調べればよいのか……。
・抵当権の追加担保を設定する際に物件の住所が現在と異なるため外国
人登録原票が必要となったが、その書類が出ないため融資が受けられ
ない。
⑤　外国人住民票や外国人登録原票の開示についての主な意見は下記のと
おりである。
・氏名、住所くらいは過去の履歴を住民票に記載できるようにするなど、
取得日数の短縮をお願いしたい。
・外国人登録原票の請求が難しく、より時間がかかってしまうように
なってしまった。また、職務上請求が開示請求に使えないので困る。
・外国人登録原票はもとどおり、区役所等で取得できると助かる。抵当
権設定に伴う名変などは取得までに時間があまりないため。
・簡体字、繁体字、ローマ字、アラビア文字、日本のカナ等全部名前に
ついては併記してほしい。平成24年7月9日以前の住所記録も記載し
てほしい。そもそもフリガナさえ付ければどのような文字でも登記で
きるようにしたようがよい。
・外国人登録原票の開示が、住民票と同じ窓口で可能となる運用を全国
でお願いしたい。
・開示までの期間を短縮する。代理人請求を可能とする。所有権登記名
義人表示変更に使用する場合には、開示方法を抄本形式に変更する。
※写真等その他の事項は登記には不要である。※名変の場合は住所

（氏名）変更の経過がわかればよいので、外国人登録原票の写しではなく、住所経過の抜き書きができないか。外国人住民票になり、従前の住所、氏名、通称が記載されなくなった。同様に国籍国の住所、出生地や家族も記載されない。今後相続登記が難しくなりそうである。
- 相続登記をするにあたり、本籍地番や家族事項、その他変更事項等が外国人住民票には記載されないため、その度外国人登録原票請求をし相当な日数を要する。大変不便である。
- 本人しか申請でできないし、本人しか進捗状況を聞くことができないので急いでいるときに困った。特にまったく日本語の読み書き、会話ができない外国人の場合問合せに苦労した。急ぎの登記の場合対応できないので何とかしてほしい。
- 住民票の消除後の保存期間を除籍（戸籍）と同程度としていただきたい（日本人も含めて）。
- 市区町村役場か法務局で外国人登録原票の開示をしていただきたい。
- 登記に必要な部分のみ開示するか、日本人同様上申書での対応を法務局で認めるようにしてほしい。

(7) 検討委員会、①総務省自治行政局外国人住民基本台帳室宛て「『住民基本台帳法』の『外国人に係る住民票』関連についての質問書」と②法務省民事局宛て「『入管法等改正法』及び『住基法改正法』の施行に伴う渉外民事実務に関連する質問書」を日司連執行部に提出（2013年3月26日）

　検討委員会は、改正法の施行により渉外実務に支障が生じていることに加え、改正法令の意図をより明確にする必要から、2012年末から、総務省自治行政局には外国人住民票についての質問を、法務省民事局に対してはより実務に即した質問を、練り上げることにした。2013年2月にはそれら質問書を策定し、3月16日開催の第16回委員会で決定し、同年3月26日に日司連執行部に提出した。

① 総務省自治行政局宛質問書の主な点は、次のとおりである。
　ⓐ 旧外登法の「国籍の属する国における住所又は居所」(同法4条1項7号)、「出生地」(同項8号)③「(世帯構成員ではない)本邦にある父母及び配偶者の氏名、出生の年月日及び国籍」(同項19号)の登録事項を削除した理由など。
　ⓑ 「通称」使用の資料の内容や通称削除の具体的理由など。
　ⓒ 外国人住民票の氏名欄の表記では、「ローマ字」表記のみの氏名に「カタカナ」表記をするべきではないか。「簡体字等」表記氏名から「正字」表記に職権で置き換えた場合は「簡体字等」と「正字」の対応関係を示す考えはないか、など。
　ⓓ 法務大臣からの通知により外国人住民票を職権で消除するときとはどのような場合か。
　ⓔ 戸籍法に基づく届出受理・通知と外国人住民票の記載では、外国人住民票の職権作成や職権消除する場合、「世帯主」との「続柄」の変更をする場合とはどのようなケースか、など。
　ⓕ 外国人住民票の記載と市町村長・法務大臣間の通知では、「氏名」「生年月日」「男女の別」「住所」はどのような場合に職権で修正されるのか。
　ⓖ 「外国人住民票」の保存期間は、住民票・戸籍の附票と併せて保存期間を伸長できないか。
② 法務省民事局宛ての質問書(登記、戸籍、国籍)の主な点は、次のとおりである。
　ⓐ 外国人住民が登記名義人変更をする場合の添付情報は、仮住民票から移行した外国人住民票には前住所等の記載がないので市町村発行の行政証明や廃止登録原票の添付以外の方法が考えられないか。簡体字等で氏名の登記がされていたときの添付情報やローマ字表記のみの氏名を登記にどのように表記するのか、など。
　ⓑ 「通称」で氏名が登記されているときに、外国人住民票の保存期間が

短いので、保存期間経過後の氏名の同一性を証明するときの方法など。
　ⓒ　相続等に必要な本国機関発給の身分証明書の取得が困難になるが、旧外登法の「国籍の属する国における住所又は居所」（同法4条1項7号）、「出生地」（同項8号）を外国人住民票に加える改正を働きかけられないかなど。
　ⓓ　外国人のみの戸籍法上の届書の保存期間が短いのでそれを伸長すべきではないかなど。
　今後は、上記質問書を参考にしながら外国人住民の利便性に即した働きかけがなされるべきであろう。

(8) 日司連、法務省入国管理局長宛て「外国人住民に係る渉外民事実務の課題について（提言）」を提出（2013年3月26日）

　(4)で述べた法務省入国管理局との連絡会の第3回目（2013年2月19日）の席上、入国管理局側から意見の提出を求められたので、検討委員会は早速その文案作成に着手した。数度の議論を重ねた後に、3月5日、提言書（柱書き案）を日司連に提出した後に3月16日開催の第16回検討委員会で委員会原案を作成し3月18日日司連に提出した。日司連が、委員会原案に若干の字句を加えて作成したのが、「外国人住民に係る渉外民事実務の課題について（提言）」（後掲・資料Ⅱ246頁以下（日司連ホームページ「情報公開」「意見書等」「2013.03.26外国人住民に係る渉外民事実務の課題について（提言）」http://www.shiho-shoshi.or.jp/association/info_disclosure/opinion/opinion_detail.php?article_id=109）である。
　2013年3月26日、日司連執行部2名、検討委員会2名は、法務省入国管理局局長室に高宅茂局長を訪れ、標記提言を手渡した。
　提言の柱書きは、以下のとおりである。

【提言1】　外国人住民の下記事項の情報を蓄積し、当事者又は親族が知り得る制度上の措置を講じるべきである。

① 「国籍の属する国における住所又は居所」（外国人登録法（以下「旧外登法」という。）（昭和27年法律第125号）第4条第1項第7号）
② 「出生地」（旧外登法第4条第1項第8号）
③ 「本邦にある父母及び配偶者（申請に係る外国人が世帯主である場合には、その世帯を構成する者である父母及び配偶者を除く。）の氏名、出生の年月日及び国籍」（旧外登法第4条第1項第19号）
④ 日本における戸籍法上の出生届、死亡届、婚姻届、離婚届等を保存管理する市町村名

【提言2】 外国人住民の氏名に関して
① 外国人住民の氏名がローマ字表記だけの者には、「在留カード」「特別永住者証明書」（以下「在留カード等」という。）の裏面や「外国人住民票」の備考欄にカタカナ表記を付すべきである。
② 「漢字告示」により正字に置換した「在留カード等」や「外国人住民票」の氏名の漢字表記につき、元の漢字表記と正字の漢字表記との対応関係を証する書面を交付すべきである。
③ 「在留カード等」や「外国人住民票」の漢字氏名には「ふりがな」を付すべきである。

【提言3】 市町村長から法務大臣に通知すべき事項に下記事項を加えるべきである。
① 「世帯主についてはその旨、世帯主でない者については世帯主の氏名及び世帯主との続柄」（住基法第7条第1項第4号）
② 「通称」「通称の記載及び削除に関する事項」（住基法第7条第1項第14号、住民基本台帳法施行令（以下「住基法施行令」という。）第30条の25）

【提言4】 入国管理局の開示請求手続について
① (a)「外国人登録法廃止後の外国人登録原票」 (b)「死亡した外国人に係る外国人登録原票」 (c)「出入（帰）国記録」の開示請求制度の整理を行い、使用用途別に開示すべき内容を明示して案内をすべき

である。
　②　上記開示請求手続は、市町村経由で行える制度を構築するか、市町村の窓口に案内用紙を備置するなど、当事者の利便性を考慮した措置を講ずるべきである。

【提言5】以下の保存期間を大幅に伸長すべきである。
　①　「廃止外国人登録原票」「死亡した外国人に係る外国人登録原票」データの保存期間
　②　入国管理局に集積される「外国人出入国記録マスタファイル」データの保存期間
　③　「外国人住民票」の保存期間（住基法施行令第34条第1項）
　④戸籍の記載を要しない各種戸籍届書の保存期間（戸籍法施行規則第50条第2項）

（西山　慶一）

要領・通達

要領・通達

(1) 印鑑登録証明事務処理要領（抄）

　　　　　　（昭和49年2月1日自治振第10号通知、平成24年1月20日総行住第8号通知）
（注）　下線個所は、今回の改正により追加・改正された個所
第1　目的
第2　印鑑の登録に関する事項
第3　印鑑登録証に関する事項
第4　印鑑登録証明書に関する事項
第5　印鑑の登録の廃止等に関する事項
第6　住民基本台帳カードの印鑑登録証等としての利用に関する事項
第7　その他に関する事項

第1　目的　（略）
第2　印鑑の登録に関する事項
1　登録資格
(1)　印鑑の登録を受けることができる者は、住民基本台帳法（昭和42年法律第81号。以下「法」という。）に基づき、当該市町村の住民基本台帳に記録されている者とするものとする。
(2)　(1)に定めるところにかかわらず、次の者については、印鑑の登録を受けることができない。
　ア　15歳未満の者
　イ　成年被後見人
2　登録申請
印鑑の登録の申請は、次に掲げる方法によって行うものとする。
(1)　印鑑の登録を受けようとする者（以下「登録申請者」という。）は、登録を受けようとする印鑑を自ら持参し、登録の申請を書面で市町村長に対して行わなければならないこと。
(2)　（略）
3　登録
(1)～(2)　（略）
(3)　登録申請者が登録を受けようとする印鑑を自ら持参して申請した場合において、次に掲げる文書のうちのいずれかのものの提示によって、市町村長が当該登録申請者が本人であること及び当該申請が本人の意思に基づくものであることが適正であると認定したときには、(2)の方法を省略することができるものとする。
　ア　官公署の発行した免許証、許可証又は身分証明書であって本人の写真を貼付したもの
　イ　当該市町村において既に印鑑の登録を受けている者により登録申請者が本人に相

(1) 印鑑登録証明事務処理要領（抄）

違ないことを保証された書面
(4) （略）
4 登録印鑑
(1) 登録できる印鑑の数量は、1人1個に限るものとする。
(2) 市町村長は，登録を受けようとする印鑑が次に掲げるもののうちのいずれかに該当する場合には、当該印鑑を登録しないものとする。
　ア　住民基本台帳に記録されている氏名、氏、名若しくは通称（住民基本台帳法施行令（昭和42年政令第292号）第30条の26第1項に規定する通称をいう。以下同じ。）又は氏名若しくは通称の一部を組合わせたもので表していないもの
　イ　職業、資格、その他氏名又は通称以外の事項を表しているもの
　ウ　ゴム印その他の印鑑で変形しやすいもの
　エ　印鑑の大きさが1辺の長さ8ミリメートルの正方形に収まるもの又は1辺の長さ25ミリメートルの正方形に収まらないもの
　オ　印鑑を鮮明に表しにくいもの
　カ　その他登録を受けようとする印鑑として適当でないもの
(3) 市町村長は、(2)－ア及びイにかかわらず、外国人住民（法第30条の45に規定する外国人住民をいう。以下同じ。）のうち非漢字圏の外国人住民が住民票の備考欄に記録されている氏名のカタカナ表記又はその一部を組合わせたもので表されている印鑑により登録を受けようとする場合には、当該印鑑を登録することができる。
5 印鑑登録原票
(1) 必要的登録事項
　　市町村長は、印鑑登録原票を備え、印鑑の登録の申請について審査した上、印影のほか当該登録申請者に係る次に掲げる事項を登録するものとする。
　ア　登録番号
　イ　登録年月日
　ウ　氏名（外国人住民に係る住民票に通称が記録されている場合にあっては、氏名及び通称）
　エ　出生の年月日
　オ　男女の別
　カ　住　所
　キ　外国人住民のうち非漢字圏の外国人住民が住民票の備考欄に記録されている氏名のカタカナ表記又はその一部を組合わせたもので表されている印鑑により登録を受ける場合にあっては、当該氏名のカタカナ表記
(2) 任意的記載事項　（略）
(3) 印鑑登録原票の調製　（略）
第3　印鑑登録証に関する事項　（略）
第4　印鑑登録証明書に関する事項

1 印鑑登録証明書の交付 （略）
2 印鑑登録証明書
 (1) 印鑑登録証明書は、印鑑の登録を受けている者に係る印鑑登録原票に登録されている印影の写し（印鑑登録原票に登録されている印影を光学画像読取装置（これに準ずる方法により一定の画像を正確に読み取ることができる機器を含む。）により読み取つて磁気テープに記録したものに係るプリンターからの打出しを含む。(2)において同じ。）について市町村長が証明するものとし、あわせて次に掲げる事項を記載するものとする。
　ア　氏名（外国人住民に係る住民票に通称が記録されている場合にあつては、氏名及び通称）
　イ　出生の年月日
　ウ　男女の別
　エ　住　　所
　オ　外国人住民のうち非漢字圏の外国人住民が住民票の備考欄に記録されている氏名のカタカナ表記又はその一部を組合わせたもので表されている印鑑により登録を受ける場合にあつては、当該氏名のカタカナ表記
 (2)～(3) （略）
第5　印鑑の登録の廃止等に関する事項
1 印鑑登録の廃止申請 （略）
2 登録事項の修正 （略）
3 印鑑登録のまつ消
 (1) 市町村長は、当該市町村において印鑑の登録を受けている者が転出したこと、死亡したこと、氏名、氏若しくは名（外国人住民にあつては、通称又は氏名のカタカナ表記を含む。）を変更した（登録されている印影を変更する必要のない場合を除く。）こと又は外国人住民にあつては法第30条の45の表の上欄に掲げる者ではなくなつたこと（日本の国籍を取得した場合を除く。）その他その者に係る印鑑の登録をまつ消すべき事由が生じたことを知つたときは、職権で当該印鑑の登録をまつ消するものとする。
　　　この場合において、転出したこと、死亡したこと又は法第30条の45の表の上欄に掲げる者ではなくなつたこと（日本の国籍を取得した場合を除く。）を除く事由による登録のまつ消については、印鑑の登録を受けている者にこのことを通知するものとする。
 (2) （略）
第6　住民基本台帳カードの印鑑登録証等としての利用に関する事項　（略）
第7　その他に関する事項
1～4 （略）
5 外国人登録法（昭和27年法律第125号）に基づき当該市町村の外国人登録原票に登録されている者が受けた印鑑の登録の取扱い
 (1) 市町村長は、住民基本台帳法の一部を改正する法律（平成21年法律第77号。以下「改

正法」という。)の施行日（改正法附則第１条第１号に定める日をいう。以下同じ。）の前日において印鑑の登録を受けている外国人であって、施行日において印鑑の登録を受けることができない者に係る印鑑の登録については施行日において職権でまつ消するものとする。
　この場合において、登録のまつ消については、印鑑の登録を受けている者にこのことを通知するものとする。
(2)　改正法の施行日の前日において印鑑の登録を受けている外国人であって、施行日においてもなお印鑑の登録を認めることができる者に係る氏名等の登録事項について住民票への移行に伴う変更が生じた場合は、施行日において、職権で、当該事項について印鑑登録原票を修正するものとする。

(2)　住民基本台帳事務処理要領（抄）

（昭和42年10月４日法務省民事甲第2671号他各都道府県知事あて通知、改正平成24年２月10日総務省自治行政局総行住第17号各都道府県あて通知）
（注）　下線個所は、平成24年２月10日の改正により追加・改正された個所

第１　住民基本台帳事務処理要領の一部改正　　（略）
第２　実施期日　この通知は、平成24年７月９日から実施する。

第１　総説
第２　住民基本台帳
第３　戸籍の附票
第４　届出
第５　住民基本台帳カード
第６　その他
第７　法施行に伴う経過措置
第８　住民基本台帳法の一部を改正する法律（平成21年法律第77号）の施行に伴う経過措置

第１　総　説
1　住民基本台帳制度の運用の方針　（略）
2　定義　（略）
3　住所の意義及び認定　（略）
4　世帯の意義及び構成　（略）
5　戸籍との関係　（略）
6　入管法及び入管特例法との関係

外国人住民のうち、中長期在留者等の住民票の記載事項中本人の氏名、出生の年月日、男女の別、国籍・地域（法第30条の45に規定する国籍等をいう。以下同じ。）及び法第30条の45の表の下欄に掲げる事項は、入管法及び入管特例法に基づき中長期在留者等に交付された在留カード等の記載と一致しなければならない。

このため、法務大臣は、入管法及び入管特例法に定める事務を管理し、又は執行するに当たって、外国人住民の氏名、出生の年月日、男女の別、国籍・地域及び法第30条の45の表の下欄に掲げる事項に変更があったこと又は誤りがあることを知ったときは、遅滞なく、その旨を当該外国人住民が記録されている住民基本台帳を備える市町村の市町村長に通知しなければならないこととされている（法第30条の50）。

第2　住民基本台帳
1　住民票
(1)　様式及び規格
　　ア　住民票（法第6条第3項の規定により磁気ディスクをもって調製される住民票を除く。以下このア及びイにおいて同じ。）の様式は法定されていないから、市町村において住民の利便を考慮し、簡明かつ平易な様式について創意工夫されたい。なお、住民票は、原則として、個人又は世帯につき一葉とされることが望ましいが、法第7条第1号から第8号まで及び第13号に規定する事項（外国人住民にあっては、法第7条第1号から第4号、第7号、第8号及び第13号に規定する事項、通称、通称の記載及び削除に関する事項、国籍・地域、外国人住民となった年月日並びに法第30条の45の表の下欄に掲げる事項。）（以下「基本事項」という。）と法第7条第9号から第11号の2までに規定する事項（外国人住民にあっては法第7条第10号から第11号の2までに規定する事項。）（以下「個別事項」という。）とをそれぞれ別葉にする等複葉とすることも、それが統合管理されているものである限り、差し支えないものであること。

　　　　参考までに、基本事項及び個別事項についての様式の例を示せば、おおむね、次のとおりである。
日本の国籍を有する者に係る住民票の様式例　（略）

(2) 住民基本台帳事務処理要領（抄）

外国人住民に係る住民票の様式例

(注)
 1～3　（略）
 4　外国人住民票の様式中、法第30条の45の表の上欄に掲げる者の区分に応じ、当該外国人住民について記載事項とならない同条の表の下欄に掲げる事項については、空欄とすることで差し支えない。
 5　外国人住民票の様式中、通称の記載の欄については、この例にならい、氏名の記載の欄と一体のものとして取扱うことが適当である。

記載欄の例　（略）

165

要領・通達

世帯票の様式例

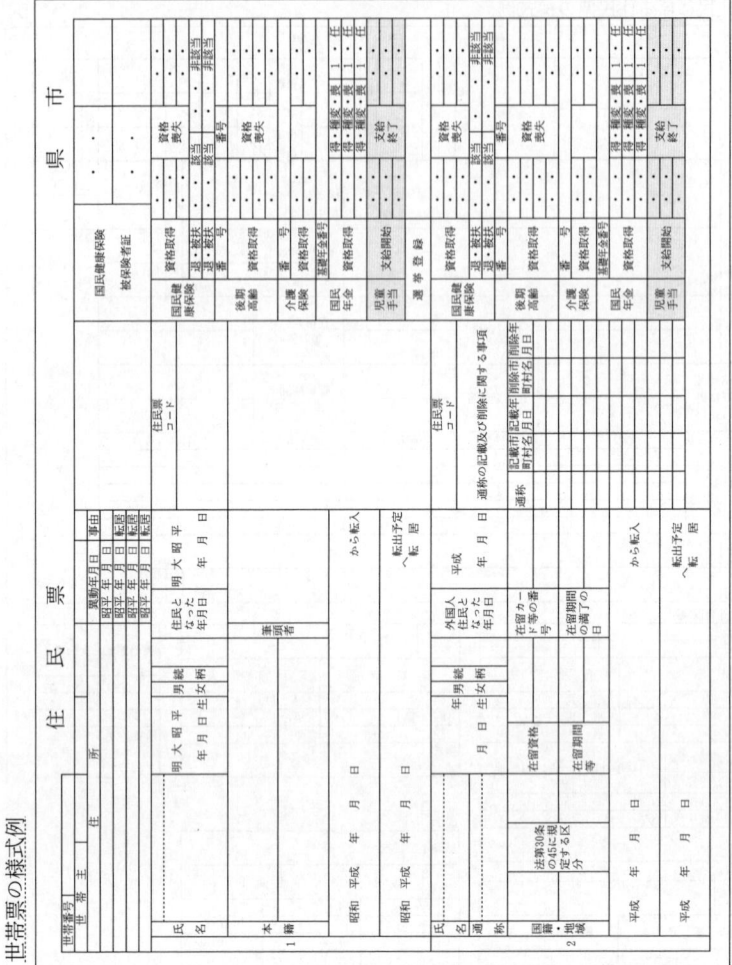

(注)
1 (略)
2 各人の記載欄は世帯員ごとに設けられるところ、様式例中、1には日本の国籍を有する者の記載欄の例を、2には外国人住民の記載欄の例を示している。
3・4 (略)
5 外国人住民票の記載欄の例中、法第30条の45の表の上欄に掲げる者の区分に応じ、当該外国人住民について記載事項とならない同条の表の下欄に掲げる事項については、空欄とすることで差し支えない。
6 外国人住民票の記載欄の例中、通称の記載の欄については、この例にならい、氏名の記載の欄と一体のものとして取扱うことが適当である。

(2) 住民基本台帳事務処理要領（抄）

イ～エ　（略）
(2) 記載事項（法7条、法第30条の45）
(注)　日本の国籍を有する者については、国籍・地域(ツ)、外国人住民となった年月日(テ)、法第30条の45の表の下欄に掲げる事項(ト)、通称(ナ)並びに通称の記載及び削除に関する事項(ニ)は記載事項とならない。また、外国人住民については、戸籍の表示(オ)、住民となった年月日(カ)及び選挙人名簿に登録されている旨(サ)は記載事項とならない。

ア　氏名（法第7条第1号）

　日本の国籍を有する者については、戸籍に記載又は記録がされている氏名を記載（字体も同一にする。）する。世帯票の場合には、氏を同じくする世帯員が数人いる場合であっても、氏を省略することなく氏名を記載する。本籍のない者又は本籍の不明な者については、日常使用している氏名を記載する。

　外国人住民のうち、中長期在留者等については、在留カード等に記載されている氏名を記載する。

　なお、出入国港において在留カードを交付されなかった中長期在留者にあっては、後日在留カードを交付する旨の記載がされた旅券のローマ字表記の氏名を記載する。

　出生による経過滞在者又は国籍喪失による経過滞在者については、出生届、国籍喪失届又は国籍喪失報告に付記されているローマ字表記の氏名を記載する。ただし、これら戸籍の届出書等にローマ字表記の氏名の付記がない場合、住民票の氏名については同届出書等に記載されたカタカナ又は漢字による表記の氏名を記載する。なお、これら経過滞在者が後日在留資格を取得した等として法務大臣からの通知がなされた場合は、同通知に基づき氏名の記載を修正する。

　非漢字圏の外国人住民について、印鑑登録証明に係る事務処理上氏名のカタカナ表記を必要とする場合には、これを備考として記入することが適当である。
（中略）

　また、氏名にはできるだけふりがなを付すことが適当である。その場合には、住民の確認を得る等の方法により、誤りのないように留意しなければならない。

　外国人住民のローマ字表記の氏名には、ふりがなを付さなくても差し支えない。

イ　出生の年月日（法第7条第2号）

　日本の国籍を有する者については、戸籍に記載又は記録がされている出生の年月日を記載する。この場合において、年号を印刷しておき該当年号を○で囲むこと、または生年月日の記載であることが明らかである限り、「明治、大正、昭和、平成」の年号を「明、大、昭、平」と、「10年10月10日」を「10．10．10」と略記することは、いずれもさしつかえない。

　外国人住民のうち、中長期在留者等にあっては、在留カード等に記載されている生年月日を記載する。出生による経過滞在者又は国籍喪失による経過滞在者にあっては、出生届、国籍喪失届又は国籍喪失報告に記載された出生の年月日に基づいて西暦により記載する。なお、「2000年10月10日」を「2000．10．10」と略記すること

は差し支えない。
ウ 男女の別（法第7条第3号）（略）
エ 世帯主についてはその旨、世帯主でない者については世帯主の氏名および世帯主との続柄（法第7条第4号）
　(ｱ) 個人票の場合
　　世帯主については、世帯主との続柄の欄に「世帯主」または「本人」と記載すれば足りる。
　(ｲ) 世帯票の場合
　　世帯主の氏名は、共通欄を設けて記入し、各個人ごとの記載は省略するのが適当である。続柄については、各個人ごとに続柄欄を設け、世帯主については「世帯主」または「本人」と、世帯員については、世帯主との続柄をそれぞれ記載する。
　(ｳ) 世帯主が外国人住民である場合の世帯主の氏名欄の記載方法
　　世帯主の氏名欄に通称を記載する必要はない。
　(ｴ) 実際に世帯主に相当する者が住民基本台帳法の適用から除外されている外国人である場合の世帯主の氏名の記載方法
　　実際に世帯主に相当する者が住民基本台帳法の適用から除外されている外国人である場合、世帯員のうち世帯主に最も近い地位にあるものの氏名を記載し、実際に世帯主に相当する外国人の氏名が確認できれば備考として記入する（法第6条第3項の規定により磁気ディスクをもって調製する住民票にあっては、記録する。以下同じ。）
　(ｵ) 世帯主との続柄の記載方法
　　世帯主との続柄は、妻、子、父、母、妹、弟、子の妻、妻（未届）、妻の子、縁故者、同居人等と記載する。
　　世帯主の嫡出子、養子及び特別養子についての「世帯主との続柄」は、「子」と記載する。
　　内縁の夫婦は、法律上の夫婦ではないが準婚として各種の社会保障の面では法律上の夫婦と同じ取扱いを受けているので「夫（未届）、妻（未届）」と記載する。
　　内縁の夫婦の子の世帯主（夫）との続柄は、世帯主である父の認知がある場合には「子」と記載し、世帯主である父の認知がない場合には「妻（未届）の子」と記載する。
　　縁故者には、親族で世帯主との続柄を具体的に記載することが困難な者、事実上の養子等がある。夫婦同様に生活している場合でも、法律上の妻のあるときには「妻（未届）」と記載すべきではない。
　　外国人住民について、世帯主との続柄を証する文書の添付が必要な場合においては、訳文とともに提出を求め、内容を確認する。
　　また、これが提出されず、事実上の親族関係が認められる場合には、世帯主と

(2) 住民基本台帳事務処理要領（抄）

　　の続柄は「縁故者」と記載する。
オ　戸籍の表示（法第7条第5号）（略）
カ　住民となった年月日（法第7条第6号）
　　日本の国籍を有する者について、同一市町村内（指定都市にあっては、その市）に引き続き住むようになった最初の年月日を記載する。ただし、外国人住民が日本の国籍を有することとなった場合における住民となった年月日については、外国人住民に係る住民票に記載された外国人住民となった年月日を記載する。
　　（以下、略）
キ　住所　（略）
ク　住所を定めた年月日（法第7条第7号）
　　一の市町村の区域内において転居をした者については、現在の住所に転居した年月日を記載する。転居をしたことのない者については、記載をする必要はない。
ケ　転入等をした者については、その届出の年月日（職権で記載した場合には、その年月日）（法第7条第8号）
　　転入届並びに法第30条の46及び法第30条の47に基づく届出により記載した者については、その届出の年月日、職権により記載した者については、その記載の年月日をそれぞれ記載する。
コ　従前の住所（法第7条第8号）
　　転入をした者について転出地の住所を記載する。従前の住所は、原則として、転出証明書に記載された住所と一致する。なお、法第30条の46及び法第30条の47に基づく届出をした者については、記載を要しない。
サ　選挙人名簿に登録されている者　（略）
シ　国民健康保険の被保険者の資格に関する事項　（略）
ス　後期高齢者医療の被保険者の資格に関する事項　（略）
セ　介護保険の被保険者の資格に関する事項　（略）
ソ　国民年金の被保険者の資格に関する事項　（略）
タ　児童手当の支給を受けている者の資格に関する事項　（略）
チ　住民票コード　（略）
ツ　国籍・地域（法第30条の45）
　　在留カード等に記載されている国籍・地域を記載する（無国籍を含む。）。なお、出生による経過滞在者の国籍・地域欄については空欄とし、後日法務大臣からの通知がなされた場合には、同通知に基づき職権で国籍・地域の記載の修正を行う。また、国籍喪失による経過滞在者の国籍・地域については、国籍喪失届や国籍喪失報告の記載を確認し、職権で国籍・地域の記載を行う。
テ　外国人住民となった年月日（法第30条の45）
　　法第30条の45の表の上欄に掲げる者となった年月日又は住民となった年月日のうち、いずれか遅い年月日を記載する。

169

ト 法第30条の45の表の下欄に掲げる事項（法第30条の45）（略）
ナ 通称（法第7条第14号、令第30条の25第1号）
　(ｱ) 通称（氏名以外の呼称であって、国内における社会生活上通用していることその他の事由により居住関係の公証のために住民票に記載することが必要であると認められるものをいう。以下同じ。）については、外国人住民から通称の記載を求める申出書の提出があった場合において、当該申出のあった呼称を住民票に記載することが居住関係の公証のために必要であると認められるときは記載しなければならない（令第30条の26）。
　(ｲ) 外国人住民の様式中、通称の記載の欄については、第2－1－(1)の様例にならい、氏名の記載の欄と一体のものとして取扱うことが適当である。
　(ｳ) なお、通称には、できるだけふりがなを付すことが適当である。
　　　その場合には、住民の確認を得る等の方法により、誤りのないように留意しなければならない。
ニ 通称の記載及び削除に関する事項（法第7条第14号、令第30条の25第2号）
　(ｱ) 外国人住民に係る住民票に通称を記載した場合（第2－2－(2)－コ－(ｲ)による場合を除く。）、当該通称を記載した市町村名（特別区にあっては区名。以下この(ｲ)及び第2－2－(2)－サにおいて同じ。）及び年月日を記載しなければならない（令第30条の27第1項第1号）。
　(ｲ) 外国人住民に係る住民票に記載されている通称を削除した場合、当該通称並びに当該通称を削除した市町村名及び年月日を記載しなければならない（令第30条の27第1項第2号）。
ヌ 任意事項（略）

2 住民票の記載等の手続
住民票の記載等については、次の点に留意しつつ、適正に行われなければならない。
ア～オ（略）
(1) 届出に基づく処理
　ア 転入届（略）
　イ 中長期在留者等が住所を定めた場合の転入届の特例（法第30条の46）（略）
　ウ 住所を有する者が中長期在留者等になった場合の届出（法第30条の47）（略）
　エ 転居届（略）
　オ 転出届（略）
　カ 世帯変更届（略）
　キ 続柄の変更の届出（法第30条の48）
　　　外国人住民について、外国人住民である世帯主との続柄に変更があった場合は、変更が生じた日から14日以内に世帯主との続柄を証する文書を添えて届出をしなければならない（法第30条の48）。ただし、外国人住民と外国人住民である世帯主との親族関係について、変更がない場合や変更に係る戸籍に関する届出が受理されてい

(2) 住民基本台帳事務処理要領（抄）

る場合は届出を要しない（令第30条の28）。

届出があった場合には、添付された世帯主との続柄を証する文書を確認のうえ世帯主との続柄の記載を修正し、修正の事由（続柄の変更）を記入する。

ク 転入届の届出書に付記がなされた場合 （略）

(2) 職権に基づく処理（令第12条第２項、令第30条の26、令第30条の27、令第30条の32、令附則第７条）

ア 戸籍に関する届出および職権記載ならびに通知に基づく処理（令第12条第２項１号）

(ア) 出生届に基づく記載 （略）

(イ) 帰化又は国籍取得に基づく記載及び消除（令第８条の２） （略）

(ウ) 死亡届又は失踪宣告に基づく消除 （略）

(エ) 国籍喪失届又は国喪失報告に基づく記載及び消除（令第８条の２） （略）

(オ) 住民票の記載の修正

上記のほか、戸籍の届出があった場合において、必要があるときは、住民票の記載の修正をし、その事由（氏名変更、本籍変更等）およびその事由の生じた年月日を記入する。住民票の記載の修正を要する戸籍の届出は、おおむね、次のとおりである。

<u>日本の国籍を有する者</u> （略）
<u>外国人住民</u>

届出事件名	修正事項 世帯主氏名 本人が世帯主である場合	氏名	生年月日	世帯主との続柄 他の者が世帯主である場合	本籍	筆頭者氏名	備 考
出 生				○			出生届未済者等の既に住民票に記載されている者につき届出と相違する事項
認 知	○			○			認知された者
縁 組	○			○			縁組した者
離 縁	○			○			離縁した者
婚 姻	○			○			婚姻した者
離 婚	○			○			離婚した者

（注） ○印は、修正該当事項を示す。

(カ) 職権で戸籍の記載又は記録をした場合及び法第９条第２項の規定による通知を受けた場合においては、(ア)から(オ)までの例により住民票を処理する。

(キ) 法第30条の50の規定による法務大臣からの通知に基づく処理（令第30条の32）
法務大臣からの通知があった場合においては、住民票の消除又は記載の修正をし、通知の事由（氏名変更、在留資格変更許可等）及びその事由の生じた年月日を記入する等住民票についての処理経過を明らかにする事項を備考として記入する。

171

要領・通達

法務大臣からの通知は、おおむね、次のとおりである。
法務大臣からの通知による記載の修正
　(1)　中長期在留者

届出事由 ＼ 修正事項	氏名、生年月日、性別、国籍・地域	法第30条の45の規定する区分	在留資格	在留期間等	在留期間の満了の日	在留カード等の番号	備考
氏名、生年月日、性別、国籍・地域の変更・訂正	○					○	
在留カードの有効期間変更						○	
在留カードの再交付						○	
在留資格の変更許可			○	○	○	○	
在留期間の変更許可				○	○	○	
永住許可			○	○	○	○	
在留特別許可			○	○	○	○	
特別永住許可		○	○	○	○	○	

　(2)　特別永住者

届出事由 ＼ 修正事項	氏名、生年月日、性別、国籍・地域	法第30条の45の規定する区分	在留資格	在留期間等	在留期間の満了の日	在留カード等の番号	備考
氏名、生年月日、性別、国籍・地域の変更・訂正	○					○	住民票の記載の修正は、特別永住者証明書交付時に行う。
特別永住者証明書の有効期間更新						○	住民票の記載の修正は、特別永住者証明書交付時に行う。
特別永住者証明書の再交付						○	住民票の記載の修正は、特別永住者証明書交付時に行う。
在留特別許可		○	○	○	○	○	住民票の記載の修正は、特別永住者証明書交付時に行う。

(2) 住民基本台帳事務処理要領（抄）

(3) 一時庇護許可者

届出事由＼修正事項	氏名、生年月日、性別、国籍・地域	法第30条の45の規定する区分	在留資格	在留期間等	在留期間の満了の日	在留カード等の番号	備考
氏名、生年月日、性別、国籍・地域の変更・訂正	○						
在留資格の取得許可		○	○	○	○	○	
在留特別許可		○	○	○	○	○	
上陸期間の変更				○			上陸期間を経過する日は備考欄に記載する。

(4) 仮滞在許可者

届出事由＼修正事項	氏名、生年月日、性別、国籍・地域	法第30条の45の規定する区分	在留資格	在留期間等	在留期間の満了の日	在留カード等の番号	備考
氏名、生年月日、性別、国籍・地域の変更・訂正	○						
難民認定に伴う在留資格の取得許可		○	○	○	○	○	
難民不認定等に伴う在留特別許可		○	○	○	○	○	
仮滞在期間の更新許可				○			仮滞在期間を経過する日は備考欄に記載する。

(5) 出生による経過滞在者又は国籍喪失による経過滞在者

届出事由＼修正事項	氏名、生年月日、性別、国籍・地域	法第30条の45の規定する区分	在留資格	在留期間等	在留期間の満了の日	在留カード等の番号	備考
在留資格の取得許可		○	○	○	○	○	
特別永住許可		○				○	住民票の記載の修正は、特別永住許可書交付時に行う。

要領・通達

<u>法務大臣からの通知による消除</u>

消除事由	対象者
再入国許可を受けずに出国	中長期在留者、特別永住者、一時庇護許可者、仮滞在許可者、経過滞在者
再入国許可の有効期間（みなし再入国期間）の経過	中長期在留者、特別永住者、一時庇護許可者、仮滞在許可者、経過滞在者
難民旅行証明書の有効期間の経過	中長期在留者、特別永住者
退去強制令書の発付	中長期在留者、特別永住者、一時庇護許可者、仮滞在許可者、経過滞在者
在留資格の取消し	中長期在留者
在留期間の経過	中長期在留者
在留資格の変更許可　※	中長期在留者
在留期間の更新許可　※	中長期在留者
在留特別許可　※	中長期在留者、特別永住者、一時庇護許可者、経過滞在者
上陸期間の経過	一時庇護許可者
在留資格の取得許可　※	一時庇護許可者、経過滞在者
仮滞在期間の経過	仮滞在許可者
難民認定に伴う在留資格の取得許可　※	仮滞在許可者
難民不認定等に伴う在留特別許可　※	仮滞在許可者
在留資格を有することなく60日を経過	経過滞在者

※　許可の結果、中長期在留者等でなくなった場合

　　なお、外国人住民の住民票に記載された在留期間の満了の日等が経過した場合、法務大臣からの通知により外国人住民でなくなったことを確認のうえ、住民票の消除をするものとする。

イ～ケ　（略）

コ　通称の記載及び削除の申出があった場合の住民票の処理（令第30条の26）

(ｱ)　通称については、外国人住民から通称の記載を求める申出書の提出があった場合において、当該申出のあった呼称を住民票に記載することが居住関係の公証のために必要であると認められるときは記載しなければならない。

　　住民票に通称の記載を求めようとする外国人住民に対し、次に掲げる事項を記載した申出書を提出させるとともに、住民票への記載を求めようとする呼称が居住関係の公証のために住民票に記載されることが必要であることを証するに足りる資料を提示させなければならない（令第30条の26第1項、第2項、規則第45条）。

A　通称として記載を求める呼称
B　氏名
C　住所
D　住民票コード又は出生の年月日及び男女の別
E　通称として記載を求める呼称が国内における社会生活上通用していることその他の居住関係の公証のために住民票に記載されることが必要であると認められる事由の説明

　　通称の住民票への記載に当たっては、国内における社会生活上通用してい

とが客観的に明らかとなる資料等の提示を複数求める等により、厳格に確認を行う。

　なお、①出生により、日本の国籍を有する親の氏若しくは通称が住民票に記載されている外国人住民である親の通称の氏を申し出る場合、②日系の外国人住民が氏名の日本式氏名部分を申し出る場合又は③婚姻等身分行為により、相手方の日本国籍を有する者の氏若しくは通称が住民票に記載されている外国人住民である相手方の通称の氏を申し出る場合にあっては、国内における社会生活上通用していることの確認に代えて、親や身分行為の相手方等の氏名又は通称の氏等の確認を行うことで差し支えない。

(イ)　外国人住民に係る住民票に通称が記載されている場合において、当該通称を転出証明書の記載事項とし、又は転出証明書情報の通知事項とすることとされており（令第30条の26第7項）、次の場合において、外国人住民に係る住民票に通称の記載をしなければならない（令第30条の26第3項）。

　A　転入証明書を添えた転入届があった場合、当該転出証明書に記載された通称を記載する。

　B　最初の転入届（法第24条の2第1項に規定する最初の転入届をいう。サにおいて同じ。）又は最初の世帯員に関する転入届（法第24条の2第2項に規定する最初の転入届をいう。サにおいて同じ。）があった場合、法第24条の2第4項の規定により通知された通称を記載する。

(ウ)　外国人住民から通称の削除を求める申出書の提出があった場合、当該通称を削除しなければならない。申出書には次に掲げる事項を記載させることとする（令第30条の26第4項、規則第45条）。

　A　通称の削除を求める旨
　B　氏名
　C　住所
　D　住民票コード又は出生の年月日及び男女の別

(エ)　また、通称を記載しておくことが居住関係の公証のために必要であると認められなくなったときは、当該通称を削除するとともに、その旨を当該削除に係る外国人住民に通知しなければならない。この場合において、通知を受けるべき外国人住民の住所及び居所が明らかでないときその他通知をすることが困難であると認めるときは、その通知に代えてその旨を公示する（令第30条の26第5項）。

(オ)　通称の記載及び削除の申出については、現に申出の任に当たっている者に対して、本人であるかどうかを確認するため、書類の提示若しくは提出又は説明を求めるものとする（令第30条の26第6項）。

　また、現に申出の任に当たっている者が申出者の代理人又は使者であるとき（同一の世帯に属する者を除く。）は、申出の任に当たっている者に対し、申出者の依頼により又は法令の規定により当該申出の任に当たるものであることを明ら

かにする書類の提示若しくは提出又は説明を求めるものとする（令第30条の26第6項）。
　　　この場合において、第4－2－(2)－アに準じて本人確認を行い、第4－2－(2)－イに準じてその権限を明らかにさせる。
　　サ　通称の記載及び削除をした場合の住民票の処理（令第30条の27）
　　　(ｱ)　外国人住民に係る住民票に通称を記載した場合（コ－(ｲ)による場合を除く。）、当該通称を記載した市町村名及び年月日を通称の記載及び削除に関する事項として記載しなければならない（令第30条の27第1項第1号）。
　　　(ｲ)　外国人住民に係る住民票に記載されている通称を削除した場合、当該通称並びに当該通称を削除した市町村名及び年月日を通称の記載及び削除に関する事項として記載しなければならない（令第30条の27第1項第2号）。
　　　(ｳ)　外国人住民に係る住民票に通称の記載及び削除に関する事項が記載されている場合において、当該事項を転出証明書の記載事項とし、又は転出証明書情報の通知事項とすることとされており（令第30条の27第3項）、次の場合において、外国人住民に係る住民票に通称の記載及び削除に関する事項の記載をしなければならない（令第30条の27第2項）。
　　　　A　転出証明書を添えた転入届があった場合、当該転出証明書に記載された通称の記載及び削除に関する事項を記載する。
　　　　B　最初の転入届又は最初の世帯員に関する転入届があった場合、法第24条の2第4項の規定により通知された通称の記載及び削除に関する事項を記載する。
　(3)　住民基本台帳の記録に誤りがある場合の処理　（略）
　(4)　住民票コードの記載の変更請求があった場合の処理　（略）
　(5)　住民票コードに係る住民票の記載の修正　（略）
３　住民基本台帳の一部の写しの閲覧　（略）
４　住民票の写し等の交付　（略）
５　住民票の改製及び再製　（略）
第３　戸籍の附票　（略）
第４　届　出
１　届出の様式及び規格　（略）
２　届出の受理
　(1)　形式的審査
　　ア（略）
　　イ　届出書に添付すべき書類が添付されているかどうか（法第22条第2項、法第30条の46、法第30条の47、法第30条の48、法第30条の49、令第30条）。
　　　　法第30条の46の転入の届出、法第30条の47の届出については、在留カード等の提示が義務付けられている。
　　　　外国人住民が転入届、転居届を行う場合、在留カード等の提示は義務とはされて

(2) 住民基本台帳事務処理要領（抄）

ないが、入管法及び入管特例法上、在留カード又は特別永住者証明書を提出して転入届、転居届をしたときは、法務大臣への住居地の届出とみなすこととされている（入管法第19条の9第3項，入管特例法第10条第5項）ことを踏まえ、外国人住民の便宜の観点から、在留カード又は特別永住者証明書の提出を促すことが望ましい。
（以下、略）
ウ　世帯主でない外国人住民であってその世帯主が外国人住民である者が、次の届出を行う場合は、原則として、世帯主との続柄を証する文書及び外国語によって作成されたものについては翻訳者を明らかにした訳文が添付されているかどうか（法第30条の48、法第30条の49、規則第49条）。
(ｱ)　転入届
(ｲ)　転居届
(ｳ)　世帯変更届
(ｴ)　法第30条の46による届出
(ｵ)　法第30条の47による届出
(ｶ)　法第30条の48による届出
　なお、外国人住民の世帯主との続柄を証する文書については、戸籍法に基づく届出に係る受理証明書若しくは記載事項証明書又は結婚証明書若しくは出生証明書その他外国政府機関等が発行した文書であって、本人と世帯主との続柄が明らかにされているものとする。
(2) 実質的審査　（略）
3　転出証明書　（略）
4　転入転出手続の特例　（略）
第5　住民基本台帳カード　（略）
第6　その他
1　通　知
　ア～シ　（略）
　ス　職権記載等通知（令第12条第4項、令第30条の26第5項）
　セ　転出確定通知（令第13条第3項）
　ソ・タ　（略）
　チ　法務大臣からの通知（法第30条の50）
　なお、ア、ウ、エ、ク、ケ、サ、シ、セ、ソ、タ及びチの通知は、電気通信回線を通じて行うものとし、その他の通知は、住民票、届出書その他の文書の写しを利用する方法により行うことが適当である。ただし、真にやむを得ないと認められるときは、他の方法により行うこととして差し支えない。
　ア　転入通知　（略）
　イ　住民票記載事項通知
　　その市町村の住民以外の者について、戸籍に関する届書等を受理し、又は職権で戸

籍の記載又は記録をした市町村長が、その者の住所地の市町村長に、おおむね、次の(ア)～(エ)に掲げる事項を通知する。
　　なお、外国人住民に係る戸籍に関する届書にローマ字表記の氏名が付記されている場合、次の(ア)～(ウ)に掲げる氏名には、当該ローマ字表記の氏名も含まれることに留意する必要がある。
　(ア)～(エ)　（略）
ウ　住民票の写し広域交付請求通知　（略）
オ～キ　（略）
ケ　転出証明書情報通知
　　転出地市町村長は、転入地市町村長に付記転出届をした者に係る次の事項を通知する（令第24条の3、令第30条の26第7項、令第30条の27第3項、令第30条の32、規則第7条）。
　(ア)　氏名（通称が住民票に記載されている外国人住民にあっては、氏名及び通称）、出生の年月日、男女の別及び住所
　(イ)　世帯主の氏名及び世帯主との続柄
　(ウ)　戸籍の表示（外国人住民を除く。）
　(エ)　転出先、転出の予定年月日及び転出届をした年月日
　(オ)～(コ)　（略）
　(サ)　国籍・地域（外国人住民に限る。）
　(シ)　法第30条の45の表の下欄に掲げる事項（外国人住民に限る。）
　(ス)　通称の記載及び削除に関する事項（通称の記載及び削除に関する事項が住民票に記載されている外国人住民に限る。）
コ～シ　（略）
ス　職権記載等通知
　　職権で住民票の記載等をした市町村長がその記載等に係る本人に、おおむね、次の事項を通知する。（外国人住民について、その通称を住民票に記載しておくことが居住関係の公証のために必要であると認められなくなったため、当該通称を削除した場合を含む。）
　(ア)　本人の氏名
　(イ)　その他の職権で記載等をした内容
セ～タ　（略）
チ　法務大臣からの通知
　　法務大臣は、入管法及び入管特例法に定める事務を管理し、又は執行するに当たって、外国人住民の氏名、出生の年月日、男女の別、国籍・地域、法第30条の45の表の下欄に掲げる事項に変更があったこと又は誤りがあることを知ったときは、遅滞なく、その旨を当該外国人住民が記録されている住民基本台帳を備える市町村の市町村長に通知しなければならないとされている。当該通知に基づく住民票の記載等の手続につ

いては、第2-2-(2)-ア-(キ)による。
2～10 （略）
第7　法施行に伴う経過措置　（略）
第8　住民基本台帳法の一部を改正する法律（平成21年法律第77号）の施行に伴う経過措置
1　仮住民票の住民票への移行

　　住民基本台帳法の一部を改正する法律（平成21年法律第77号）（以下第8において「改正法という。）附則第3条第1項及び第2項の規定により作成された仮住民票は改正法附則第1条第1号に定める日（以下第8において「施行日」という。）において住民票になる（改正法附則第4条第1項）。その際、外国人住民となった年月日に代えて、施行日を記載する（改正法附則第6条）。作成の事由として「法附則第4条第1項により作成」と備考欄に記入することが適当である。

　　また、施行日時点で住民票に通称が記載されている場合にあっては、施行日において、通称の記載及び削除に関する事項として、通称を記載した年月日（施行日）及び記載した市町村名を記載する。施行日において、世帯を単位とする住民票を作成している市町村長は、外国人住民と日本の国籍を有する者との複数国籍世帯については、施行日以後世帯を単位とする住民票に外国人住民の記載をするために必要な期間に限り、個人を単位とする外国人住民に係る住民票と世帯を単位とする日本の国籍を有する者に係る住民票を世帯ごとに編成して、住民基本台帳を作成することをもって、世帯を単位とする住民票の作成に代えることができる（改正法附則第4条第3項）。

　　なお、仮住民票の作成手続等については、別に定めるところによる。
2　仮住民票の作成に伴う複数国籍世帯の日本の国籍を有する者の住民票の記載の修正

　　改正法附則第4条第1項の規定により仮住民票が住民票となった外国人住民と同一の世帯に属する日本の国籍を有する者に係る住民票について、世帯主の氏名及び世帯主との続柄に変更が生じるときは、施行日に職権で記載の修正をしなければならない（改正法附則第4条第2項）。また、当該住民票の備考欄に事実上の世帯主として外国人住民が記載されている場合は、当該記載を消除するものとする。修正の事由は、「法附則第4条第2項により修正」等の例による。
3　改正法附則第5条の届出に基づく住民票の記載等の手続

　　仮住民票が作成されていないが施行の際現に外国人住民としての要件を満たしている者や、仮住民票の通知後に仮住民票記載事項のうち住所又は世帯主の氏名及び世帯主との続柄に変更があったが仮住民票の記載の修正が行われていない者は、施行日から14日以内に改正法附則第5条に基づく届出をしなければならない（改正法附則第5条、住民基本台帳法施行規則の一部を改正する省令（平成22年総務省令第113号）附則第2条）。

　　この場合においては、次により取り扱うものとする。
(1)　個人票の作成を行う場合

　　ア　その者の住民票を作成し、改正法附則第5条の届出及び在留カード等に基づいて

所定の事項を記載するとともに、作成の事由（法附則第5条届出）を記入する。
　　イ　作成した住民票は、届出により新たに世帯を構成した場合にあっては、その世帯をもって編成し、既にある世帯に属することとなった場合にあっては、その世帯に編入する。
　(2)　世帯票の作成（記載）を行う場合
　　ア　届出により新たに世帯を構成した場合にあっては、その世帯の住民票を作成し、改正法附則第5条の届出及び在留カード等に基づいて所定の事項を記載するとともに、作成の事由（法附則第5条届出）を記入する。
　　　　作成の事由は、個人票の例により、各人ごとに記入する。
　　イ　既存の世帯に属することとなった場合にあっては、その属することとなった世帯の住民票の末尾に改正法附則第5条の届出及び在留カード等に基づいて所定の事項を記載するとともに、記載の事由（法附則第5条届出）を記入する。
　(3)　住民票の記載の修正を行う場合
　　　　住所又は世帯主の氏名及び世帯主との続柄の記載を修正し、修正の事由（法附則第5条届出）を記入する。当該届出に基づく住民票の記載に際しては、外国人住民となった年月日に代えて、施行日を記載する（改正法附則第6条）。
　　　　なお、当該届出に関し虚偽の届出をした者は、その行為について刑を科すべき場合を除き、5万円以下の過料に処せられることとされている（改正法附則第10条第1項）ほか、正当な理由がなく同届出をしない者は、5万円以下の過料に処せられることとされている（改正法附則第10条第2項）。改正法附則第10条第1項及び第2項の規定に該当する場合の取扱いは第6−9−(1)に準ずるものとする。
４　在留カード又は特別永住者証明書とみなされている外国人登録証明書
　　　在留カード又は特別永住者証明書とみなされている外国人登録証明書は、それぞれ在留カード又は特別永住者証明書とみなして、法第4章の3、法第6章及び改正法附則第5条第1項後段において準用する法第30条の46後段の規定を適用する（改正法附則第7条）。なお、外国人登録証明書の氏名に簡体字又は繁体字が用いられている場合は、住民票の記載に当たっては「在留カード等に係る漢字氏名の表記等に関する告示（平成23年法務省告示第582号）」に従い、正字に置換のうえ取扱うものとする。
５　外国人住民に関する適用の特例
　　　外国人住民については、改正法附則第9条に規定する政令で定める日（平成25年7月7日）までは、第2−1−(2)−チ、第2−2−(4)、第2−2−(5)、第2−4−(1)−①−ア−(オ)、第2−4−(1)−④−オ、第2−4−(1)−⑤の一部、第2−4−(1)−⑥、第4−4、第5、第6−1−ウ、エ、ク、ケ、サ、シ、セ、ソ、タ並びに第6−3、4、5及び6は適用しないものとする（改正法附則第9条、住民基本台帳法施行令の一部を改正する政令（平成22年政令第253号）附則第10条）。

⑶ 仮住民票に関する事務について（抄）

（平成24年2月10日総行住第19号）

各都道府県知事　殿

総務省自治行政局長

　住民基本台帳法の一部を改正する法律は、平成21年法律第77号をもって公布され、同法の施行に向けて、市町村長は、施行日前に当該市町村の外国人登録原票に登録され、施行日において当該市町村の外国人住民であると見込まれる者について、仮住民票を作成し、その者に対して当該仮住民票の記載事項を通知することとされているところです。

　この仮住民票は、施行日において住民票になるものとされており、その取扱いについては、住民基本台帳法の第1条の趣旨にのっとり、住民基本台帳制度の運用の方針（住民基本台帳事務処理要領（昭和42年自治振第150号等自治省行政局長等から各都道府県知事あて通知）第1－1）を踏まえ、記録の適正な管理等適切に行われる必要があるところです。

　特に、仮住民票の作成を含む外国人住民の住民基本台帳への記録関係業務を行うに当たっては、関係事務の委託先等を含め、データ保護とコンピュータ・セキュリティ対策の徹底、情報管理に係る責任体制の明確化等、個人情報保護に万全を期する必要があるところです。

　この度、下記のとおり「仮住民票事務処理要領」を定めたので、貴職におかれては、下記事項に御留意の上、貴都道府県内の市区町村に周知くださるようお願いいたします。

　なお、本通知は、地方自治法（昭和22年法律第67号）第245条の4第1項に基づく技術的助言であることを申し添えます。

記

第1　仮住民票事務処理要領

　　仮住民票事務処理要領を別添のとおりとする。

　　なお、別添要領中、児童手当（子ども手当）に関する部分については、平成24年4月以降の取扱いが定まり次第、改めて通知することを予定しているので、御留意願いたい。

第2　実施時期

　　この通知は、通知の日から実施する。

仮住民票事務処理要領

第1　定義　（略）

第2　仮住民票

1　仮住民票の作成の対象者

　　市町村長（特別区の区長を含む。以下同じ。）は、法附則第1条第2号に定める日から施行日の前日までの範囲内において、基準日現在において次に掲げる要件のいずれにも該当する者につき、基準日後速やかに、個人を単位として、仮住民票を作成しなければならない（法附則第3条第1項）。

なお、仮住民票を作成しなければならないか否かの対象者の判断に当たっては、第4－1－(1)の法務省入国管理局から事前に提供を受けた情報を活用する。
(1) 当該市町村（特別区を含む。以下同じ。）の外国人登録原票に登録されていること。
(2) 施行日において当該市町村の外国人住民に該当する者であると見込まれること。
　ア　施行日において法第30条の45の上欄に掲げる者であると見込まれる者
　　(ｱ)　中長期在留者
　　　　入管法（出入国管理及び難民認定法及び日本国との平和条約に基づき日本の国籍を離脱した者等の出入国管理に関する特例法の一部を改正する等の法律（平成21年法律第79号）による改正後の入管法をいう。）第19条の3に規定する中長期在留者に該当する在留資格及び在留期間を有する者であって、かつ、在留期間の満了の日が施行日以後に到来する者をいう。
　　　　ただし、地方入国管理局で在留資格の変更申請又は在留期間の更新申請のいずれをもしてないことが確実ではない者であって、当該外国人の在留期間の満了の日が施行日前であるが、在留期間の満了の日から2か月を経過する日が施行日以後に到来する者を含む。
　　(ｲ)　特別永住者
　　　　入管特例法に定める特別永住者をいう。
　　(ｳ)　一時庇護許可者又は仮滞在許可者
　　　　入管法第18条の2第1項の許可を受けた一時庇護許可者又は入管法第61条の2の4第1項の許可を受けた仮滞在許可者であって、上陸期間又は仮滞在期間の終期が施行日以後に到来する者をいう。
　　(ｴ)　出生又は国籍喪失による経過滞在者
　　　　出生又は日本国籍の喪失により本邦に在留することとなった外国人であって入管法第22条の2第1項の規定により在留資格を有することなく適法に在留できる期間（出生又は日本の国籍を離脱した日から60日）の終期が施行日以後に到来する者をいう。
　イ　施行日において市町村の区域内に住所を有すると見込まれる者
　　原則として、基準日現在において、外国人登録原票に記載されている居住地が、法第4条に規定する住所に該当する者をいう。当該居住地が法第4条に規定する住所に該当するか疑義がある場合、必要に応じ、第8により調査を行う。
　　市町村長は、基準日後施行日の前日までの間に、上記に掲げる要件のいずれにも該当することとなった者につき、仮住民票を作成することができる（法附則第3条第2項）。
　　施行日直前に仮住民票の作成の対象となった者については、事務処理の状況等を勘案して、施行日に円滑に住民票に移行できる場合に、仮住民票を作成するものとする。
　　ただし、施行日直前に居住地変更登録申請が行われ施行日前までに外国人登録原

(3) 仮住民票に関する事務について（抄）

票の到達が見込まれない場合において、前居住地の市町村長に外国人登録原票の登録事項の確認を行い、仮住民票を作成することとしても差し支えない。
　　また、施行日直前に居住地変更登録申請をした者や、施行日直前に転出し施行日以後に法附則第5条の規定による届出を行った者については、前住所地市町村に対し、当該者の仮住民票又は住民票を住所地市町村で作成している旨を連絡することが適当である。
　　なお、基準日は、平成24年5月7日であること（令附則第1条の2）。
2　様式及び規格
　　仮住民票（令附則第2条の規定により磁気ディスクをもって調製される仮住民票を含む。以下この2において同じ。）は、個人を単位として作成するものであるが（法附則第3条第1項）、その様式及び規格は法定されていない。
　　仮住民票が施行日において住民票になることを踏まえ、住民基本台帳事務処理要領（昭和42年自治振第150号等自治省行政局長等から各都道府県知事あて通知。以下同じ。）「第2－1－(1)」に例示する外国人住民に係る住民票の様式例（個人票）を参照するなどし、適切に対応されたい。

第3　仮住民票の記載等の手続き
仮住民票の記載等については、次の点に留意しつつ、適正に行われなければならない。
1　仮住民票（令附則第2条の規定により磁気ディスクをもって調製される仮住民票を除く。2において同じ。）の記載等は、墨汁、インキ、タイプライター等たい色、汚損のおそれのない良質のものを用いて行うこと。
2　仮住民票の消除（令附則第4条）に当たっては、該当部分に朱線を引き、又は見やすい場所に「除票」の印を押す等仮住民票を消除したことが明確であり、かつ、消除された文字がなお明らかに読むことができるような方法により行うこと。
3　令附則第2条の規定により磁気ディスクをもって調製された仮住民票の消除は、仮住民票を消除したことが明確であり、かつ、消除された記録がなお明らかとなるような方法により行うこと。
4　修正（令附則第5条）は、前の記載を削除した上で、新たな記載をする方法によること。当該削除は前の記載が明らかとならないような方法により行うこと。
5　記載等をしたときは、その記載等の事由、事由の生じた年月日等仮住民票についての処理経過を明らかにする事項を必要に応じ、備考として記入することが適当である。

第4　仮住民票の記載
1　各種の記録と情報に基づく記載
　　仮住民票の記載は、外国人登録原票、国民健康保険の被保険者の資格、後期高齢者医療の被保険者の資格、介護保険の被保険者の資格、国民年金の被保険者の資格及び児童手当の支給を受けている者の受給資格に関する記録並びに法附則第3条第4項の規定により法務大臣から提供を受けた情報に基づき行うものとする（法附則第3条第3項）。作成の事由は、「法附則第3条第1項（第2項）により作成」と記入する。

(1) 外国人登録原票に基づく記載

　　外国人登録原票に基づいて、氏名等を記載する。また、それぞれの市町村に外国人登録がされている外国人に係る最新の在留資格、在留期間の満了の日等に関する情報については、法務省入国管理局から市町村へ事前に提供がなされ、外国人登録原票の備考欄に記載する取扱いとなることから、仮住民票の記載に当たっては、当該情報も活用するものとする。なお、外国人登録原票の内容について事前に確認を行い、必要に応じて法務省入国管理局に閉鎖照会する等して整理しておくことが望ましい。

(2) 国民健康保険の被保険者の資格に関する記録に基づく記載　（略）
(3) 後期高齢者医療の被保険者の資格に関する記録に基づく記載　（略）
(4) 介護保険の被保険者の資格に関する記録に基づく記載　（略）
(5) 国民年金の被保険者の資格に関する記録に基づく記載　（略）
(6) 児童手当の支給を受けている者の受給資格に関する記録に基づく記載　（略）
(7) 法附則第3条第4項の規定により法務大臣から提供を受けた情報に基づく記載

　　市町村長は、法務大臣に対して、仮住民票の作成に関して、法第7条第1号から第3号までに掲げる事項、国籍・地域（法第30条の45に規定する国籍等をいう。以下同じ。）又は法第30条の45の表の下欄に掲げる事項に関する情報の提供を求め、その提供を受けることができることとされている（法附則第3条第4項）。

2　記載事項

　仮住民票には、法第7条第1号から第4号まで、第7号、第8号、第10号から第11号の2まで及び第14号に掲げる事項、国籍・地域並びに法第30条の45の表の上欄に掲げる者の区分に応じそれぞれ同表の下欄に掲げる事項を記載する（法附則第3条第1項）。

(1) 氏名（法第7条第1号）

　　原則として、外国人登録原票に記載された「氏名」を記載する。

　　外国人登録原票の氏名にローマ字が用いられている場合には、外国人登録原票に記載されている順序により記載する。

　　外国人登録原票の氏名に簡体字又は繁体字が用いられている場合には、「在留カード等に係る漢字の氏名の表記等に関する告示（平成23年法務省告示第582号）」に従い、正字に置換のうえ記載する。

　　外国人登録されたローマ字氏名の読みのカタカナ表記（カタカナ併記名）が外国人登録原票の氏名欄に記載されている場合は、仮住民票の氏名欄には記載せず、備考欄に記載する。

　　外国人登録された漢字氏名に対応するローマ字表記（アルファベット併記名）が外国人登録原票の氏名欄に記載されている場合は、外国人登録原票に記載されている順序により、氏名欄に記載する。この場合、氏名欄の記載は、ローマ字による氏名に漢字による氏名を併記するものとする。ふりがなについては、付さなくても差し支えない。ただし、本人に確認した漢字氏名のふりがなを把握しているなど、仮住民票の作成の時点でふりがなを記載することができる場合には、漢字氏名にはできるだけふり

(3) 仮住民票に関する事務について（抄）

がなを付すことが適当である。
(2) 出生の年月日（法第7条第2号）
　原則として、外国人登録原票に記載された「出生の年月日」を記載する。
　記載に当たっては、西暦にて記載する。この場合において、「2000年10月10日」を「2000．10．10」と略記することは差し支えない。
　なお、外国人登録原票において、出生の「年」、「月」、「日」のいずれかの記載がされておらず、アスタリスク等で表している場合にあっては、不明であることが明らかになるよう記載を行うことが適当である。
(3) 男女の別（法第7条第3号）
　原則として、外国人登録原票に記載された「男女の別」を記載する。
　また、男女と印刷しておき、該当文字を○で囲むこととしても差し支えない。
(4) 世帯主についてはその旨、世帯主でない者については世帯主の氏名及び世帯主との続柄（法第7条第4号）
　原則として、外国人登録原票に記載された「世帯主の氏名」、「世帯主との続柄」、「申請に係る外国人が世帯主である場合には、世帯を構成する者の氏名、出生の年月日、国籍及び世帯主との続柄」及び「本邦にある父母及び配偶者の氏名、出生の年月日及び国籍」に基づき記載する。
　ただし、外国人登録原票に記載された世帯情報に明らかに疑義がある場合には、必要に応じて、行政事務の記録の確認や実態を把握した上で記載を行う。
　なお、外国人住民と見込まれる者と日本の国籍を有する者との複数国籍世帯において、世帯主が外国人住民と見込まれる者である場合、当該複数国籍世帯を構成する日本の国籍を有する者の住民票の備考欄も参照し当該日本の国籍を有する者に係る住民票の世帯情報の変更の必要性を確認することが適当である。また、婚姻関係や親子関係の存在を戸籍等で確認することが望ましい。
　実際に世帯主に相当する者が住民基本台帳法の適用から除外されている外国人の場合、世帯員のうち世帯主に最も近い地位にある者の氏名を世帯主の氏名として記載し、実際に世帯主に相当する者である外国人の氏名を備考として記入する。
　なお、世帯主の氏名欄に通称を記載する必要はない。また、世帯主については世帯主との続柄の欄に「世帯主」又は「本人」と記載すれば足りる。
(5) 住所及び住所を定めた年月日（法第7条第7号）
　原則として、外国人登録原票の「居住地」欄の記載に基づき記載する。
　外国人住民と見込まれる者と日本の国籍を有する者との複数国籍世帯において、外国人住民と見込まれる者の外国人登録原票の居住地欄と日本の国籍を有する者の住民票の住所欄で表記が異なる場合は、住民基本台帳事務処理要領「第2－1－(2)－キ」の方法に準じて統一することが望ましい。
　また、住所を定めた年月日は、空欄とする。
(6) 住所を定めた旨の届出の年月日（職権で記載した場合にはその年月日）及び従前の

185

住所（法第 7 条第 8 号）
　　　施行日を記載する。また、従前の住所は、空欄とする。
(7)　国民健康保険の被保険者の資格に関する事項（法第 7 条第10号、令第 3 条）（略）
(8)　後期高齢者医療の被保険者の資格に関する事項（法第 7 条第10号の 2 、令第 3 条の 2 ）（略）
(9)　介護保険の被保険者の資格に関する事項（法第 7 条第10号の 3 、令第 3 条の 3 ）（略）
(10)　国民年金の被保険者の資格に関する事項（法第 7 条第11号、令第 5 条）（略）
(11)　児童手当の支給を受けている者の資格に関する事項（平成23年10月 1 日から平成24年 3 月31日までの間においては、子ども手当の支給を受けている者の資格に関する事項）（法第 7 条第11号の 2 、令第 6 条、住民基本台帳法附則第 8 条、住民基本台帳法施行令附則第 7 条）（略）
(12)　通称（法第 7 条第14号、令第30条の25、第30条の26）
　　　原則として、外国人登録原票に記載された通称名を記載する。
　　　また、ふりがなについては、付さなくても差し支えない。ただし、本人に確認した通称のふりがなを把握しているなど、仮住民票の作成の時点でふりがなを記載することができる場合には、できるだけふりがなを付すことが適当である。
(13)　通称の記載及び削除に関する事項（法第 7 条第14号、令第30条の25、第30条の27）
　　　空欄とする。
　　　なお、施行日時点で住民票に通称が記載されている場合にあっては、施行日において、通称を記載した年月日（施行日）及び記載した市町村名（特別区にあっては区名。以下同じ。）を記載する。
(14)　国籍・地域
　　　原則として、外国人登録原票の「国籍」欄の記載に基づき記載する（無国籍を含む。）。ただし、当該国籍欄に「中国」と記載のある外国人のうち、外国人登録原票の備考欄に台湾と記載されている場合には、「台湾」と記載する。
(15)　中長期在留者である旨、在留資格、在留期間及び在留期間の満了の日並びに在留カードの番号
　　　原則として、外国人登録原票の記載に基づき記載することとし、法務省入国管理局から事前に提供を受けて外国人登録原票の備考欄に記載された情報がある場合には当該情報に基づき記載する。
　　　在留カードの番号は、外国人登録法第 4 条第 1 項第 1 号に規定する登録番号を記載する。（令附則第 3 条）
(16)　特別永住者である旨、特別永住者証明書の番号
　　　原則として、外国人登録原票の記載に基づき記載することとし、法務省入国管理局から事前に提供を受けて外国人登録原票の備考欄に記載された情報がある場合には当該情報に基づき記載する。

(3) 仮住民票に関する事務について（抄）

特別永住者証明書の番号は、外国人登録法第4条第1項第1号に規定する登録番号を記載する（令附則第3条）

(17) 一時庇護許可者である旨、上陸期間

原則として、外国人登録原票に基づき記載する。

なお、上陸期間を経過する年月日（許可期限）を備考として記入することが適当である。

(18) 仮滞在許可者である旨、仮滞在期間

原則として、法務省入国管理局から事前に提供を受けて外国人登録原票の備考欄に記載された情報に基づき記載する。

なお、仮滞在期間を経過する年月日（許可期限）を備考として記入することが適当である。

(19) 出生による経過滞在者である旨

外国人登録原票の「作成年月日・作成事由」欄の記載に基づき記載する。

なお、出生した日から60日を経過する年月日を備考として記入することが適当である。

(20) 国籍喪失による経過滞在者である旨

外国人登録原票の「作成年月日・作成事由」欄の記載に基づき記載する。

なお、国籍を失った日から60日を経過する年月日を備考として記入することが適当である。

(21) 任意事項

法第7条第14号及び令第6条の2の規定により、住民の福祉の増進に資する事項のうち、市町村長が住民に関する事務を管理し及び執行するために必要であると認めるものを住民票に記載することができるとされているので、かかる事務に必要な事項を記載するために、市町村で管理する各種行政分野における記録を基に、次のような事項を記載しておくことが適当である。

ア　国民健康保険の被保険者については、被保険者証の記号及び番号。

イ　国民健康保険の被保険者でない者については、現に加入している他の医療保険制度の名称

ウ　後期高齢者医療の被保険者については、被保険者証の番号

エ　介護保険の被保険者については、被保険者証の番号

オ　国民年金（福祉年金を含む。）の受給者については、その受けている年金の名称

カ　国民年金の被保険者でない者については、現に加入している公的年金の名称

上記の記載方法については、当該欄を設け、略号又は符号（健保国共、地共等の例）により、若しくはあらかじめ略号を印刷しておき該当文字を○で囲む等の例により記載することが適当である。

第5　通知

市町村長は、法附則第3条第1項又は第2項の規定により仮住民票を作成したときは、

187

その作成の対象とされた者に対し、直ちに、その者に係る仮住民票の記載事項を通知しなければならない（法附則第 3 条第 5 項）。
1 　通知の方法については任意であるが、郵送の場合は転送不要の郵便物等の扱いとして送付することが適当である。さらに、申請者本人への到達の確実性を高める観点から、書留郵便等によることも考えられる。
2 　郵送を行う場合、当該通知については、世帯ごとに送付することも差し支えない。仮住民票の記載事項が通知される外国人と同世帯に所属する日本の国籍を有する者について、第 9 － 6 に規定するとおり、施行日に職権でその住民票の記載の修正が行われる見込みであるときには、当該日本の国籍を有する者の住民票について、施行日に世帯情報等が修正されることが見込まれる旨及び当該修正に係る事項を同時に通知することとして、差し支えない。
3 　仮住民票作成の対象者のうち、ドメスティック・バイオレンス及びストーカー行為等の被害者であることを把握しているものについては、個人情報の適切な取扱いの観点から、仮住民票の通知に当たっては慎重に対応するものとする。
4 　通知の返戻があった場合は、第 8 のとおり、必要に応じ調査を行うものとする。

第 6 　仮住民票の消除

市町村長は、基準日後施行日の前日までの間に、仮住民票の作成の対象とされた者が、第 2 － 1 －(1)及び(2)に掲げる要件のいずれかに該当しなくなったときは、その仮住民票を消除しなければならない（令附則第 4 条）。消除の事由は、「外国人登録原票の閉鎖により消除」等の例による。なお、この場合において、改めて本人に対して通知をする必要はない。
1 　当該市町村の外国人登録原票に登録されている者ではなくなった場合
　(1) 帰化・国籍取得、死亡又は出国等、外国人登録法施行令第 6 条に規定する外国人登録原票の閉鎖事由に該当するとき
　(2) 居住地変更登録により外国人登録原票が当該市町村に備えられなくなったとき
2 　施行日において当該市町村の外国人住民に該当する者であると見込まれる者ではなくなった場合
　(1) 法第30条の45の上欄に掲げる者に該当しなくなったとき
　(2) 市町村の区域内に住所を有する者に該当しなくなったとき（1 (2)を除く。）
　　仮住民票の記載事項の通知を郵送の方法により行ったが、宛先不明で当該通知が返戻された場合は、必要に応じ調査を行った上で、居住実態がないと総合的に判断したときには、仮住民票を消除する。

第 7 　仮住民票の記載の修正

市町村長は、基準日後施行日の前日までの間に、仮住民票に記載されている事項に変更があったときは、その仮住民票の記載の修正をしなければならない（令附則第 5 条）。修正の事由は、「外国人登録法に基づく変更登録申請に基づき修正」等の例による。なお、この場合において、改めて本人に対して通知をする必要はない。

(3) 仮住民票に関する事務について（抄）

　上記第5の通知を受けた者から、仮住民票の記載事項の修正についての申し出があった場合には、原則として、外国人登録の変更登録申請や訂正申立等を受け付け、外国人登録原票の変更等を行った上で仮住民票の記載の修正を行うものとする。
　また、施行日までの間に、国民健康保険に加入した等、外国人登録法の登録事項ではない記載事項について変更があった場合は、職権で仮住民票の記載の修正を行う。
　さらに、第8による調査を行ったこと等により、記載された内容が実態とは明らかに異なっている場合には、職権で仮住民票の記載の修正を行うものとする。

第8　調査
　市町村長は、仮住民票の記載、消除又は記載の修正に際し、必要があると認めるときは、仮住民票に記載される事項について調査をすることができる（令附則第6条）。
　市町村の職員が令附則第6条第2項により準用する法第34条の規定に基づく調査を行うに当たって関係人に対して質問をし、又は文書の提示を求めるときは、その身分を示す証明書を携帯し、関係人の請求に応じこれを提示しなければならない。
　参考までに身分証明書の様式例を示せば、おおむね、別紙のとおりである。

第9　その他
1　仮住民票に記載されている事項の安全確保
　　市町村長は、仮住民票に関する事務の処理に当たっては、仮住民票に記載されている事項の漏えい、滅失及びき損の防止その他の仮住民票に記載されている事項の適切な管理のために必要な措置を講じなければならない。
　　市町村長から仮住民票に関する事務の委託を受けた者が受託した業務を行う場合も同様である（令附則第7条）。
2　仮住民票の保管
　(1)　仮住民票の保管
　　　仮住民票は、火災、盗難その他の災害により、亡失、滅失、汚損又は破損することのないように、その庁舎の構造等に即した安全な方法で保管しなければならない。
　(2)　保存
　　　消除された仮住民票は、施行日後は保存しなくても差し支えない。
3　仮住民票の一部の写しの閲覧、写し等の交付
　　仮住民票について一部の写しの閲覧、写し等の交付は、想定していない。
4　ドメスティック・バイオレンス及びストーカー行為等の被害者の保護のための措置
　（略）
5　仮住民票の住民票への移行
　　仮住民票は、施行日において住民票となる（法附則第4条第1項）。その際、外国人住民となった年月日に代えて、施行日を記載する（法附則第6条）。作成の事由として「法附則第4条第1項により作成」と備考欄に記入することが適当である。
　　また、施行日時点で住民票に通称が記載されている場合にあっては、施行日において、通称の記載及び削除に関する事項として、通称を記載した年月日（施行日）及び記載し

た市町村名を記載する。

施行日において、世帯を単位とする住民票を作成している市町村長は、外国人住民と日本の国籍を有する者との複数国籍世帯については、施行日以後世帯を単位とする住民票に外国人住民の記載をするために必要な期間に限り、個人を単位とする外国人住民に係る住民票と世帯を単位とする日本の国籍を有する者に係る住民票を世帯ごとに編成して、住民基本台帳を作成することをもって、世帯を単位とする住民票の作成に代えることができる（法附則第4条第3項）。

6　複数国籍世帯の日本の国籍を有する者に係る住民票の記載の修正

外国人住民と同一の世帯に属する日本の国籍を有する者に係る住民票について、世帯主の氏名及び世帯主との続柄に変更が生じるときは、施行日に職権で記載の修正をしなければならない（法附則第4条第2項）。また、当該住民票の備考欄に事実上の世帯主として外国人住民が記載されている場合は、当該記載を消除するものとする。修正の事由は、「法附則第4条第2項により修正」等の例による。

7　その他移行措置

仮住民票が作成されていないが施行の際現に外国人住民としての要件を満たしている者や、仮住民票の通知後に仮住民票記載事項のうち住所又は世帯主の氏名及び世帯主との続柄に変更があったが仮住民票の記載の修正が行われていない者は、施行日から14日以内に法附則第5条に基づく届出をしなければならない（法附則第5条、規則附則第2条）。当該届出に基づく住民票の記載に際しては、外国人住民となった年月日に代えて、施行日を記載する（法附則第6条）。作成（修正）の事由は、「法附則第5条届出により作成（修正）」と記入する。

なお、当該届出に関し虚偽の届出をした者は、その行為について刑を科すべき場合を除き、5万円以下の過料に処せられることとされている（法附則第10条第1項）ほか、正当な理由がなく同届出をしない者は、5万円以下の過料に処せられることとされている（法附則第10条第2項）。

(4)　出入国管理及び難民認定法及び日本国との平和条約に基づき日本国籍を離脱した者等の出入国管理に関する特例法の一部を改正する等の法律等の施行に伴う不動産登記事務等の取扱いについて（通達）

法務省民二第1417号
平成24年6月6日

法　務　局　長　　殿
地方法務局長　　殿

法務省民事局長

出入国管理及び難民認定法及び日本国との平和条約に基づき日本国籍を離脱した者等の出入国管理に関する特例法の一部を改正する等の法律（平成21年法律第79号。以下「入管

(4) 入管法等改正法等の施行に伴う不動産登記事務等の取扱いについて（通達）

法改正法」という。）、住民基本台帳法の一部を改正する等の法律（平成21年法律第77号。以下「住基法改正法」という。）及び出入国管理及び難民認定法及び日本国との平和条約に基づき日本の国籍を離脱した者等の出入国管理に関する特例法の一部を改正する等の法律の施行に伴う法務省関係省令の整備及び経過措置に関する省令（平成23年法務省令第43号。以下「改正省令」という。）の一部が本年7月9日から施行されるとともに、本日付け法務省民二第1416号当職通達「不動産登記事務取扱手続準則の一部改正について」（以下「改正通達」という。）が本年7月9日から実施されますが、これに伴う不動産登記事務等の取扱いについては、下記の点に留意するよう、貴管下登記官に周知方お取り計らい願います。

なお、この通達において、「入管法」とあるのは入管法改正法による改正後の出入国管理及び難民認定法（昭和26年政令第319号）を、「入管特例法」とあるのは入管法改正法による改正後の日本国との平和条約に基づき日本の国籍を離脱した者等の出入国管理に関する特例法（平成3年法律第71号）を、「住基法」とあるのは住基法改正法による改正後の住民基本台帳法（昭和42年法律第81号）を、「規則」とあるのは改正省令による改正後の不動産登記規則（平成17年法務省令第18号）を、「準則」とあるのは改正通達による改正後の不動産登記事務取扱手続準則（平成17年2月25日付け法務省民二第456号当職通達）をいいます。

記

第1 入管法改正法及び住基法改正法の概要

入管法改正法により、外国人登録法（昭和27年法律第125号）が廃止され、従来の外国人登録証明書及び外国人登録原票に代わるものとして、中長期在留者（入管法第19条の3に規定する中長期在留者をいう。以下同じ。）に対しては在留カードが、特別永住者（入管特例法に定める特別永住者をいう。以下同じ。）に対しては特別永住者証明書が、それぞれ交付されることとされた（入管法第19条の3、入管特例法第7条）。

また、住基法改正法により、中長期在留者及び特別永住者を含む一定の在留資格等を有する外国人住民については、住民票が作成され、その写しが交付されることとされた（住基法第30条の45）。

第2 登記の申請における本人確認情報

1 資格者代理人が提出する本人確認情報
 (1) 不動産登記法（平成16年法律第123号）第23条第4項第1号（他の法令において準用する場合を含む。）の規定により登記官が資格者代理人から提供を受ける本人確認情報が規則第72条第1項第3号（他の法令において準用する場合を含む。）に掲げる事項を明らかにするものである場合において、資格者代理人が申請人について確認をするときの同条第2項第1号（他の法令において準用する場合を含む。）に掲げる方法において提示の対象となるものは、運転免許証、住民基本台帳カード、旅券又は運転経歴証明書のほか、在留カード又は特別永住者証明書とされた（同号（他の法令において準用する場合を含む。））。
 (2) 中長期在留者又は特別永住者が入管法改正法の施行前から所持する外国人登録証明書については、次の期間は、(1)の在留カード又は特別永住者証明書とみなすとされた

（改正省令附則第24条第1項第5号、入管法改正法附則第15条第2項、第28条第2項）。
　ア　外国人登録証明書を在留カードとみなす期間
　　(ｱ)　永住者
　　　　平成27年7月8日まで（平成27年7月9日に満16歳に満たない者にあっては、平成27年7月8日又は16歳の誕生日（当該外国人の誕生日が2月29日であるときは、当該外国人のうるう年以外の年における誕生日は、2月28日であるものともみなす。以下同じ。）のいずれか早い日まで）
　　(ｲ)　入管法別表第1の5の表の上欄の在留資格を決定され、同表の下欄（ニに係る部分を除く。）に掲げる活動を指定された者
　　　　在留期間の満了の日又は(ｱ)に定める日のいずれか早い日まで
　　(ｳ)　(ｱ)及び(ｲ)以外のもの
　　　　在留期間の満了の日まで（（平成27年7月9日に満16歳に満たない者にあっては、在留期間の満了の日又は16歳の誕生日のいずれか早い日まで）
　イ　外国人登録証明書を特別永住者証明書とみなす期間
　　(ｱ)　平成24年7月9日に満16歳に満たない者
　　　　16歳の誕生日まで
　　(ｲ)　平成24年7月9日に16歳以上の者であって、入管法改正法の規定による廃止前の外国人登録法（以下「旧外登法」という。）第4条第1項の規定による登録を受けた日（旧外登法第6条第3項、第6条の2第4項若しくは第7条第3項の規定による確認又は旧外登法第11条第1項若しくは第2項の規定による申請に基づく確認を受けた場合にあっては、最後に確認を受けた日をいう。以下「登録等を受けた日」という。）後の7回目の誕生日が平成27年7月8日までに到来するもの
　　　　平成27年7月8日まで
　　(ｳ)　平成24年7月9日に16歳以上の者であって、登録等を受けた日後の7回目の誕生日が平成27年7月9日以後に到来するもの
　　　　当該誕生日まで
(3)　中長期在留者又は特別永住者以外の外国人に対しては、在留カード又は特別永住者証明書は交付されず（入管法第19条の3、入管特例法第7条）、当該外国人が入管法改正法の施行前から所持する外国人登録証明書は在留カード又は特別永住者証明書とみなされないため、当該外国人については、規則第72条第2項各号に掲げる旅券等の他の書類の提示を求めることになる。
2　登記官による本人確認の際の本人確認情報
(1)　不動産登記法第24条第1項（他の法令において準用する場合を含む。）の規定により登記官による本人確認を行う場合において提供を求める文書その他必要な情報の確認も、1と同様の方法により行うものとする（規則第59条第1項（他の法令において準用する場合を含む。）、準則第33条第3項、別記第51号様式）。
　　したがって、1(2)の期間内において、本人に係る外国人登録証明書を在留カード又

(5) 入管法等改正法及び改正住基法の施行に伴う不動産登記における添付情報の取扱いについて

は特別永住者証明書とみなしたときは、準則第33条第3項の規定により作成する本人確認調書には、在留カード又は特別永住者証明書のいずれとみなしたかの別に応じ、そのみなした在留カード又は特別永住者証明書の番号及び名称を囲むものとする。
(2) 準則第33条第1項第2号に規定する不正登記防止申出があった場合にする当該申出人の本人確認も、1と同様の方法により行うものとする（準則第35条第4項）。

⑸ **出入国管理及び難民認定法及び日本国との平和条約に基づき日本の国籍を離脱した者等の出入国管理に関する特例法の一部を改正する等の法律及び住民基本台帳法の一部を改正する法律の施行に伴う不動産登記における添付情報の取扱いについて**

事　務　連　絡
平成24年6月6日

法務局民事行政部首席登記官（不動産登記担当）殿
地方法務局首席登記官（法人登記担当を除く。）殿

法務省民事局民事第二課　江口補佐官

　出入国管理及び難民認定法及び日本国との平和条約に基づき日本の国籍を離脱した者等の出入国管理に関する特例法の一部を改正する等の法律（平成21年法律第79号。以下「入管法改正法」という。）及び住民基本台帳法の一部を改正する法律（平成21年法律77号。以下「住基法改正法」という。）の一部が本年7月9日から施行されることに伴い、従来の外国人登録証明書及び外国人登録原票に代わるものとして、中長期在留者（入管法改正法による改正後の出入国管理及び難民認定法（昭和26年政令第319号）第19条の3に規定する中長期在留者をいう。以下同じ。）に対しては在留カードが、特別永住者（入管法改正法による改正後の日本国との平和条約に基づき日本の国籍を離脱した者等の出入国管理に関する特例法（平成3年法律71号）に定める特別永住者をいう。以下同じ。）に対しては特別永住者証明書が、それぞれ交付されることとなりました。
　また、住基法改正法による改正後の住民基本台帳法（昭和42年法律第81号）の規定により、中長期在留者及び特別永住者を含む一定の在留資格等を有する外国人住民については、住民票が作成され、その写しが交付されることとされました。
　これらの法改正に伴い、表題部所有者の氏名又は住所についての変更の登記の申請をする場合において申請情報と併せて登記所に提供すべき添付情報となる表題部所有者の氏名又は住所についての変更があったことを証する公務員が職務上作成した情報等、不動産登記の申請等において添付情報となる外国人の氏名又は住所について変更等があったことを証する公務員が職務上作成した情報（不動産登記法（平成16年法律第123号）第26条、不動産登記令（平成16年政令第379号）第7条第6号、別表の12の項等）の取扱いについては、下記のとおりとなりますので、貴管下登記官に周知方お取り計らい願います。

記

193

1 申請人等が中長期在留者又は特別永住者である場合にあっては、住民票の写しの提供を求めるものとする。
　なお、当然のことながら、当該申請人等が住民票の写しに代えて住民票コードを提供したときその他住所を証する情報の提供を要しないとされている場合（不動登記令第9条、不動産登記規則（平成17年法務省令第18号）第36条第4項、第44条第1項）には、住民票の写しの提供を求めることを要しない。
2 申請人等が中長期在留者又は特別永住者以外の外国人である場合にあっては、当該外国人の本国の政府機関等が発行した当該本国における住所の証明書、日本における当該外国人の本国の在外公館が発行した日本の住所の記載がある在留証明書等の提供を求めるものとする。
　なお、当該申請人等が保有する外国人登録証明書については、入管法改正法の施行日（本年7月9日）をもって外国人登録法が廃止されることに伴い、その法律上の根拠を失い、入管法改正法施行日から3月以内に法務大臣に対して返納しなければならないとされているため（入管法改正法附則第34条）、その提供があった場合でも、当該外国人の氏名又は住所について証する公務員が職務上作成した情報の提供があったものとして取り扱うことはできない。

(6) **出入国管理及び難民認定法及び日本国との平和条約に基づき日本の国籍を離脱した者等の出入国管理に関する特例法の一部を改正する等の法律等の施行に伴う戸籍に関する従来の通達の取扱いについて**

（平成24年6月25日付け法務省民一第1550号法務局長、地方法務局宛て法務省民事局長通達）

　出入国管理及び難民認定法及び日本国との平和条約に基づき日本の国籍を離脱した者等の出入国管理に関する特例法の一部を改正する等の法律（平成21年法律第79号。以下「入管法改正法」という。）、住民基本台帳法の一部を改正する法律（平成21年法律第77号。以下「住基法改正法」という。）及び出入国管理及び難民認定法及び日本国との平和条約に基づき日本の国籍を離脱した者等の出入国管理に関する特例法の一部を改正する等の法律の施行に伴う法務省関係省令の整備及び経過措置に関する省令（平成23年法務省令第43号。以下「改正省令」という。）の一部が本年7月9日から施行されることに伴い、従来の外国人登録証明書及び外国人登録原票に代わるものとして、中長期在留者（入管法改正法による改正後の出入国管理及び難民認定法（昭和26年政令第319号。以下「入管法」という。）第19条の3に規定する中長期在留者をいう。以下同じ。）に対しては在留カードが、特別永住者（入管法改正法による改正後の日本国との平和条約に基づき日本の国籍を離脱した者等の出入国管理に関する特例法（平成3年法律第71号。以下「入管特例法」という。）に定める特別永住者をいう。以下同じ。）に対しては特別永住者証明書が、それぞれ交付されることとなりました。

(6) 入管法等改正法等の施行に伴う戸籍に関する従来の通達の取扱いについて

　また、住基法改正法による改正後の住民基本台帳法（昭和42年法律第81号。以下「住基法」という。）の規定により、中長期在留者及び特別永住者を含む一定の在留資格等を有する外国人住民については、住民票が作成され、その写しが交付されることとされました。
　これらの法令改正に伴い、昭和30年2月9日付け法務省民事甲第245号当職通達等を下記のとおり改めますので、これを了知の上、貴管下支局長及び管内市区町村長に周知方取り計らい願います。
　なお、この通達中、「規則」とあるのは、改正省令による改正後の戸籍法施行規則（昭和22年司法省令第94号）をいいます。
　おって、この通達に反する当職通達又は回答は、この通達によって変更し、又は廃止しますので、念のため申し添えます。

記

第1　昭和30年2月9日付け法務省民事甲第245号当職通達の一部改正

　本文中「その身分関係を証する戸籍謄抄本（本国当該官憲発給の身分関係の証明書を含む。）又は本人の登録原票記載事項証明書（発行の日から一月以内のもの）」を「本人の住民票の写し（発行の日から三月以内のもの）並びにその身分関係を証する戸籍謄抄本（本国当該官憲発給の身分関係の証明書を含む。）等」に改め、「追って」以下を削除する。

第2　昭和56年9月14日付け法務省民二第5537号当職通達の一部改正

1　二中「本国法上の文字」を「ローマ字」に改める。
2　二の次に次の二節を加える。
　三　国籍喪失届書における国籍を喪失した者の表記
　　　国籍喪失届書に記載する国籍を喪失した者の氏名は、戸籍に記載されている氏名で表記し、その下に外国人としての氏名をローマ字で付記させなければならない。ただし、届出人が外国人としての氏名をローマ字で付記しないときでも、便宜その届出を受理して差し支えない。
　四　国籍喪失の報告における国籍を喪失した者の表記
　　　官庁又は公署から国籍喪失の報告がされたときは、報告者に対し、国籍を喪失した者の外国人としての氏名をローマ字で表記した資料を添付するよう協力を求めるものとする。ただし、報告者が外国人としての氏名をローマ字で表記した資料を添付しないときでも、便宜その報告を受理して差し支えない。

第3　平成元年10月2日付け法務省民二第3900号当職通達の一部改正

　第8の1⑵中「外国人登録証明書」を「在留カード、特別永住者証明書又は住民票の写し」に改める。

第4　平成5年4月9日付け法務省民二第3319号当職通達の一部改正

　本文中「特別永住者である旨の記載がある外国人登録証明書」を「特別永住者証明書」に、「登録原票記載事項証明書」を「住民票の写し」に改める。

第5　平成20年4月7日付け法務省民一第1000号当職通達の一部改正

1　第1の5⑵ア(ア)①ⅱ中「戸籍の附票の写し、住民票の写し又は外国人登録原票の写

195

し」を「戸籍の附票の写し又は住民票の写し」に改める。
2 第1の5(2)ア(ア)① iii 中「戸籍の附票、住民票又は外国人登録原票」を「戸籍の附票又は住民票」に改める。

第6 経過措置等

1 中長期在留者又は特別永住者が入管法改正法の施行前から所持する外国人登録証明書については、次の期間は、規則第11条の2第1号並びに第3及び第4による改正後の各当職通達にいう在留カード又は特別永住者証明書とみなすとされた（改正省令附則第24条第1項第1号、入管法改正法附則第15条第2項、第28条第2項）。

(1) 外国人登録証明書を在留カードとみなす期間

ア 永住者

平成27年7月8日まで（平成24年7月9日に16歳に満たない者にあっては、平成27年7月8日又は16歳の誕生日（当該外国人の誕生日が2月29日であるときは、当該外国人のうるう年以外の年における誕生日は2月28日であるものとみなす。以下同じ。）のいずれか早い日まで）

イ 入管法別表第1の5の表の上欄の在留資格を決定され、同表の下欄（ニに係る部分を除く。）に掲げる活動を指定された者

在留期間の満了の日又はアに定める日のいずれか早い日まで

ウ ア及びイ以外の者

在留期間の満了の日まで（平成24年7月9日に16歳に満たない者にあっては、在留期間の満了の日又は16歳の誕生日のいずれか早い日まで）

(2) 外国人登録証明書を特別永住者証明書とみなす期間

ア 平成24年7月9日に16歳に満たない者

16歳の誕生日まで

イ 平成24年7月9日に16歳以上の者であって、入管法改正法の規定による廃止前の外国人登録法（以下「旧外国人登録法」という。）第4条第1項の規定による登録を受けた日（旧外国人登録法第6条第3項、第6条の2第4項若しくは第7条第3項の規定による確認又は旧外国人登録法第11条第1項若しくは第2項の規定による申請に基づく確認を受けた場合には、最後に確認を受けた日。以下「登録等を受けた日」という。）後の7回目の誕生日が平成27年7月8日までに到来するもの

平成27年7月8日まで

ウ 平成24年7月9日に16歳以上の者であって、登録等を受けた日後の7回目の誕生日が平成27年7月9日以後に到来するもの

当該誕生日まで

2 中長期在留者及び特別永住者以外の外国人に対しては、在留カード又は特別永住者証明書は交付されず（入管法第19条の3、入管特例法第7条）、当該外国人が入管法改正法の施行前から所持する外国人登録証明書は在留カード又は特別永住者証明書とみなされないため、当該外国人については、規則第11条の2第1号に掲げる旅券等の他の

(7) 入管法等改正法等の施行に伴う供託事務の取扱いについて

書類の提示を求めることになる。

(7) 出入国管理及び難民認定法及び日本国との平和条約に基づき日本の国籍を離脱した者等の出入国管理に関する特例法の一部を改正する等の法律等の施行に伴う供託事務の取扱いについて

(平成24年6月28日付け法務省民商第1597号法務局長、地方法務局長宛て
法務省民事局長通達)

　出入国管理及び難民認定法及び日本国との平和条約に基づき日本の国籍を離脱した者等の出入国管理に関する特例法の一部を改正する等の法律（平成21年法律第79号。以下「入管法改正法」という。）、住民基本台帳法の一部を改正する法律（平成21年法律第77号。以下「住基法改正法」という。）及び出入国管理及び難民認定法及び日本国との平和条約に基づき日本の国籍を離脱した者等の出入国管理に関する特例法の一部を改正する等の法律の施行に伴う法務省関係省令の整備及び経過措置に関する省令（平成23年法務省令第43号。以下「改正省令」という。）の一部が本年7月9日から施行されますが、これに伴う供託事務の取扱いについては、下記の点に留意し、事務処理に遺憾のないよう、貴管下供託官に周知方取り計らい願います。

　なお、この通達中、「入管法」とあるのは入管法改正法による改正後の出入国管理及び難民認定法（昭和26年政令第319号）を、「入管特例法」とあるのは入管法改正法による改正後の日本国との平和条約に基づき日本の国籍を離脱した者等の出入国管理に関する特例法（平成3年法律第71号）を、「住基法」とあるのは住基法改正法による改正後の住民基本台帳法（昭和42年法律第81号）を、「規則」とあるのは改正省令による改正後の供託規則（昭和34年法務省令第2号）をいいます。

記

第1　入管法改正法及び住基法改正法の概要

　入管法改正法第4条の規定により、外国人登録法（昭和27年法律第125号。以下「旧外国人登録法」という。）が廃止され、従来の外国人登録証明書に代わるものとして、中長期在留者（入管法第19条の3に規定する中長期在留者をいう。以下同じ。）に対しては在留カードが、特別永住者（入管特例法に定める特別永住者をいう。以下同じ。）に対しては特別永住者証明書が、それぞれ交付されることとされた（入管法第19条の3、入管特例法第7条）。

　また、外国人住民（住基法第30条の45に規定する外国人住民をいう。以下同じ。）に対しても、住民基本台帳カードが交付されることとされた（住基法第30条の44、第5条、第30条の45）。

第2　供託物払渡請求における事務の取扱い

1　印鑑証明書の添付を省略することができる場合

　改正省令の施行により、以下の各場合には、外国人が供託物の払渡請求をするに当たり、供託物払渡請求書又は委任による代理人の権限を証する書面に押された印鑑につい

197

ての市区町村長の作成した印鑑証明書（記名押印に代えてした署名についての署名（サイン）証明（本国の官公署又は駐日外国公館において、申請者の署名が真正であることを証明する行政証明）を含む。以下同じ。）の添付を省略することができるとされた。
(1) 在留カードを提示した場合
　中長期在留者が供託物の払渡請求をする場合において、その者が提示した在留カードにより、その者が本人であることを確認することができるときは、印鑑証明書の添付を省略することができるとされた（規則第26条第3項第2号）。
(2) 特別永住者証明書を提示した場合
　特別永住者証明書については、住居地の記載がある場合（入管特例法第8条第1項本文）に限り、規則第26条第3項第2号に規定する「その他の官庁又は公署から交付を受けた書類その他これに類するもの（氏名、住所及び生年月日の記載があり、本人の写真が貼付されたものに限る。）」に該当する。
　したがって、特別永住者が供託物の払渡請求をする場合において、その者が住居地の記載がある特別永住者証明書を提示し、それによりその者が本人であることを確認することができるときは、印鑑証明書の添付を省略することができることとなる。
(3) みなし在留カード又はみなし特別永住者証明書を提示した場合
　入管法改正法が施行されることにより旧外国人登録法が廃止されたが、中長期在留者又は特別永住者が入管法改正法の施行前から所持する外国人登録証明書は、入管法改正法の施行後、一定の期間は、在留カード又は特別永住者証明書とみなすとされた（改正省令附則第24条第1項第2号及び第2項、入管法改正法附則第15条第1項及び第2項並びに第28条第1項及び第2項。以下在留カードとみなされる外国人登録証明書を「みなし在留カード」と、特別永住者証明書とみなされる外国人登録証明書を「みなし特別永住者証明書」という。）。
　したがって、外国人が供託物の払渡請求をするに当たり、中長期在留者がみなし在留カードを、特別永住者がみなし特別永住者証明書を提示した場合において、その者が提示したみなし在留カード又はみなし特別永住者証明書により、その者が本人であることを確認することができるときは、上記(1)又は(2)と同様に印鑑証明書の添付を省略することができる。
　なお、外国人登録証明書が在留カード又は特別永住者証明書とみなされるのは、それぞれ次のア又はイの(ｱ)から(ｳ)までに定める期間とされていることに注意する必要がある。
　ア　外国人登録証明書が在留カードとみなされる場合（改正省令附則第24条第2項、入管法改正法附則第15条第2項）
　　(ｱ)　永住者　平成27年7月8日まで（ただし、平成24年7月9日に16歳に満たない者にあっては、平成27年7月8日又は16歳の誕生日（当該外国人の誕生日が2月29日であるときは、当該外国人のうるう年以外の年における誕生日は2月28日であるものとみなす。以下同じ。）のいずれか早い日まで）

(7) 入管法等改正法等の施行に伴う供託事務の取扱いについて

　　　(イ) 入管法別表第１の５の「特定活動」の在留資格の決定をされ、同表の下欄（ニに係る部分を除く。）に掲げる活動を指定された者　在留期間の満了の日又は(ア)に定める日のいずれか早い日まで
　　　(ウ) (ア)及び(イ)以外の者　在留期間の満了の日まで（ただし、平成24年７月９日に16歳に満たない者にあっては、在留期間の満了の日又は16歳の誕生日のいずれか早い日まで）
　　イ　外国人登録証明書が特別永住者証明書とみなされる場合（改正省令附則第24第２項、入管法改正法附則第28条第２項）
　　　(ア) 平成24年７月９日に16歳に満たない者　16歳の誕生日まで
　　　(イ) 平成24年７月９日に16歳以上の者であって、旧外国人登録法第４条第１項の登録を受けた日（旧外国人登録法第６条第３項、第６条の２第４項若しくは第７条第３項の確認又は第11条第１項若しくは第２項の申請に基づく確認を受けた場合には、最後に確認を受けた日。以下「登録等を受けた日」という。）後の７回目の誕生日が平成27年７月８日までに到来するもの　平成27年７月８日まで
　　　(ウ) 平成24年７月９日に16歳以上の者であって、登録等を受けた日後の７回目の誕生日が平成27年７月９日以後に到来するもの　当該誕生日まで
　(4) 住民基本台帳カードを提示した場合
　　住基法改正法の施行により、外国人住民も、住民基本台帳カードの交付を求めることができることとされた（住基法第30条の44、第５条、第30条の45）。
　　したがって、外国人住民が供託物の払渡請求をする場合において、その者が提示した住民基本台帳カード（住民基本台帳法施行規則（平成11年自治省令第35号）別記様式第２に限る。）により、その者が本人であることを確認することができるときは、印鑑証明書の添付を省略することができる（規則第26条第３項第２号）。
２　印鑑証明書の添付を省略することができない場合
　　中長期在留者及び特別永住者並びに中長期在留者及び特別永住者以外の外国人住民を除く外国人に対しては、在留カード、特別永住者証明書又は住民基本台帳カードが交付されず（入管法第19条の３、入管特例法第７条、住基法第30条の44）、中長期在留者及び特別永住者以外の外国人が入管法改正法の施行前から所持する外国人登録証明書は、在留カード又は特別永住者証明書とはみなされない（改正省令附則第24条第１項第２号、入管法改正法附則第15条第１項、附則第28条第１項）。
　　したがって、中長期在留者及び特別永住者以外の外国人であって外国人住民でないものの中には、条例等の制約により印鑑の登録をすることができない者もあるが、そのような外国人に対しては、本国の官公署又は駐日外国公館が発行する署名（サイン）証明の添付を求めることとなる。
３　みなし在留カードとして取り扱うかどうかの判断方法
　　１(3)のとおり、中長期在留者が入管法改正法の施行前から所持する外国人登録証明書は、入管法改正法の施行後、一定の期間は、在留カードとみなされるところ、当該外国

人登録証明書をみなし在留カードとして取り扱うかどうかは、外国人登録証明書（裏面を含む。）の在留資格及び在留期限の記載を確認の上、判断することとなる。
(1) 外国人登録証明書をみなし在留カードとして取り扱うことができるのは、次のアからウまでの場合である。
　ア　当該外国人登録証明書の在留期限の表示が平成24年10月9日以降であるとき。
　イ　当該外国人登録証明書の在留期限の表示が平成24年10月8日以前である場合であって、当該外国人登録証明書の在留資格欄に「興行」、「技能実習」、「家族滞在」、「特定活動」又は「定住者」と表示され、かつ、在留期間が3か月を超えるとき。
　ウ　当該外国人登録証明書の在留期限の表示が平成24年10月8日以前である場合であって、当該外国人登録証明書の在留資格欄に「興行」、「技能実習」、「家族滞在」、「特定活動」若しくは「定住者」又は「短期滞在」以外の資格が表示されているとき。
　　なお、イの在留期間が3か月を超える（在留期間が3か月を超える者は、中長期在留者となる。）かどうかは、旅券の提示を求め、当該旅券に記載されている在留期間によって確認する。旅券に記載されている在留期間によって、提示された外国人登録証明書をみなし在留カードとして取り扱うことができることを確認したときは、平成15年9月18日付け法務省民商第2803号法務省民事局長・法務省大臣官房会計課長通達第2の2に従い、当該旅券の写しを作成し、供託物払渡請求書及びその添付書類とともに保存する。
(2) これに対し、外国人登録証明書をみなし在留カードとして取り扱うことができないのは、次のアからウまでの場合である。
　ア　当該外国人登録証明書の在留期限の表示が平成24年10月8日以前である場合であって、当該外国人登録証明書の在留資格欄に「短期滞在」と表示されているとき。
　イ　当該外国人登録証明書の在留期限の表示が平成24年10月8日以前である場合であって、当該外国人登録証明書の在留資格欄に「興行」、「技能実習」、「家族滞在」、「特定活動」又は「定住者」と表示され、かつ、その在留期間が3か月以内であるとき。
　ウ　当該外国人登録証明書の在留資格欄に「在留の資格なし」と表示されているとき。
　　なお、イの在留期間が3か月以内であるかどうかは、(1)と同様、旅券の提示を求めて確認する。

資料 I

資料Ⅰ

(1) 日本司法書士会連合会の法改正に対する現在までの動き（年表）

（注）　日本司法書士会連合会を「日司連」、日司連「外国人住民票」検討委員会を「検討委員会」と略称する。

年	月	日	事　項
2009 (平21)	7	15	「出入国管理及び難民認定法（「入管法」）及び日本国との平和条約に基づき日本の国籍を離脱した者等の出入国管理に関する特例法（「入管特例法」）の一部を改正する等の法律」（「入管法等改正法」）（平成21年7月15日法律第79号）公布
	7	15	「住民基本台帳法の一部を改正する法律」（「住基法改正法」平成21年7月15日法律第77号）公布
2010 (平22)	6	30	法務省意見募集「在留カード」「特別永住者証明書」の仕様について」のパブコメ、同年8月31日結果の公表
	10	18	総務省意見募集「住基法施行令の一部を改正する政令案」及び「住基法施行規則の一部を改正する省令案について」のパブコメ、平成23年1月11日結果の公表
	12	27	「住基法施行令の一部を改正する政令」（平成22年12月27日公布政令第253号）、「住基法施行規則の一部を改正する省令」制定（平成22年12月27日公布総務省令第113号）
2011 (平23)	6	23	（～24）日司連第74回定時総会で、議案「(仮称)「外国人住民票検討委員会」を早急に設置する件」可決
	8	5	第1回「外国人住民票」検討委員会（検討委員会）（日司連会館）
	8	26	検討委員会第1回ワークショップ開催「渉外事務－日本の官公署発行の書面を手掛かりにして」（大阪司法書士会）
	8	27	第2回検討委員会（大阪司法書士会）
	9	16	検討委員会第2回ワークショップ開催「渉外事務－日本の官公署発行の書面を手掛かりにして」（京都司法書士会）
	9	17	第3回検討委員会（京都司法書士会）
	10	7	検討委員会第3回ワークショップ開催「渉外事務－日本の官公署発行の書面を手掛かりにして」（愛知県司法書士会）
	10	8	第4回検討委員会（愛知県司法書士会）
	10	27	法務省意見募集「入管法等改正法の施行に伴う関係政令の整備及び経過措置を定める政令案について」のパブコメ、同年12月26日意見結果を公表
	10	28	（～29）第5回検討委員会（愛知県司法書士会）
	11	11	（～12）第6回検討委員会（日司連）
	11	19	総務省意見募集「住基法施行令の一部を改正する政令の一部を改正する政令案」および「住基法施行規則の一部を改正する省令の一部を改正する省令案」のパブコメ、平成24年1月21日意見結果を公表
	12	2	（～3）第7回検討委員会（日司連）

(1) 日本司法書士会連合会の法改正に対する現在までの動き（年表）

年	月	日	事　項
2011 (平23)	12	11	検討委員会、日司連に、11月19日付け総務省意見募集に応える「意見書」原案提出
	12	16	日司連、総務省自治行政局外国人住民票基本台帳室に11月19日付け総務省意見募集に応えて「意見書」を提出
	12	17	第8回検討委員会（京都司法書士会館）
	12	26	入管法関連政省令の制定 (1)「入管法等改正法の施行期日を定める政令」（平成23年12月26日政令第419号） (2)「入管特例法施行令」（平成23年12月26日政令第420号） (3)「入管法等改正法の施行に伴う関係政令の整備及び経過措置に関する政令」（平成23年12月26日政令第421号） (4)「入管法等改正法の施行に伴う法務省関係省令の整備及び経過措置に関する省令」（平成23年12月26日法務省令第43号） (5)「入管特例法施行規則」（平成23年12月26日法務省令第44号） (6)「在留カード等に係る漢字氏名の表記等に関する告示」（平成23年12月26日法務省告示第582号）
2012 (平24)	1	20	住基法関連政省令の制定 (1)「住基法改正法の施行期日を定める政令」（平成24年1月20日政令第3号） (2)「住基法施行令の一部を改正する政令の一部を改正する政令」（平成24年1月20日政令第4号） (3)「住基法施行規則の一部を改正する省令の一部を改正する省令」（平成24年1月20日総務省令第4号）
	1	20	総務省自治行政局「印鑑の登録及び証明に関する事務の一部改正について」（印鑑登録証明事務処理要領）（平成24年1月20日総行住第8号）発出
	1	27	第9回検討委員会（日司連）
	2	10	住基法関連通達発出 (1)総務省自治行政局長通知「住民基本台帳事務処理要領の一部改正について」（平成24年2月10日総行住第17号） (2)総務省自治行政局長通知「仮住民票に関する事務について」（平成24年2月10日総行住第19号）
	4	22	法務省意見募集「出入国管理及び難民認定法施行令の改正等について」のパブコメ（在留カード、特別永住者証明書発行の手数料、所属機関等に関する届出・所属機関による届出についての郵送手続、法務省・総務省間の通知の方法など）、同年6月15日意見結果を公表
	5	7	「仮住民票」作成の「基準日」　市町村長は作成後「直ちに」施行日に「外国人住民票」対象者になると思われる者へ通知
	5	17	日司連、検討委員会編『外国人住民票の創設と渉外家族法実務』（民事法研究会）を発刊
	5		法務省平成24年5月「外国人登録に係る開示請求について」発出
	5	24	内閣総理大臣決裁「外国人との共生社会」実現検討会議（議長：中川内閣府特命担当大臣）設置

資料Ⅰ

年	月	日	事　項
2012 (平24)	5	25	法務省「外国人登録法廃止後の外国人登録原票の開示請求に関するお知らせ」(法務省HP：http://www.moj.go.jp/hisho/bunsho/hisho02_00016.html（2012年5月28日確認）)
	5	25	検討委員会、外国人上位100自治体に「外国人に係る住民票に関するアンケートの実施について」作成、日司連に提出
	5	31	日司連、「職務上請求書の様式の変更等について（お知らせとお願い）」発出
	6	6	不動産登記法関連の通達発出 (1)「不動産登記事務取扱手続準則の一部改正について」(平成24年6月6日民二第1416号法務省民事局長通達) (2)「入管法等改正法及び住基法改正法の施行に伴う不動産登記における添付情報の取扱いについて」(平成24年6月6日民二第1417号法務省民事局長通達) (3)「入管法等改正法及び住基法改正法の施行に伴う不動産登記の事務等の取扱いについて」(平成24年6月6日法務省民事第二課長事務連絡)
	6	8	東京法務局後見登記課、「成年後見登記に係る外国人の方の住所変更の登記の申請に添付する登記の事由を証する書面について」(東京法務局HP：http://houmukyoku.moj.go.jp/tokyo/frame.html（2012年6月11日確認）)
	6	15	入管法関連・住基法関連政省令等の制定 (1)「入管法等改正法の施行に伴う関係政令の整備及び経過措置に関する政令の一部を改正する政令」(平成24年5月15日政令第164号) (2)「入管特例法施行令の一部を改正する政令」(平成24年6月15日政令第163号) (3)「入管法等改正法の施行に伴う法務省関係政令の整備及び経過措置に関する省令の一部を改正する政令」(平成24年6月15日法務省令第26号) (4)「住基法施行令第30条の31及び入管法施行令第6条第3項等に規定する通知の方法を定める省令」(平成24年6月15日総務省・法務省令第1号) (5)「入管法施行令第2条等に規定する伝達の方法等を定める省令」(平成24年6月15日法務省令第25号) (6)住基法施行令第30条の31及び入管法施行令第6条第3項等に規定する通知の方法を定める省令（平成24年総務省・法務省令第1号） (7)入管法施行令第2条等に規定する伝達の方法等を定める省令（平成24年法務省令第25号）
	6	21	「司法書士法施行規則及び土地家屋調査士法施行規則の一部を改正する省令」の制定（平成24年6月21日法務省令第27号）
	6	23	第10回検討委員会（大阪会館） 「仮住民票」集計結果の報告
	6	23	検討委員会の公開報告会「知らないではすまされない外国人住民票」(近司連主催、大阪会館、480名参加)
	6	25	「出入国管理及び難民認定法及び日本国との平和条約に基づき日本の国

204

(1) 日本司法書士会連合会の法改正に対する現在までの動き（年表）

年	月	日	事　項
2012 (平24)			籍を離脱した者等の出入国管理に関する特例法の一部を改正する等の法律等の施行に伴う戸籍に関する従来の通達の取扱いについて」（法務省民一第1550号民事局長通達）発出
	6	25	「戸籍届書の標準様式の一部改正について」（法務省民一第1551号民事局長通達）発出
	6	27	日司連、外国人登録上位100自治体に「外国人に係る住民票に関するアンケートの実施について（お願い）」発送（締切7月5日）
	6	28	「出入国管理及び難民認定法及び日本国との平和条約に基づき日本の国籍を離脱した者等の出入国管理に関する特例法の一部を改正する等の法律等の施行に伴う供託事務の取扱いについて」（法務省民商第1597号民事局長通達）発出
	6	28	（～29）日司連第75回定時総会で、「外国人登録制度廃止及び外国人住民票制度創設に伴う連合会会則一部改正案」可決（会則37条1項1号・3項・38条2項2号・3号・43条2項2号）（施行日は入管法等改正法施行日（7月9日））
	6	28	検討委員会、全国都道府県知事宛、「外国人登録法廃止後の登録原票データの一部保有と開示について（要望）」を作成、日司連に提出
	6	28	法務省入国管理局「死亡した外国人に係る外国人登録原票の写しの交付請求について」（法務省入国管理局HPhttp://www.immi-moj.go.jp/info/120628_01.html（2012年7月4日確認）
	7	4	日司連、全国都道府県知事宛て「外国人登録法廃止後の登録原票データの一部保有と開示について（要望）」を発送
	7	5	日司連、各単位会会長宛、「外国人登録法の廃止及び外国人住民に係る住民基本台帳制度の創設にともなう留意事項について（お知らせとお願い）」発出
	7	9	「入管法等改正法」（平成21年7月15日法律第79号）、「住基法改正法」（平成21年7月15日法律第77号）施行 ・外国人登録法の廃止、「在留カード」「特別永住者証明書」作成、「外国人住民票」発行 ・市町村長から「登録原票」を「施行日以後、速やかに、法務大臣に送付しなければならない」（入管法等改正法附則33条） ・日司連、各単位会会長宛「入管法等改正法及び改正住基法の施行に伴う日本に在留する外国人の本人確認等を行う際の留意事項について（お知らせ）」発出
	7	26	検討委員会、「外国人登録法廃止後の在留外国人の住所・氏名変更登記の取扱いについて（照会）」を作成、日司連に提出
	8	1	外国人集住都市会議「新たな在留管理制度及び外国人住民に係る住民基本台帳制度に関する緊急提言書」を公表
	8	3	第11回検討委員会開催（日司連）
	8	8	日司連、「外国人登録法廃止後の在留外国人の住所・氏名変更登記の取扱いについて（照会）」を法務省民事局に手渡し面談
	8	11	法務省HP「個人情報」「出入（帰）国記録に係る開示請求について」（変

205

資料Ⅰ

年	月	日	事　項
2012 (平24)			更）(http://www.moj.go.jp/hisho/bunsho/hisho02_00006.html（2012年8月11日確認)) 法務省HP「個人情報」「外国人登録原票に係る開示請求について」(http://www.moj.go.jp/hisho/bunsho/hisho02_00016.html（2012年8月11日確認))
	8	27	第5回「外国人との共生社会」実現検討会議、「中間的整理」をまとめる
	9	14	日司連、「外国人登録法廃止後の在留外国人の住所・氏名変更登記の取扱いについて」で法務省民事局第二課と面談
	9	18	第1回法務省入国管理局との連絡会（法務省入国管理局） 検討委員会、「『住民基本台帳法』の『外国人住民に係る住民票』関連の質問」を入国管理局に提出
	9	21	第12回検討委員会開催（日司連）
	9	21	検討委員会、司法書士3名から「今後の在留外国人の身分登録に関する意見」を聞く
	10	12	第13回検討委員会（大阪司法書士会館）
	10	12	検討委員会、司法書士3名から「今後の在留外国人の身分登録に関する意見」を聞く
	10	19	入国管理局HP「外国人登録原票を必要とされる方へ」（10月19日付け）(http://www.immi-moj.go.jp/info121019_01.html（2012年10月19日　確認))
	10	30	「入管法等改正法等の法律の施行に伴う法務省関係省令の整備及び経過措置に関する省令の一部を改正する省令」公布（平成24年10月30日法務省令第40号）（出頭要件の緩和等）
	11	12	外国人集住都市会議東京2012（砂防会館）開催、「三重・滋賀・岡山ブロック研究報告・提言資料」「5 改正入管法・住基法の施行を基盤とする入管政策と多文化政策の連携」を公表
	11	21	第2回法務省入国管理局との連絡会（法務省入国管理局）
	11	30	(〜12・1) 第14回検討委員会（日司連）
	12	21	日司連、「外国人登録法廃止後の在留外国人の住所・氏名変更登記の取扱いについて」で、法務省民事局第二課と面談
2013年 (平25)	1	14	検討委員会、法務省入国管理局に『住民基本台帳法』の『外国人住民に係る住民票』関連の質問」の補充質問を提出
	1	23	検討委員会、浜松市（外国人集住都市会議参加都市）企画調整部国際課を訪問、続いて「浜松市多文化共生センター、ワンストップサービス」を訪問
	2	1	(〜2) 第15回検討委員会（愛知県司法書士会館）
	2	8	検討委員会、法務省入国管理局に『住民基本台帳法』の『外国人住民に係る住民票』関連の質問」の補充質問（補足質問）を提出
	2	19	第3回法務省入国管理局との連絡会（法務省入国管理局）
	2	末	検討委員会、全国の司法書士に「在留外国人に係る登記申請手続に関するアンケート」の実施（締切同年3月15日）

206

(2) 日本司法書士会連合会意見書（平成23年12月16日付総務省自治行政局外国人住民基本台帳室宛て）

年	月	日	事　項
2013年 (平25)	3	5	検討委員会、法務省入国管理局長宛て提言書（柱書き案）を、日司連に提出
	3	16	第16回検討委員会（京都司法書士会館）
	3	18	検討委員会、法務省入国管理局長宛て「外国人住民に係る渉外民事実務の課題について（提言）」を、日司連に提出
	3	26	検討委員会、総務省自治行政局外国人住民基本台帳室宛て「『住民基本台帳法』の『外国人に係る住民票』関連についての質問書」、法務省民事局宛て「『入管法等改正法』及び『住基法改正法』の施行に伴う渉外民事実務に関連する質問書」、を日司連に提出
	3	26	日司連、法務省入国管理局を訪問して「外国人住民に係る渉外民事実務の課題について（提言）」を高宅茂入国管理局長に手渡す

(2) 日本司法書士会連合会意見書（平成23年（2011年）12月16日付総務省自治行政局外国人住民基本台帳室宛て）

「住民基本台帳法施行令の一部を改正する政令の一部を改正する政令案」及び「住民基本台帳法施行規則の一部を改正する省令の一部を改正する省令案」に関し、以下のとおり意見を提出します。

　外国人住民票は、第一義的には在留外国人が日本における市民生活を円滑に過ごすための機能を有しなければならない。それにより外国人住民票は在留外国人住民の「利便性」に資することになる。
　その観点に立って次の諸点につき意見を述べる。

> 1　外国人登録法第4条1項の「外国人登録原票」（以下、「登録原票」という）の記載事項である①「国籍の属する国における住所又は居所」（以下、「国籍国の住所又は居所」という）（7号）、②「出生地」（8号）、③「申請に係る外国人が世帯主である場合には、世帯を構成する者（当該世帯主を除く。）の氏名、出生の年月日、国籍及び世帯主との続柄」（18号）「本邦にある父母及び配偶者（申請に係る外国人が世帯主である場合には、その世帯を構成する者である父母及び配偶者を除く。）の氏名、出生の年月日及び国籍」（19号）（以下、18号と19号を合わせて、「家族事項」という）を、外国人住民票の記載事項とすべきである。

　その理由は、下記の通りである。
① 「国籍国の住所又は居所」は、本国に備置又は記録される身分登録簿にアクセスする機能を有している。
　　外国人の身分登録簿は本国に備置されるのが原則である。それら身分登録簿にアクセスするには「氏名」「生年月日」「男女の別」「国籍」の指標だけでは不可能であり、備置

207

資料 I

されている本国の場所的指標が必要である。特に在留外国人の多くを占める「中国」人や「韓国・朝鮮」人（「中国」687,156人、「韓国・朝鮮」565,989人）の身分登録記録簿といえる「戸口簿」「戸籍」「家族関係登録簿」が備置されている場所は渉外的家族関係の把握には必須の事項である。

② 「国籍国の住所又は居所」や「出生地」は、本国法決定の際の一つの指標である。

　日本の渉外的法律関係を規律する「法の適用に関する通則法」（以下、「法適用通則法」という）では、渉外的家族関係の準拠法は原則的に「本国法」を採用しているが、在留外国人の多くを占める「中国」人や「韓国・朝鮮」人の本国となる国家は国際私法上「分裂国家」といわれる。そこで、「中国」人や「韓国・朝鮮」人の本国法がいずれになるのか（「中国」人であれば「中華人民共和国」法か「中華民国」法かであり、「韓国・朝鮮」人であれば「大韓民国」法か「朝鮮民主主義人民共和国」法か）を決定する「密接関係地法」（法適用通則法38条1項後段、同条3項の「密接関係地法」）の一つの判断材料になる。

　また、アメリカ合衆国などの様に本国が複数の法域である地域的不統一法国の本国法決定をする際に「規則」がないときの「密接関係地法」（法適用通則法38条3項）を決定する際の一つの判断材料になる。

③ 「出生地」は、出生届等を取り寄せる指標である。

　在留外国人は本国に居住していないので、身分変動事項（婚姻・離婚・養子縁組・離縁等）が自動的に本国に備置される身分登録簿に直接反映されることはない。一定のタイムラグが生じることが通例である。また、国によっては本国の一定の場所に身分変動事項を連続的に記録し備置する方法を採用していない国も少なくない。その際に出生届等により、親子関係の成立の有無を確かめることは貴重な情報になる。日本国内か国外かを問わず「出生地」の情報は欠くべからざるものである。

④ 「家族事項」は、家族関係を推認させる情報である。

　在留外国人は本国に居住していないので、身分変動事項（婚姻・離婚・養子縁組・離縁等）が自動的に本国に備置される身分登録簿に直接反映されることはない。一定のタイムラグが生じることが通例である。また、国によっては本国の一定の場所に身分変動事項を連続的に記録し備置する方法を採用していない国も少なくない。その場合に、世帯主である場合は「世帯を構成する者の氏名、出生の年月日、国籍及び世帯主との続柄」、日本にいる「父母及び配偶者の氏名、出生の年月日及び国籍」は家族関係を推認させる貴重な情報である。

　そこで、外国人住民票に限って住基法7条14号の「政令で定める事項」に「国籍国の住所又は居所」「出生地」「家族事項」を加えることとし、標記の住基令案30条の25に加えるべきである。

---

2 「国籍国の住所又は居所」「出生地」「家族事項」は「仮住民票」作成時に「登録原票」から移記すべきである。

(2) 日本司法書士会連合会意見書（平成23年12月16日付総務省自治行政局外国人住民基本台帳室宛て）

1で述べたように、上記事項は外国人住民票の記載事項とすべきなので、登録原票によって仮住民票を作成するときはそれらを移記するとともに、当事者に通知するものとする（改正住基法附則3条5項）。

> 3 氏名欄の「氏名」の文字はローマ字（アルファベット）で表記し、本人の希望があれば「本国文字」表記、「漢字」表記、「本国文字・漢字のカタカナ読み」表記を併記する。

外国人住民票の氏名の表記は、在留カード等（特別永住者証明書含む）の氏名に倣うとされているからか、標記の意見募集では触れられていない。
一方、入管法規則案（2011.10.27意見募集案）19条の6第1項、入管特例法規則案（2011.10.27意見募集案）4条では、「ローマ字により表記する」とされている。
本来、在留カード等や外国人住民票の氏名は、本国文字による表記が原則であろう。その理由とは、①氏名権は人格権の一種であり、氏名は国籍を問わず人のアイデンティティ保持の重要な要素であること、②渉外的氏名の準拠法は人格権の問題として本国法とすべき見解が大勢であり、日本の戸籍実務も本国法を準拠法としていること、③氏名が本国文字で表記されることにより、国籍国の身分登録簿にアクセスする際の指標になること、④氏名の本国文字の表記は、旅券でその表記確認が容易であること、からである。しかしながら、入国管理局の在留カード等作成の事務や市町村窓口の事務手続を考慮すれば、ローマ字（アルファベット）による表記に統一せざるを得ないであろう。
ただし、本人の希望があれば、「本国文字」「漢字」「本国文字・漢字のカタカナ読み」を氏名欄に併記すべきである。本国文字を併記すべき理由は、上記①②③④の理由による。また、漢字・本国文字の「カタカナ読み」併記の必要性は、外国人の氏名は日本の各種公簿（戸籍、登記、登録など）には漢字やカタカナだけで表記されるので、各種公簿と照合して識別・同定が容易であることが、その理由である。ちなみに、この場合の「本国文字」とは、「中国」人であれば「簡体字」（繁体字）であり、「韓国・朝鮮」人であれば、ハングル文字であり、「ブラジル」人であれば、ポルトガル語文字である。
なお、入管法規則案（2011.10.27意見募集案）19条の7、入管特例法規則案（2011.10.27意見募集案）5条では、「申出があったときは」漢字氏名を表記できるとあるが、この場合の「漢字」は「中国」人であれば「簡体字」（繁体字）を含むとすべきである。

> 4 本人の希望があれば、氏名欄に通称名を併記すべきである。

標記の意見募集で示されている住基法施行令案30条の26では、住基法7条14号の「政令で定める事項」に「通称」と「通称の記載と削除に関する事」を加えること、通称とは「氏名以外の呼称であって、国内における社会生活上通用していることその他の事由により居住関係の公証のため住民票に記載することが必要であると認められるもの」であり、

209

資料 I

　外国人住民票に通称の記載を求めるものは申出書を提出しその記載が必要であることを証する資料を提示しなければならないこと、また転出証明書を添付して転入届があり転出証明書に通称が記載されていたときなどは市町村長は通称を外国人住民票に記載しなければならないこと、通称を記載したときは通称を記載した市町村名および年月日を記載しなければならないこと、などが示されている。

　また、住基法施行規則案45条では、通称の申出書には「氏名、住所並びに住民票コード又は出生の年月日及び男女の別」と「記載されるべき呼称が国内における社会生活上通用していることその他の居住関係の公証のために住民票に記載されることが必要であると認められる事由の説明」を求めている。

　通称名の使用は、歴史的な要因と日本社会の偏見などにより「韓国・朝鮮」人「中国」人に加えて日系二世・三世に許容されて来たところである。そこで、日本の各種公簿（登記、登録など）で一般化していることや外国人の識別・同定にも欠かせないので、本人の希望を前提に通称名の氏名欄への併記は賛成である。

　その場合に、婚姻・離婚や養子縁組・離縁などにより、配偶者や親の通称名を使用することは当然に許容すべきであるが、その他の理由による通称名の使用は厳格に対処すべきである。

> 5　「登録原票」の氏名欄に記載されている事項は、すべて「登録原票」から「仮住民票」に移記し、本人に通知した上で、法施行後に当事者の申出により変更すべきである。

　現行の「登録原票」では、原則として、漢字圏の者の氏名欄は漢字表記で行い、それ以外の者はローマ字（英字）で表記される。また、通称名も併記されている。それらはすでに在留外国人の社会生活の営みに欠かせない。本人の識別・同定にも必要不可欠である。そこで、「登録原票」の「氏名」欄に表記されているすべての事項は、「基準日」（住基法附則3条1項）に「仮住民票」にすべて移記し、本人に通知すべきである（同法附則3条5項）。その上で、法施行後に本人の希望や申出を踏まえて対処すべきである。

> 6　「仮住民票」の「転入をした年月日」「前住所」欄を空欄とする運用は撤回し、「登録原票」に記載されている「前居住地」とその変更年月日を移記し、法施行時の「外国人住民票」に記載すべきである。

　現在、「仮住民票」の「転入をした年月日」「前住所」欄を空欄とする運用が検討されているようである。しかし、在留外国人が社会生活を営む上で住所の履歴は欠かせないばかりか、「登録原票」の所在地でもあった「前住所」の記録はそれら記録を辿る際にも重要な手掛かりとなる。「登録原票」の「居住地」が「住所」の概念と異なるとか、「住基法」施行により「住所」が決定されたとの見解は、在留外国人の生活実態とはかけ離れた議論で

210

(2) 日本司法書士会連合会意見書（平成23年12月16日付総務省自治行政局外国人住民基本台帳室宛て）

ある。空欄とする運用は撤回し、「登録原票」に記載されている「前居住地」とその変更年月日を移記し、法施行時の「外国人住民票」に記載すべきである。

> 7 消除又は改製された「外国人住民票」の保存期間は、消除又は改製された日から80年以上とすべきである。

　現行の住基令34条では、消除又は改製された住民票の保存期間は5年間となっている。
　1で述べたように、在留外国人の身分関係が本国の身分登録簿に直ちに反映されることがないばかりか、氏名欄に記載される通称名や住所の変遷などは本国の身分登録簿の記載事項ではない。「外国人住民票」のそれらの記載が外国人の識別や同定を証する唯一の記録になるといっても過言ではない。今日の長寿高齢化社会の到来は、在留外国人とて同様である。そこで、住基令34条2項の「在外者等」の保存期間の80年に準じて保存期間を80年以上とすべきである。

> 8 法務省に送付された「登録原票」の保存期間を150年とすべきである。

　外国人登録法は法施行時に入管法等改正法4条で廃止され、「市町村の長は、施行日の前日において市町村の事務所に備えている登録原票を施行日以後速やかに、法務大臣に送付しなければならない」（同法附則33条）。登録原票にあった膨大な在留外国人の記録は法務省で保管されることになる。法施行後は「行政機関の保有する個人情報の保護に関する法律」（平成15年法律第58号）12条で定める開示手続によってそれら情報を取得することになる。
　法務省に送付された「登録原票」の保存期間は30年といわれるが、「登録原票」が在留外国人の身分情報や住所・氏名の履歴等を記録する重要な帳簿であるとの認識の下に、戸籍法規則5条4項の150年保存（平成22年法務省令第22号）に準じて、保存期間を150年とすべきである。

> 9 「外国人住民票」の記載事項の開示については、記載事項を再度精査して原則非開示とすべき事項を明定すべきである。

　「外国人住民票」の記載事項には、在留資格・在留期間や在留カード等（特別永住者証明書を含む）の番号、それと上記1で述べた「国籍国の住所又は居所」「出生地」「家族事項」は在留外国人の私的な身分情報である。そこで、上に述べた事項に限るかも含めて、どの記載事項を原則非開示とするか、非開示とした場合に本人の許諾がある場合に限るか、また、記載事項によっては、現行のとおり弁護士や簡裁訴訟等代理権を有する司法書士等に限るのかなど、その方策を再度精査する必要がある。

211

資料 I

(3) 外国人登録者総数上位100自治体宛て「外国人に係る住民票に関するアンケート」の実施(2012年6月27日)とその結果(抄)

1 「外国人に係る住民票に関するアンケート」(質問文)

日司連発第450号
平成24年(2012年)6月27日

地方公共団体
外国人登録係 各位

日本司法書士会連合会
会長 細 田 長 司
(公印省略)

外国人に係る住民票に関するアンケートの実施について(お願い)

時下ますますご清祥のこととお慶び申し上げます。

平素より、当連合会の諸活動に格別のご高配を賜り、厚く御礼申し上げます。

さて、本年7月9日施行予定の住民基本台帳法の改正により、わが国に在留する中長期在留者、特別永住者等(以下、「中長期在留者等」という。)に対し同法が適用されることになり、中長期在留者等について住民票が作成されることになります。また、同日をもって外国人登録法が廃止になり、同法に基づく外国人登録原票記載事項証明書の交付がなされなくなります。

司法書士は、在留外国人の相続登記、登記名義人住所・氏名変更登記等についてこれまで、外国人登録原票記載事項証明書の「国籍国における住所又は居所」・「出生地」・「家族事項」・「備考欄」における住所・氏名の変更履歴等の記載事項により、本人の同定・登記原因の確認をしているところであります。

そこで、当連合会では、各地方公共団体における外国人登録原票記載事項証明書に基づく情報の取扱いの実態を把握し、今後の方策の検討の資料とするため、各地方公共団体を対象に、標記調査を実施することといたしました。

つきましては、地方公共団体各位におかれましては、中長期在留者等のニーズに応えるべく工夫をされていると思われますところ、司法書士が在留外国人の権利の擁護に十全を期すため、別紙のアンケートにご協力いただきますようお願いする次第であります。

なお、お忙しい中恐縮ではありますが、回答は平成24年7月5日(木)までに当連合会事務局あてFAX(03-3359-4175)にて返信いただければご幸甚に存じます。

また、貴庁の個人情報保護に関する条例を併せてご提供いただきたく、よろしくお願い申し上げます。

ご回答いただいた情報は集計のうえ、統計データとして利用いたします。なお、誠に勝手ながら、集計結果について貴庁に対し報告はいたしませんのであらかじめご了承ください。

(3) 外国人登録者総数上位100自治体宛て「外国人に係る住民票に関するアンケート」の実施（2012年6月27日）とその結果（抄）

外国人に係る住民票に関するアンケート

【1】 貴庁の行政区域に居住する外国人の概数をお教えください。

人（平成　　年　　月　　日現在）

【2】 貴庁では、中長期在留者等の「国籍の属する国における住所又は居所」を別にデータとして保存されますか。

□はい □いいえ	＜理由＞

【3】貴庁では、中長期在留者等の「出生地」を別にデータとして保存されますか。

□はい □いいえ	＜理由＞

【4】貴庁では、中長期在留者等の「本邦にある父母及び配偶者（世帯を構成する者を除く。）の氏名、出生の年月日及び国籍」を別にデータとして保存されますか。

□はい □いいえ	＜理由＞

【5】貴庁では、中長期在留者等の登録時からの「氏名の履歴」を別にデータとして保存されますか。

□はい □いいえ	＜理由＞

【6】貴庁では、中長期在留者等の登録時からの「通称名の履歴」を別にデータとして保存されますか。

□はい □いいえ	＜理由＞

【7】貴庁では、中長期在留者等の登録時からの「居住地の履歴」を別にデータとして保存されますか。

213

資料Ⅰ

☐はい ☐いいえ	<理由>

【8】貴庁では、質問事項2～7のデータを本年7月9日から情報開示されますか。

☐はい ☐いいえ	<理由>

【9】この度の外国人に係る住民票についてご意見があれば下記に記載してください。

ご協力ありがとうございました。

(回答庁)　　　　都道府県　　　　市　　　区　　　町

(担当)　　　　　課　氏名　　　　　TEL　　　　　Fax

2　「外国人に係る住民票に関するアンケート」（集計、回答数49）

1	2		3	
貴庁の行政区域に居住する外国人の概数をお教えください。	貴庁では、中長期在留者等の「国籍の属する国における住所又は居所」を別にデータとして保存されますか		貴庁では、中長期在留者等の「出生地」を別にデータとして保存されますか。	
（略）	はい	7	はい	7
	いいえ	41	いいえ	40

(3) 外国人登録者総数上位100自治体宛て「外国人に係る住民票に関するアンケート」の実施（2012年6月27日）とその結果（抄）

4		5		6	
貴庁では、中長期在留者等の「本邦にある父母及び配偶者（世帯を構成する者を除く。）の氏名、出生の年月日及び国籍」を別にデータとして保存されますか。		貴庁では、中長期在留者等の登録時からの「氏名の履歴」を別にデータとして保存されますか。		貴庁では、中長期在留者等の登録時からの「通称名の履歴」を別にデータとして保存されますか。	
はい	6	はい	7	はい	8
いいえ	41	いいえ	39	いいえ	38

7		8		9	
貴庁では、中長期在留者等の登録時からの「居住地の履歴」を別にデータとして保存されますか。		貴庁では、質問事項2〜7のデータを本年7月9日から情報開示されますか。		この度の外国人に係る住民票についてご意見があれば下記に記載してください。	
はい	6	はい	7		
いいえ	40	いいえ	40		

3　アンケート(2)(3)(4)(5)(6)(7)(8)で「データを保存する」と回答した自治体の理由、アンケート(9)の外国人住民票についての意見

（質問2）　貴庁では、中長期在留者等の「国籍の属する国における住所又は居所」を別にデータとして保存されますか。
・問5以下に付随するものとして、データ削除までの間に限り保存する
・外国人登録のデータを○○市の行政文書として保存するため
・市の業務上必要であるため
・当分の間、外国人住民票の記載内容確認のため、外国人登録データをそのまま保存
・各種行政サービスを提供する上での資料として必要なため
・仮住民票作成のためのデータとして外国人登録原票の内容を使用しているため、今後の住民記録事務の基礎データとして外国人登録システムを保存している。同じシステムの中で一部保存し、一部削除するのが難しいため全体を保存している
・住民票作成の元データとしてコピーを保存する

（質問3）　貴庁では、中長期在留者等の「出生地」を別にデータとして保存されますか。
・問5以下に付随するものとして、データ削除までの間に限り保存する
・外国人登録のデータを○○市の行政文書として保存するため
・市の業務上必要であるため
・当分の間、外国人住民票の記載内容確認のため、外国人登録データをそのまま保存

資料 I

- ・各種行政サービスを提供する上での資料として必要なため
- ・仮住民票作成のためのデータとして外国人登録原票の内容を使用しているため、今後の住民記録事務の基礎データとして外国人登録システムを保存している。同じシステムの中で一部保存し、一部削除するのが難しいため全体を保存している
- ・住民票作成の元データとしてコピーを保存する

（質問 4） 貴庁では、中長期在留者等の「本邦にある父母及び配偶者（世帯を構成する者を除く。）の氏名、出生の年月日及び国籍」を別にデータとして保存されますか。

- ・外国人登録のデータを○○市の行政文書として保存するため
- ・市の業務上必要であるため
- ・当分の間、外国人住民票の記載内容確認のため、外国人登録データをそのまま保存
- ・各種行政サービスを提供する上での資料として必要なため
- ・仮住民票作成のためのデータとして外国人登録原票の内容を使用しているため、今後の住民記録事務の基礎データとして外国人登録システムを保存している。同じシステムの中で一部保存し、一部削除するのが難しいため全体を保存している
- ・住民票作成の元データとしてコピーを保存する

（質問 5） 貴庁では、中長期在留者等の登録時からの「氏名の履歴」を別にデータとして保存されますか。

- ・業務に使用する範囲内で、1年程度の記録を保存する。
- ・市内で変更があった場合、履歴を1件まで保存する。（理由：外国人登録のデータを○○市の行政文書として保存するため）
- ・住民基本台帳法の一部を改正する法律第30条の45
- ・市の業務上必要であるため
- ・各種行政サービスを提供する上での資料として必要なため
- ・※○○市に保存。仮住民票作成のためのデータとして外国人登録原票の内容を使用しているため、今後の住民記録事務の基礎データとして外国人登録システムを保存している。同じシステムの中で一部保存し、一部削除するのが難しいため全体を保存している

（質問 6） 貴庁では、中長期在留者等の登録時からの「通称名の履歴」を別にデータとして保存されますか。

- ・住基法等に基づき住民票に記載する
- ・業務に使用する範囲内で、1年程度の記録を保存する。但、電算データで保存可能な期間分であり、必ずしも登録から全てではない
- ・市内で変更があった場合、履歴を1件まで保存する。（理由：外国人登録のデータを○○市の行政文書として保存するため）
- ・住民基本台帳法の一部を改正する法律第30条の45
- ・市の業務上必要であるため
- ・各種行政サービスを提供する上での資料として必要なため

(3) 外国人登録者総数上位100自治体宛て「外国人に係る住民票に関するアンケート」の実施（2012年6月27日）とその結果（抄）

- ※○○市に保存。仮住民票作成のためのデータとして外国人登録原票の内容を使用しているため、今後の住民記録事務の基礎データとして外国人登録システムを保存している。同じシステムの中で一部保存し、一部削除するのが難しいため全体を保存している

（質問7） 貴庁では、中長期在留者等の登録時からの「居住地の履歴」を別にデータとして保存されますか。

- 業務に使用する範囲内で、1年程度の記録を保存する。但、電算データで保存可能な期間分であり、必ずしも登録から全てではない
- 市内で変更があった場合、履歴を2件まで保存する。（理由：外国人登録のデータを○○市の行政文書として保存するため）
- 市の業務上必要であるため
- 各種行政サービスを提供する上での資料として必要なため
- ※○○市に保存。仮住民票作成のためのデータとして外国人登録原票の内容を使用しているため、今後の住民記録事務の基礎データとして外国人登録システムを保存している。同じシステムの中で一部保存し、一部削除するのが難しいため全体を保存している

（質問8） 貴庁では、質問事項2～7のデータを本年7月9日から情報開示されますか。

- 住基法等に基づき住民票の閲覧、写しの交付を行う
- 自己情報の開示請求の対応として、保有しているデータについて開示する
- 住民基本台帳法の一部を改正する法律第30条の45
- 外国人住民本人からの請求で、自己の権利行使及び自己の義務を履行する場合に必要であると認められる場合のみ開示
- 個人情報保護条例に基づき個々の請求ごとに判断
- 個人情報開示のため、本人以外には開示しません。また、法務省にて情報開示の方法が整備されているためまずはそちらをご案内させていただくことになります。
- 本人からの自己情報開示には対応する

（質問9） この度の外国人に係る住民票についてご意見があれば下記に記載してください。

- 原票返却後は、区で保有する情報は、経過期間対応と、行政サービスに必要な範囲の限定されたものとなる。過去の情報を必要とする場合、法務省に対する開示請求となるため、簡易・迅速かつ正確な提供について、全国組織を通じて求めている
- 回答どおりデータによる保存等はおこないませんが、外国人登録原票の写しを当分の間（5年間）保管することを検討しています。

資料 I

(4) 全国都道府県知事宛て「外国人登録法廃止後の登録原票データの一部保有と開示について（要望）」

日司連発第480号
平成24年（2012年）7月4日

各都道府県知事　殿

日本司法書士会連合会
会長　細　田　長　司

外国人登録法廃止後の登録原票データの一部保有と開示について（要望）

　時下ますますご盛栄のこととお喜び申し上げます。
　平素より、当連合会の諸活動に格別のご高配を賜り、厚く御礼申し上げます。
　さて、本年7月9日施行（予定）の住民基本台帳法の改正により、わが国に在留する中長期在留者、特別永住者等（以下、「中長期在留者等」という。）に対し、同法が適用されることになり、中長期在留者等に係る住民票（以下、「外国人住民票」という。）が作成されることになります。また、同日をもって外国人登録法が廃止になり、同法に基づく外国人登録原票記載事項証明書の交付を受けることができなくなります。
　ご周知のとおり、司法書士は、在留外国人の相続登記、登記名義人住所・氏名変更登記等について、これまで外国人登録原票（以下、「登録原票」という。）の、①「国籍の属する国における住所又は居所」、②「出生地」、③「本邦にある父母及び配偶者（申請に係る外国人が世帯主である父母及び配偶者を除く。）の氏名、出生の年月日及び国籍」の記載事項、或いは、④「備考欄」における住所・氏名（通称含む）の変更履歴等の記載により、本人の同定、相続人の調査、登記原因の確認等をしているところであります。また、所有権移転登記をする際に登記義務者の現住所が登記上の住所と異なる場合は、その変更した経緯を証明するため、登録原票記載事項証明書を添付しなければなりませんでした。
　ところが、外国人住民票には、上記の①②③の事項が記載されず、また、④の住所・氏名（通称含む）の変更履歴等が登録原票から移記されません。登録原票は、外国人登録法の廃止後、速やかに法務大臣に送付されることになり、登録原票記載事項証明書の交付を受けようとする場合は法務省に開示請求することになりますが、交付（決定）に要する期間等はこれまでの市区町村における交付と比して、中長期在留者等の利便性に欠けたものです。
　そこで、当連合会は、各都道府県知事各位に対して、中長期在留者等が住民として位置づけられた事実に鑑み、中長期在留者等の利便性に配慮する施策として、以下のことを、至急、貴都道府県内の市区町村に周知されることを要望いたします。

記

1. 外国人登録法の廃止後も、中長期在留者等に係る登録原票記載の、①国籍の属する国における住所又は居所、②出生地、③本邦にある父母及び配偶者（申請に係る外国人が世帯主である父母及び配偶者を除く。）の氏名、出生の年月日及び国籍並びに④住所・氏

(5) 法務省民事局長宛て「外国人登録法廃止後の、在留外国人の住所・氏名変更登記の取扱いについて（照会）」

　　名（通称含む）の変更履歴の情報を引き続き保有すること。
２．外国人登録法の廃止後は、中長期在留者等からの上記記載事項の開示請求に対して、各自治体の個人情報保護に関する法令等に基づき、速やかに応じること。

⑸ 法務省民事局長宛て「外国人登録法廃止後の、在留外国人の住所・氏名変更登記の取扱いについて（照会）」

平成24年（2012年）7月

法務省民事局長殿

日本司法書士会連合会
会長　細田　長司

　外国人登録法廃止後の、在留外国人の住所・氏名変更登記の取扱いについて（照会）
　時下ますますご盛栄のこととお喜び申し上げます。
　平素より、当連合会の諸活動に格別のご高配を賜り、厚く御礼申し上げます。
　さて、本年7月9日に住民基本台帳法改正法（平成21年法律第77号）（以下、「住基法改正法」という）が施行され、施行日以降、在留外国人の中長期在留者・特別永住者等（以下、「中長期在留者等」という）に対し、日本人と同様に外国人に係る住民票（以下、「外国人住民票」という）が作成されることとなりました。また、出入国管理及び難民認定法及び日本国との平和条約に基づき日本の国籍を離脱した者等の出入国管理に関する特例法の一部を改正する等の法律（平成21年法律第79号）（以下、「入管法等改正法」という）4条により、同日をもって外国人登録法（昭和27年法律第125号）（以下、「外登法」という）が廃止になり、また入管法等改正法で中長期在留者等には「在留カード」「特別永住者証明書」が発行されることになりました。なお、外国人登録証明書について、中長期在留者の場合、施行日から3年を経過する日または在留期間満了日まで在留カードとみなされ（入管法等改正法附則15条1項、2項）、特別永住者の場合は、16歳以上の者は施行日から起算して3年を経過する日、あるいは3年経過後7回目の誕生日まで特別永住者証明書とみなされる場合があります（入管法等改正法附則28条1項、2項）。
　また、各自治体が保有する外国人登録原票（以下、「登録原票」という）は、改正法施行後は速やかに法務省に送付するよう規定されており（入管法等改正法附則33条）、改正法施行後は、市町村において登録原票記載事項証明書が発行されなくなりました。
　しかし、改正法施行後に最初に発行される外国人住民票には、当該外国人の従前の住所はもとより、氏名（通称含む。以下同じ）の変更履歴も記載されません（平成24年2月10日総行住第19号総務省自治行政局長通知第4、2⑴⑸⑹⑿⒀参照）。
　したがって、改正法施行後、中長期在留者等の住所・氏名変更等の登記が必要となった場合、住所・氏名の改正法施行日以前の変更履歴は、基本的に登録原票の「備考欄」等の住所・氏名の変更履歴等の記載により確認せざるをえません。
　ところで、改正法施行後の登録原票の開示は、「行政機関の保有する個人情報の保護に関

資料I

する法律」(以下「行政機関個人情報保護法」という)に基づき、本人等が法務省に対して行うことになります。行政機関個人情報保護法によれば、交付(決定)されるまでの期間は、原則として30日以内とありますが、全国の自治体から登録原票が送付された時点での混乱等を考えれば、相当の遅延が予想されます。その結果、法施行日前までは市町村で即日入手可能であった登録原票の住所・氏名の変更履歴を入手するのには相当な期間を要し、このことが中長期在留者等の不動産取引等において重大な支障をきたし、それにより経済活動に障害が生じております。

そこで、当連合会としては上記の登録原票の住所・氏名の変更履歴等の記載に代えて、以下の方法による同定確認により住所・氏名変更等の登記が申請できるものと思料いたしますが、いかがでしょうか。

(注) 下記で「外国人登録証明書」「在留カード」「特別永住者証明書」の写しを添付する際には、個人情報保護のために、「住所」「氏名」「生年月日」「性別」以外の記載事項と「写真」は慎重に取扱うものとする。

1) 一部の市町村では独自に登録原票の記載データーを保有しそのデーターを行政証明書として発行するところもある。そこで、登録原票の記載事項を移記した内容を記載した市町村発行の行政証明書により、中長期在留者等の住所・氏名の変更履歴が疎明できる場合の住所変更、あるいは氏名変更の登記申請をする場合は、申請情報中の登記原因及びその日付は行政証明書に基づき提供し、その行政証明書をもって住所・氏名変更登記の添付情報とすること。

2) 在留カードあるいは特別永住者証明書とみなされる外国人登録証明書の「表面」の居住地欄に登記上の旧住所が記載されていて、「裏面」に旧住所から現住所への変更履歴が記載されている(旧外登法8条3項、入管法施行令3条、入管特例法施行令4条)場合に住所変更の登記申請をする場合は、申請情報中の登記原因及びその日付は「住民基本台帳法改正法(平成21年法律第77号)附則4条1項」と記載し、添付情報は上記外国人登録証明書の「表面」及び「裏面」の写し及び国籍の記載のある住民票とすること。

3) 1)2)の方法に依ることができない場合の登記上の旧住所からの住所変更の登記又は登記上の旧氏名からの氏名変更の登記を申請する場合は、申請情報中の登記原因及びその日付は「住民基本台帳法改正法(平成21年法律77号)附則4条1項」と記載し、上記外国人登録証明書の写し(又は在留カード・特別永住者証明書の写し)、国籍の記載のある住民票、並びに旧住所あるいは旧氏名の記載のある登記済証又は登記識別情報の写し、若しくは旧住所や旧氏名から現住所や現在の氏名に変更したことが事実に相違ない旨を記載した本人の上申書をもって、住所・氏名変更登記の添付情報とすること。

⑹ 「新たな在留管理制度及び外国人住民に係る住民基本台帳制度等に関する緊急提言書」(抄)

平成24年8月1日
外国人集住都市会議

　外国人集住都市会議では、平成13年の発足以来、各市町村における在留外国人の正確な情報の把握及び合理的な行政サービスの提供に資するため、外国人登録制度を抜本的に見直し、住民行政の基礎とするための外国人台帳制度に係る法制度の整備を繰り返し要望してきた。

　こうした中、平成21年に「出入国管理及び難民認定法」及び「住民基本台帳法」が改正され、平成24年7月9日に施行されたところであり、この制度の円滑な移行等により外国人住民の利便性の向上や行政事務の効率化が図られるものと期待されている。しかしながら、外国人住民や関係機関等への周知が十分でないことや、住民基本台帳制度の対象外となる外国人住民への対応について自治体間の解釈の違いによる不均衡が生じることなど、外国人住民をはじめ自治体や関係機関等に混乱をきたしている。新制度への移行がスムーズに行われ、公正かつ適正に対応するためには、実態の把握と課題整理はもとより国としての改善策を至急講じる必要があると考える。

　そこで、外国人集住都市会議では、会員29都市の現状をふまえ、外国人住民の権利の尊重と義務の遂行を基本とした真の共生社会の実現に向け、国に対して以下のように緊急提言を行う。

記

【制度改正及び改正に伴う手続き等の周知について】
1　制度改正及び改正に伴う手続き等について、外国人住民への多言語による情報提供を効果的に引き続き行うこと。特に永住者については、在留期間の更新等に出向く機会がないことから、在留カードへの切替時及び7年ごとの更新時において、国から直接通知をするなどの丁寧な対応に努めること。
2　今回の制度改正について、外国人住民が各市町村及び金融機関などの手続きの際に不利益を被ることのないよう、都道府県及び民間業種を含めた関係機関への正確かつ効果的な周知を引き続き行うこと。

【住民基本台帳制度の対象外となる外国人住民への対応について】
3　今回の改正に伴い、住民基本台帳制度の対象外となる外国人住民への各種行政サービスが、後退することのないよう通知されているが、各自治体において、このことが徹底されるよう、関係省庁が連携して、全ての自治体及び関係機関への周知を丁寧に行うこと。

【上記を含めた課題解決に向けて】
4　上記をはじめとするさまざまな課題を整理し、必要不可欠な情報提供のあり方について総合調整を行うとともに、整理した課題や収集した情報等については、迅速に外国人

資料Ⅰ

住民及び自治体や関係機関に周知並びに共有を更に図ること。
5 また、外国人住民に関する政策を包括的に企画・立案し、実施するための組織の創設と、地域及び自治体の実態をふまえた上で、外国人施策の基礎となる外国人の受け入れに関する国としての方針を明確にするよう、引き続き求める。

外国人集住都市会議　会員都市
　群馬県　伊勢崎市、太田市、大泉町
　長野県　上田市、飯田市
　岐阜県　大垣市、美濃加茂市、可児市
　静岡県　浜松市、富士市、磐田市、掛川市、袋井市、湖西市、菊川市
　愛知県　豊橋市、豊田市、小牧市、知立市
　三重県　津市、四日市市、鈴鹿市、亀山市、伊賀市
　滋賀県　長浜市、甲賀市、湖南市、愛荘町
　岡山県　総社市

平成24年8月1日
外国人集住都市会議　座長
長野県飯田市長　牧野　光朗

【説明資料】
　新たな在留管理制度及び外国人住民に係る住民基本台帳制度等に関する緊急提言書
＜緊急提言書の背景・理由＞
【制度改正及び改正に伴う手続き等の周知について】
　平成21年の「出入国管理及び難民認定法」及び「住民基本台帳法」の改正については、法務省や総務省においてチラシや電子媒体等での多言語による周知を行っているところであるが、各地域においては制度や改正に伴う詳細な情報を十分承知、理解していない外国人住民も多い。外国人集住都市会議の会員都市に対して行った調査の中でも「制度改正自体が複雑で読んでも全てを理解することが難しい。」「永住権の剥奪や通称名が使えないなど、誤った理解をしている人が多い。」「制度自体を知らない外国人が少なからずいる。」といった実態が報告されている。
　国として今回の制度改正に伴いコールセンター等の相談窓口体制を整備されているが、外国人住民やその関係者から「電話がつながりにくく利用しにくい。」などの声も多くあがっている。
　特に永住者については、今回の在留カードへの切替時及び7年ごとの更新時において、入国管理局での手続きが必要となり、大きな変更となる。周知が不足しているために手続きの遅滞等がおこり、罰則を科せられるなどの不利益を被ることが考えられる。
　また、これまで各市町村で即日交付していた前住所履歴等を記載した書類の開示請求については、制度改正後に申請から交付までの時間を要することが予想され、出国者の廃車手続き等がとれないため、車両放置など新たな課題が増加することも考えられるこ

(6)「新たな在留管理制度及び外国人住民に係る住民基本台帳制度等に関する緊急提言書」(抄)

とから、外国人住民の利便性を失うことがないよう、また的確な諸手続きが実行できるよう、国としての迅速な対応が必要である。

さらに、7月9日以降、移行期間中は旧外国人登録証を在留カードとみなすこととなっているが、本制度の情報が十分に行き届いていないことから、様々な場面で混乱が生じたり外国人住民が不利益を被るケースも報告されている。

こうした実態・課題を解決するためにも、今回の制度改正について、外国人住民はもとより、銀行、郵便局、医療機関、警察、年金事務所などあらゆる機関に周知徹底を図るとともに、より丁寧な説明を継続して行う必要がある。

また、今回の制度改正にあたっては、その概要を26ヶ国で翻訳周知するほか、英語、中国語、ポルトガル語など主要言語で各種様式例を作成するなどの配慮をいただいているところであるが、全国共通の文書や改正に伴う手続きに必要な各種申請書などの翻訳については、さらに少数言語を含め、国の責任において整備をするとともに、全自治体にもれなく、また遅滞することなく提供するなどの配慮をする必要がある。

【改正住民基本台帳制度の対象外となる外国人住民への対応について】

今回の移行により住民登録の対象外となり住民票が作成されない在留外国人への行政サービスについては、総務省からの「住民基本台帳法の一部を改正する法律附則第23条」に関する各省庁の取組状況（平成24年7月4日付け）をはじめ、複数の情報が各省庁から都道府県を通じて通知されているが、各県から市町村への連絡が行き届かなかったり遅れたりすることもあり、各自治体では適時に情報を統一して整理することが難しく、混乱が生じている。また、改正後もこれまで行われてきた行政サービスについては、その根拠となる個々の法律等に基づいて適正に提供することとなるが、市町村間においてその解釈や理解に差異があることによって行政サービスの不均衡が生じるおそれがある。

今後も様々な機会を通じて的確に周知、説明するとともに、制度移行に伴う各省庁の窓口の充実を図ることが必要である。

【上記を含めた課題解決に向けて】

今回の制度改正に伴って、各自治体現場ではさまざまな課題が発生しており、混乱も生じている。また、災害時等に国籍に関わらず住民の安否を確認するためにも、本改正による住民情報の精度を一刻も早く高めなければならない。今回の制度改正が、南米日系人をはじめとする全ての外国人並びに全自治体に及ぶことから、内閣府が中心となり、総合調整を行うことが重要と考える。また、整理した課題及び収集した情報等については、多文化共生施策を更に推進させるために、迅速に自治体や関係機関に周知及び理解等の共有を図る必要がある。

また今回の課題も含め、日本語教育や子どもの教育、地域コミュニティ形成、防災など、これまでの外国人施策における課題を整理し解決していくために、外国人に関する政策を包括的に企画・立案し、実施するための組織の創設と、地域及び自治体の実態をふまえた上での外国人施策の基礎となる外国人の受け入れに関する国としての方針を明確にするべきと考える。

223

資料 I

<参考資料>
制度移行に伴う29都市の現状と課題・・・各都市への実態調査より
- 法務省、総務省それぞれ周知リーフレットが出されているが、制度改正自体が複雑であり、読んでも一般的には全てを理解することが難しい。
- 自治体において、すべての言語への対応が難しい。
- 住民基本台帳制度へ移行しない外国人住民への情報提供については、総務省が基本的な事項を示してはいるが、十分に浸透しているとは言い難い。
- 「永住権を剥奪される」「通称名が使えなくなる」など、誤った理解をしている人も多い。
- 7月9日以降、銀行、郵便局、医療機関、警察、年金事務所など、様々な機関に本改正の情報が行き渡っていないことから、各現場が異なる取り扱いをしたり、また、外国人住民が不利益を被っているケースもある。(みなし在留カードや移行期間の周知徹底の不足)関係機関への周知が十分ではない。
- 届出に係る罰則規定などの周知や説明が十分ではない。
- 在留カードに「通称名」が掲載されないことへの問い合わせが多い。
- 表札が無いなどの理由から仮住民票が届かない。
- 仮住民票の返戻分に対し、再入国許可による出国による所在確認が難しく、居住実態の把握方法や判断基準が各都市で異なってくる。
- 前住所履歴等が記載された書類などの申請時に、申請者の手間や証明発効までの日数がかかることを考えると住民サービスの低下や、関係手続きの遅延などが懸念される。(廃車手続き等が迅速にできないことから、帰国を予定している外国人が適正な手続きをとれない事態も生じる)
- 自治体によって行政証明の発行や移行されない外国人住民への対応に、差異が出ないことが望ましい。(納税証明書の宛名の通称名の使用が自治体によって異なる等)
- 簡体字等の正字変換に対する苦情が外国人住民からある。

<住民基本台帳法の一部を改正する法律附則第23条>
　政府は、現に本邦に在留する外国人であって出入国管理及び難民認定法第五十四条第二項の規定により仮放免をされ当該仮放免の日から一定期間を経過したものその他の現に本邦に在留する外国人であって同法又は日本国との平和条約に基づき日本の国籍を離脱した者等の出入国管理に関する特例法の規定により本邦に在留することができる者以外のものについて、入管法等改正法附則第六十条第一項の趣旨を踏まえ、第一号施行日以後においてもなおその者が行政上の便益を受けられることとなるようにするとの観点から、必要に応じて、その者に係る記録の適正な管理の在り方について検討を加え、その結果に基づいて必要な措置を講ずるものとする。

(7) 「外国人との共生社会の実現に向けて（中間的整理）」（抄）

平成24年8月27日
「外国人との共生社会」実現検討会議

はじめに
  ○ 外国人との共生社会の実現に向けた環境整備に関する諸問題について検討するため、平成24年5月に関係府省庁の副大臣級による「外国人との共生社会」実現検討会議を設け、目指すべき外国人との共生社会のあり方や外国人との共生社会の実現に向けた環境整備について、有識者ヒアリングを重ねつつ検討を進めてきた。
  ○ 今般、以下のとおり、「外国人との共生社会の実現に向けた環境整備の意義と必要性」、「当面の外国人との共生社会に関する政策の推進」及び「今後の検討課題等」について、中間的整理を行った。今後、以下の基本的考え方に立って、外国人との共生社会の実現に向けた環境整備を積極的に推進するとともに、引き続き必要な検討を行っていくこととする。

I 外国人を取り巻く状況について
  ○ 日本における外国人登録者数は、平成23年末現在で、約208万人（外国人登録者の日本の総人口に占める割合は1.63％）となっている（平成2年末時点においては約108万人）。
  ○ 外国人登録者を在留資格別にみると、「永住者」が最も多く、約60万人となっている（特別永住者約39万人を除く）。在留資格「永住者」、「日本人の配偶者等」、「永住者の配偶者等」、「定住者」をあわせた「身分又は地位に基づく在留資格」で見ると、約98万人となっている。その他、「留学」が約19万人、「技能実習」が約14万人、「人文知識・国際業務」等の就労資格で約20万人などとなっている。
  ○ 外国人登録者を国籍別でみると、中国が約67万人で全体の約33％を占め、以下、韓国・朝鮮、ブラジル、フィリピン、ペルー、アメリカと続いている。「身分又は地位に基づく在留資格」についてみると、中国が約27万人と最も多く、次いでブラジル、フィリピン、韓国・朝鮮、ペルーの順となっている。
  ○ このように、日本に滞在する外国人の数は、リーマンショックや東日本大震災の影響による一時的な減少はみられるものの、この20年間で約100万人から約200万人へほぼ倍増しており、長期的に増加傾向にある。また、日本での活動に制限の無い「身分又は地位に基づく在留資格」で在留する者が全体の約47％を占めており、定住化が進んでいる。さらに、国籍別にみても、平成2年の「出入国管理及び難民認定法」（以下「入管法」という。）の改正法の施行前後から増加したいわゆる南米日系人に加え、中国人等のアジア系の外国人が大きく増加し、国籍の多様化が進んでいる。

II～IV （略）

V 今後の検討課題等について
(1) 今後の検討課題について

資料 I

○ 上述のように、平成18年12月に策定された「生活者としての外国人に関する総合的対応策」の見直しを行うこととする。
○ 併せて、外国人との共生社会の実現に向けて、以下の点についても検討を進める。
  ・より実態に基づいた施策を実施するとともに、外国人を巡る状況についての国民の理解の促進を図るためにも、一層の現状把握のための各種調査の実施等を行い、必要なデータを蓄積するとともに、地方自治体や国民一般に広く情報提供することについて検討する。
  ・外国人との共生社会に関する政策の計画的実施や、外国人との共生社会に関する国民のイメージの共有に資するためにも、各種の政策（アウトプット）のフォローアップにとどまらず、外国人との共生社会の実現状況に関する一定の定量的指標（アウトカム指標）による目標を設定することについて検討する。
  ・個人情報保護にも配慮しつつ、可能な限り外国人に関連する様々なデータを相互に連携させる等、適正、効率的な行政サービスの提供等につなげていくことについて検討する。
  ・新しい在留管理制度の状況も踏まえつつ、外国人の家族関係等身分関係の把握や、単純出国と入国を繰り返す等断続的に我が国に居住する外国人の経歴・履歴等の情報を、1人の在留外国人として国が把握することについて、そのあり方を検討する。
  ・日本語習得、教育、就労等の環境を整備するとともに、出入国管理政策との連携の必要性等を整理したうえで、日本語習得状況、子どもの就学状況、雇用保険・社会保険への加入状況等を在留期間更新・永住許可等の手続と関連付けられないかについて検討する。
  ・このほか、本検討会議での有識者ヒアリングで指摘された事項のうち積み残しとなったものや、外国人が多数居住している地方自治体等からの要望等についても、改めて検証し、その実施の可否等を検討する。
○ また、諸外国の経験や国際比較を踏まえつつ、外国人との共生社会の実現に向け、誰がどこまでの役割を担っていくのか、社会的コストをどのように負担するのか等についても、引き続き検討する必要がある。
○ さらに、中長期的には、各府省庁等の取組をより体系的、総合的かつ持続的に推進する観点から、外国人との共生社会に関する政策の基本となる法律の要否や、外国人との共生社会に関する政策全体を包括的に推進する組織体制のあり方等について検討することも課題となってこよう。
(2) 外国人の受入れのあり方も含めた日本社会のグランドデザインに関する国民的議論の活性化や留意点等について
  ○ 少子高齢化（人口減少）の進展に対しては、「新成長戦略（平成22年6月18日閣議決定）」においても、少子化対策を推進するとともに、若者・女性・高齢者等の労働市場への参加を一層促進することが何より重要であるとの方針を掲げているが、中長期的観点からは、人口減少や経済社会情勢の変化等を踏まえた将来の日本の社会像をどう

(7)「外国人との共生社会の実現に向けて（中間的整理）」（抄）

考えるかという問題があり、その問題を議論する際には、外国人との関係をどう考えるかの議論も避けては通れないものと考えられる。
○ また、グローバル化が進展し、人の国際移動も活発化する中で、高度外国人材や留学生等の外国人を含めた多様性（ダイバーシティ）を高めることによって、国際社会の中で開かれた国としての評価を得るといった視点も重要となってきているといった指摘もある。
○ 一方、少子高齢化（人口減少）と外国人労働者の受入れとの関係については、①外国人労働者の受入れの経済効果は、追加的コストの発生等を考慮すると、プラスかマイナスかは受け入れる規模等に依存し、単純にプラスとは言えないこと、②労働生産性の引上げ（低生産性部門から高生産性部門へのシフト等）、国内的代替策（特に女性の職場進出が重要）、国際的代替策（労働集約財の輸入や貿易自由化の促進）等により、今後の労働力不足を相当程度補うことができるという指摘もある。
○ また、現行の我が国における外国人労働者の受入れ範囲については、我が国の産業及び国民生活等に与える影響を総合的に勘案して決定するという基本的な考え方に立っているが、一方で、日系人などの「身分又は地位に基づく在留資格」（「定住者」、「永住者」など）は就労活動に制限がないため、いわゆる単純労働といわれる分野で多く働いているという実態がある。本検討会議での有識者ヒアリングにおいては、こうした状況が、結果として外国人の受入れに対する国民の理解不足につながっているのではないかという指摘や外国人の受入れのあり方に関する考え方を改めて明確化する必要があるのではないかといった指摘もあった。
○ いずれにせよ、外国人の受入れがどのようにあるべきかは、我が国の産業、治安、労働市場への影響等国民生活全体に関する問題として、国民的コンセンサスを踏まえつつ、我が国のあるべき将来像と併せ、幅広く検討・議論していく必要がある。外国人の受入れのあり方については、積極・慎重の意見を含め、様々な議論が予想されるなか、我が国の将来の形や我が国社会の在り方そのものに関わるこの問題について、国民的な議論を活性化し、国全体としての方策を検討していく必要がある。幅広い国民的議論の活性化に資するよう、まずは必要なデータの収集整備、国民への情報提供等に努めるとともに、どのような検討方法がふさわしいか等について、引き続き検討を進めることが必要である。

資料 I

(8) 法務省入国管理局宛て「住民基本台帳法」の「外国人に係る住民票」関連についての質問

1 法務省入国管理局宛「住民基本台帳法」の「外国人に係る住民票」関連についての質問

2012年9月18日
日本司法書士会連合会
「外国人住民票」検討委員会

「住民基本台帳法」(以下「住基法」という) の「外国人に係る住民票」(以下「外国人住民票」という) に関連する事項について、以下の通り質問を行う。

I 外国人住民票の記載事項に関連する事項

1 旧外国人登録法 (以下「旧外登法」という) の登録事項であった下記事項の削除について
  (1) 旧外登法の登録事項であった「国籍の属する国における住所または居所」(4条1項7号) を今回の法改正により外国人住民票の記載事項としなかった理由は何か
    (注)「国籍の属する国における住所または居所」は当該外国人の身分登録簿の所在地の蓋然性が高く当該外国人の身分登録書面を取得する際の重要な情報であり、当該外国人にとっても又渉外法実務にとっても貴重な登録事項であった。
  (2) 旧外登法の登録事項であった「出生地」(4条1項8号) を今回の法改正により外国人住民票の記載事項としなかった理由は何か。
    (注)「出生地」は、その地が日本であれ、当該外国人の国籍国 (本国) を含む外国であれ、出生に係る事項を取得する際の貴重な情報であり、当該外国人にとっても又渉外法実務にとっても貴重な登録事項であった。
  (3) 旧外登法の登録事項であった「(世帯構成員ではない) 本邦にある父母及び配偶者の氏名、出生の年月日及び国籍」(4条1項19号) を、今回の法改正により外国人住民票の記載事項としなかった理由は何か。
    (注)「世帯主の氏名」「世帯主との続柄」(4条1項16号17号) の登録事項と併せて、旧外登法上で一定の身分関係を証明する貴重な登録事項であり、当該外国人にとっても又渉外法実務にとっても貴重な登録事項であった。
2 「外国人住民票」氏名欄の「ローマ字表記」について─(1)
  「外国人住民票」の記載事項である氏名は、在留カード等の記載に倣うとされている。「出入国管理及び難民認定法」(以下「入管法」という) 施行規則19条の6第1項、「日本国との平和条約に基づき日本の国籍を離脱した者等の出入国管理に関する特例法」(以下「入管特例法」という) 施行規則4条第1項、では「ローマ字により表記するものとする」とある。
  (1) 法改正後法施行時までの議論では「アルファベット表記」としていたが、何故「ローマ字表記」とその文言を変更したのか。

(8)　法務省入国管理局宛て「住民基本台帳法」の「外国人に係る住民票」関連についての質問

　(2)　「アルファベット表記」と「ローマ字表記」とは何が相違するのか
　(3)　上記条項の「ローマ字表記」とは、ヘボン式ローマ字という意味なのか、それとも旅券記載の英字表記をも含む概念なのか。
3　「外国人住民票」氏名欄の「ローマ字表記」について－(2)
　　入管法施行規則19条の6同19条の7、入管特例法施行規則4条5条の条文の書き振りは、①原則は「ローマ字表記」、②漢字圏の者については漢字使用を証する書面を提出すればローマ字と「漢字」又は「漢字及び仮名」を併記、③①の例外として、ローマ字使用が当該外国人に著しい不利益をもたらすと法務大臣が認めるときは、ローマ字表記ではなく、「漢字」又は「漢字及び仮名」だけで表記する、としている。
　(1)　何故、「ローマ字表記」を原則としたのか。「ローマ字表記」と「漢字表記」を並列的に取り扱うことも可能であったのではないか。「ローマ字表記」を原則とする理由は管理技術上の理由か、それとも他の理由によるのか。
　(2)　立法担当者が想定している③の「著しい不利益」とは何か、その具体的認定基準は何か。
　(3)　「仮住民票」の作成に際して氏名欄は「外国人登録原票」の記載が移記されるので、「仮住民票」から移行した「外国人住民票」の氏名欄は登録原票の記載のままである。その場合、どのような手続を経て在留カード等の氏名欄を「ローマ字表記」に変更するのか。また、ローマ字表記の綴りはいかなる資料で確認するのか。
　(4)　上記により変更されると、「外国人住民票」の氏名欄は職権で「ローマ字表記」に変更されるのか（住基法30条の50、同法8条、同法施行令30条の32の同法施行令12条2項1号の読み替え参照）。その場合には当該外国人住民に通知されるのか（同法施行令12条4項）。
　(5)　「在留カード」・「特別永住者証明書」（以下「在留カード等」という）の氏名欄には、後述する「通称」は記載しないとのことである。当該外国人が日常使用する通称が在留カード等に記載されないと社会生活で頻繁に求められる本人確認手段としての在留カード等の機能が相当程度低下すると予想される。何故、通称を在留カード等に記載しないとしたのか、その理由は何か。
4　「外国人住民票」氏名欄の「通称」について
　　住基法施行令30条の25は、「通称」と「通称の記載及び削除に関する事項」を住基法7条14号の「政令で定める事項」として「外国人住民票」の記載事項とした。また、「通称」は外国人住民票の氏名欄に併記されるとのことである。
　(1)　法改正時の議論や法施行時までの議論を辿ると、当初は「通称名」は備考欄に記載するに留めるという流れであったが、議論の半ばから「通称」を「外国人住民票」の氏名欄に併記するという流れに転換した。転換したのはどのような理由からか。その具体的理由は何か。
　(2)　通称の記載を求めるには、通称として記載を求める呼称等の申出書の提出と資料の提示が義務付けられている（住基法施行令30条の26第1項）。住民基本台帳事務処理要

領(平成24年2月10日総行住第17号の改正後)第2-2-ア-(ア)-Eによると、一定の場合を除いて「国内における社会生活上通用していることが客観的に明らかとなる資料等の提示を複数求める等により、厳格に確認を行う」とある。この場合の「資料等の提示を複数求める」とはどのような場合を想定しているのか。具体的にはどのような資料か。

5 「外国人住民票」氏名欄が「ローマ字表記」の際の「カタカナ表記」について

住民基本台帳事務処理要領(平成24年2月10日総行住第17号の改正後)第2-1-(2)-アでは、「非漢字圏の外国人住民について、印鑑登録証明に係る事務処理上氏名のカタカナ表記を必要とする場合には、これを備考として記入することが適当である」とされる。

(1) 氏名欄が「ローマ字表記」の場合は、住基法施行令で「カタカナ表記」が可能な規定を定めずに事務取扱上の運用規定に留めた理由は何か。

(注)「外国人住民票」の氏名欄が「ローマ字表記」であると、当該外国人が日本の社会生活を営む上でカタカナに転換する必要に迫られる場合が多く、後日その「カタカナ表記」の同一性に齟齬が生じる例があり、「カタカナ表記」は当該外国人にとっても又渉外法実務にとっても欠かせない表記である。

6 入国管理局に集積される「外国人住民票」の情報について

外国人住民票の記載の記載、消除又は記載の修正は、市町村長から法務大臣に通知することが義務付けられ(入管法61条の8の2)、その通知事項は入管法施行令6条に定められている。

(1) 通知事項に「世帯主についてはその旨、世帯主でない者については世帯主の氏名及び世帯主との続柄」(住基法30条の45、同法7条4号)が含まれていないが、含めていなのはどのような理由によるのか。

(2) 入管法施行令6条8号ただし書きでは、民法30条の失踪宣告又はその取消の裁判の確定の場合の特別記載事項が定められているが(同号ロ、ハ、ニ)、その意味するところは日本に管轄権があり日本法によって失踪宣告又はその取消の判決に限られるのか。それとも、「民法30条」は単なる例示に過ぎないのか。

(3) 入国管理局に集積される当該外国人の情報は開示されると思われるが、その開示請求手続を公表する予定はあるか。

II 「外国人登録原票」の開示請求に関する事項

1 廃止「外国人登録原票」の開示請求について

(1) 開示請求に相当な期間を要しており、請求者は不便を強いられ不動産登記手続及び渉外法実務等に重大な支障をきたしている。このことを改正法施行前から想定していたのか。

(2) 本年7月9日を以て法務省に送付された市町村の廃止「外国人登録原票」の総枚数とその保管状況・その整理を担当している人員等の体制はどのような状況か。

(3) 開示請求は、本人等が郵送等により東京所在の「法務省秘書課個人情報保護係」に請求することになっている。しかし、本人等がそれを知り得るために事前にどのよう

(8) 法務省入国管理局宛て「住民基本台帳法」の「外国人に係る住民票」関連についての質問

な広報活動を行ったのか、市町村にはその旨を周知徹底されたのか。
(4) 現在、一部の市町村では、廃止「外国人登録原票」のデータを保管し、行政証明として「旧外国人登録原票の記載事項証明」等として開示している。廃止「外国人登録原票」のデータを保管している市町村に対して、これを行政証明として開示するよう要請する用意はないか。
(5) 廃止「外国人登録原票」は、データベース化されるとのことであるが、データベース化の進捗状況とその完成予想時、またその検索キーは「氏名」「生年月日」「居住地」「外国人登録番号」などのどのような組み合わせとするのか、それともその一つでも可能か。
(6) 開示請求は、本人等が郵送等により東京所在の「法務省秘書課個人情報保護係」に請求することになっているが、本人等の委託あるいは同意があれば、例えば司法書士宛へ原票の写し等を送付できるとする運用は可能か。
(7) 司法書士は、旧外登法施行令2条では簡裁訴訟代理関係業務を行うに場合に限り「外国人登録原票記載事項証明書」の職務上請求が認められていた。弁護士は日本弁護士連合会と法務省との協議により、本年7月9日以降、入国管理局に対して弁護士法第23条の2に基づく照会により、廃止「外国人登録原票」の開示請求が可能とされているようである。簡裁訴訟代理関係業務を行うことができる司法書士についても上記旧外登法施行令の趣旨に則り、廃止「外国人登録原票」の開示請求ができるとする運用は可能か。
(8) 相続や登記名義人の氏名・住所変更等の登記に限り、例えば司法書士などの特定事務受任者からの代理申請を認める運用は可能か。

2 「死亡した外国人に係る外国人登録原票の写し」の交付請求について
(1) 「死亡した外国人に係る外国人登録原票交付請求書」で、本人を特定する際には本人の「氏名」「生年月日」「国籍・地域」で特定可能か。それとも「外国人登録番号」との組み合わせとするのか。
(2) 交付請求できる者のうち、死亡した外国人の(1)「死亡当時における同居の親族」(2)「死亡当時における配偶者(婚姻の届出をしていないが、事実上婚姻関係と同様の事情にあった者を含む。)、直系尊属、直系卑属又は兄弟姉妹」が請求する場合に、請求者本人の確認書類以外にどのような資料で確認するのか。
(3) 死亡した外国人に係る「外国人登録原票」も、廃止「登録原票」と同様にデータベース化されるとのことであるが、そのデータベース化は、廃止「登録原票」を併せて行うという意味か。その場合であれば、請求窓口を一本化すべきと考えるがいかがか。
(4) 別異にデータベース化されるとすると、死亡した外国人に係る「外国人登録原票」のデータベースの完成予想時は何時か、またその検索キーは「氏名」「生年月日」「居住地」「外国人登録番号」などのどのような組み合わせとするのか、それともその一つでも可能か。

資料 I

(5) 前記「廃止「外国人登録原票」の開示請求について」の質問(6)(7)(8)と同趣旨の質問

2 法務省入国管理局宛の補充質問

2013年1月14日
日本司法書士会連合会
「外国人住民票」検討委員会

　昨年11月21日開催された貴庁との連絡会では、平成24年施行された「住民基本台帳法の一部を改正する法律」(平成21年法律第77号)中の「外国人に係る住民票」(以下「外国人住民票」という)についての当委員会の質問について、懇切丁寧な応答(以下「11月21日応答」という)をしていただき、感謝する次第です。
　後日、11月21日応答を検討したところ、補充応答願いたい個所があると思料しましたので、以下に記します。

1 「在留カード等」の氏名欄の表記について
　11月21日応答では、在留カード・特別永住者証明書(以下「在留カード等」という)の氏名欄に関して、「ローマ字により氏名を表記することにより…著しい不利益を被るおそれがあることその他の特別の事情があると認めるとき」(入管法施行規則19条の7第4項、入管特例法施行規則5条4項)とは、在留外国人が「旅券等を所持しないため、又は所持する旅券にローマ字表記がない場合には立証する術がない」ことが「著しい不利益」になるとの立法解釈が示されのではないかと思われる。
　ところで、上記規則を素直に読めば、当事者がローマ字表記を氏名に併記すれば社会生活を営む上で不便を生じさせる場合も「その他の特別の事情がある」に含まれ、ローマ字氏名を表記しない「特別の事情」と考えられるが、いかがでしょうか。

2 「在留カード等」の住居地の変更記載について
　外国人住民が住居地を変更したときに、在留カード等を提出して住基法上の転入届、転居届等をしたときは、入管法・入管特例法上の住居地の変更届とみなされる(入管法19条の9第3項、入管特例法10条5項)。その場合に在留カード等には新住居地が記載され(入管法19条の9第2項、入管特例法10条3項)、併せて「届出の年月日」が記載された上で(入管法施行令3条、入管特例法施行令4条)、在留カード等は当事者に返還される。その場合の在留カード等の記載には、「届出の年月日」とともに「住居地」(住基法上の「住所」)を「定めた年月日」は記載されるのか。記載されるとすれば、その記載例を具体的にお示し願いたい。

3 「在留カード等」の「国籍・地域」欄の記載について
　入管法5条ロの政令で定める地域は、すでに「台湾」(平成10年政令178号)と「ヨルダン川西岸地区及びガザ地区」(平成14年政令314号)が定められていたが、今回の入管法施行令(平成23年政令421号)1条でその旨を定め、「ヨルダン川西岸地区及びガザ地区」は、在留カード等の「国籍・地域」欄の「地域」には「パレスチナ」と表記される(入管法施行規則19条の6第3項、入管特例法施行規則4条3項)。また、外国人登録の

232

(8) 法務省入国管理局宛て「住民基本台帳法」の「外国人に係る住民票」関連についての質問

「国籍・地域」欄に記載される「朝鮮」という表記は「朝鮮半島出身者」であるのが行政解釈であったと思われる。

そこで、

(1) 「地域」を「台湾」とするかどうかは、台湾旅券（護照）を所持するかどうかで認定するのか、それとも中国旅券（護照）を所持していも「台湾省」出身者かどうかで認定するのか。
(2) 直近の統計で、「国籍・地域」欄の「地域」が「台湾」とする者の総数は何人か。
(3) 従来の外国人登録統計では、国籍「中国」の中に地域を「台湾」とする者も含めていたが、その取扱いは法改正後も従前のままか。
(4) 「国籍・地域」欄に記載される「朝鮮」という表記は「朝鮮半島出身者」という意味であり入管法上の「国籍」「地域」ではないとの見解であった。その見解は、今後も維持されるのか。
(5) 直近の統計で、「国籍・地域」欄を「朝鮮」とする者の総数は何人か。
(6) 従来の外国人登録統計の取扱いでは「韓国・朝鮮」をひと括りにした統計がなされていたが、その取扱いは法改正後も従来のままか。

4 入国管理局に集積される「外国人住民」の情報について

外国人住民票の記載、消除又は記載の修正は、市町村長から法務大臣に通知することが義務付けられ（入管法61条の8の2）、その通知事項は入管法施行令6条に定められている。

そこで、

(1) 入管法施行令6条2項では、転入届、転居届、転出届等があり、市町村長が「住所」を住民票に記載した場合は、市町村長は法務大臣に「いずれの規定による届出に基づくかの別」「届出の年月日」（同条同項7号）が通知事項とされているが、その場合の通知事項には「住所」を「定めた年月日」は含まれるのか。
(2) 11月21応答では、「市町村長からの通知事項に「世帯事項」や「通称の記載及び削除に関する事項」が含まれないことに関して、「通知を受ける積極的な理由はない」とのことであった。しかし、「世帯事項」の「世帯主との続柄」は外国人の身分情報として貴重であり、「通称の記載及び削除に関する事項」は中長期在留者等の本人特定に必要である。今後通知事項に含めるお考えはないか。
(3) 11月21日応答では、昨年7月9日以降、入国管理局に集積される「外国人住民」の情報は「出入（帰）国記録による開示請求」により公表するとのことであったが、「出入（帰）国記録による開示請求」に係る「保有個人情報開示請求書」の別紙（記載例注14(2)）では、入管法6条2項1号所定の「氏名」「生年月日」「性別」「国籍・地域」「住居地」の変更履歴を保有しているとの記述がある。とすれば、公表されるのは履歴だけで「変更原因」や「変更年月日」は公表されないと解してよいか。
(4) (3)に関連するが、「氏名」「生年月日」「性別」「国籍・地域」「住居地」の「変更原因」や「変更年月日」は、登記・登録その他の申請にとって必要な事項である。それ

資料 I

らの事項も入国管理局で集積し公表されるべく検討されるお考えはないか。
(5) (3)に関連するが、入国管理局に集積される「外国人住民」の情報開示は、例えば「外国人住民情報の開示請求」という名称を付すなりして、在留外国人にも分かりやすい名称での開示請求手続の方法を公表すべきと考えるが、いかがか。
(6) 入国管理局に集積される「外国人住民」の情報は、何時から何年間保存されるのか、その保存期間の起算点と根拠をお示し願いたい。

4 「外国人登録原票」の開示請求について
　11月21日の応答では、その時点では開示請求の決定に手間取り開示請求に充分に応えられていないこと、その時点でのデータベース化の進捗状況等について説明があった。そこで
(1) 現時点でのデータベース化の進捗状況、現時点での開示決定に要する期間等をお聞かせ願いたい。
(2) 当委員会は、11月21日の連絡会の席上で、①「外国人登録原票」の交付請求につき市町村の窓口でチラシを配布するなどにより当事者に周知徹底させること、②「外国人登録原票」の開示請求手続の遅延が経済活動に著しい影響を与えている実状を説明した上で民事局等と各種手続の摺り合わせを行うこと、を要望した。その後何らかの進展はみられるのか、お示し願いたい。

補足質問　（2013.2.8）
1　入管法施行令2条、入管特例法施行令3条によると住居地の届け等があった場合には、市町村長は法務大臣に下記の事項を伝達するとなっている。
(1) 氏名、生年月日、性別、国籍・地域、住居地
(2) 在留カード、特別永住者証明書の番号
(3) 届出の年月日
(4) 届出の別、若しくは入管法上の届出とみなされる住基法上の届出であるか。
(5) 住居地を定めた年月日
(6) 新住居地に移転した年月日と直前に定めていた住居地等。
　これらも、入管局は外国人住民の情報として集積し、「行政機関個人情報保護法」に基づき公開されるのか。
2　在留カード等を作成するとき、入管局は、当該氏名が簡体字等（繁体字を含む）のときは、法務大臣の告示により職権で「正字」に置換するとされるが、その場合、簡体字等と「正字」の対応表を示すお考えはないか。

⑼ 「在留外国人にかかる登記申請手続に関するアンケート」の実施（2013年2月）とその結果（抄）

⑼ 「在留外国人にかかる登記申請手続に関するアンケート」の実施（2013年2月）とその結果（抄）

（実施方法）
　全国の司法書士会員へ配布される「月報司法書士」平成25年2月号にアンケート用紙と回答用紙を同封し、**FAX**にて日司連事務局へ回答を送信する方法。
（締切：平成25年3月15日）

1　回答者総数と単位会別内訳
1　回答者総数284名
2　回収率1.35％（会員数20,952名：平成25年2月1日現在）
3　単位会別回答者数
（1）北海道　札幌会（6）　函館会（0）　旭川会（1）　釧路会（0）
（2）東　北　宮城県会（1）　福島県会（3）　山形県会（1）　岩手県会（1）　秋田県会（0）　青森県会（4）
（3）関　東　東京会（33）　神奈川県会（17）　埼玉会（12）　千葉会（3）　茨城会（7）　栃木県会（2）　群馬会（2）　静岡県会（8）　山梨県会（2）　長野県会（5）　新潟県会（7）
（4）中　部　愛知県会（16）　三重県会（3）　岐阜県会（3）　福井県会（1）　石川県会（5）　富山県会（2）
（5）近　畿　大阪会（37）　京都会（13）　兵庫県会（26）　奈良県会（2）　滋賀県会（3）　和歌山県会（2）
（6）中　国　広島会（4）　山口県会（3）　岡山県会（3）　鳥取県会（5）　島根県会（1）
（7）四　国　香川県会（1）　徳島県会（2）　高知県会（1）　愛媛県会（2）
（8）九　州　福岡県会（4）　佐賀県会（1）　長崎県会（4）　大分県会（5）　熊本県会（2）　鹿児島県会（6）　宮崎県会（2）　沖縄県会（2）
※不明分（8）

2　在留外国人にかかる登記申請手続に関するアンケート（質問文）

　　　　　　　　　　　　　　　　　　　　　　　　日本司法書士会連合会
　　　　　　　　　　　　　　　　　　　　　　　　「外国人住民票」検討委員会
　改正住民基本台帳法が昨年7月9日（以下「施行日」といいます。）に施行され、一定の在留外国人に「外国人住民に係る住民票」（以下「外国人住民票」といいます。）が作成されることとなりました。また、同日、外国人登録法が廃止されたことにより、各自治体が保有していた外国人登録原票は法務省に送付されたため、外国人登録原票の開示請求は法務省に対して行うこととなり、「外国人登録原票記載事項証明書」は、これまでのように各自治体の窓口では交付されないこととなりました。

資料 I

　そこで、連合会の「外国人住民票」検討委員会では、外国人住民票と外国人登録原票記載事項証明書に関する実務上の実態を把握し、今後の方策の検討資料とするため、アンケートを実施することといたしました。本アンケートの趣旨をご理解のうえ、別紙回答書により平成25年3月15日（金）までに連合会事務局あてＦＡＸにてご回答くださるようお願いいたします。
　　（編注）　回答用紙はアンケート用紙とは別に回収したが、ここではアンケートに回答
　　　　　　数を記載した。
質問1　施行日以後、「外国人登録原票記載事項証明書」を添付情報とし、又は資料として登記申請手続を行ったことはありますか。
　　　ア．はい（回答数：96）　　　イ．いいえ（回答数：187）
質問2　質問1で「ア．はい」と答えた会員にお尋ねします。それは下記登記申請のいずれでしょうか。（複数回答可）
　①　不動産登記
　　　ア．登記名義人住所変更・更正登記の変更・更正証明情報として（回答数：75）
　　　イ．登記名義人氏名変更・更正登記の変更・更正証明情報として（回答数：16）
　　　ウ．相続登記の相続証明情報の一部として（回答数：30）
　　　エ．その他（別紙回答書にご記入ください。）（回答数：3）（回答：→3参照）
　②　商業登記
　　　ア．役員の死亡証明情報として（回答数：0）
　　　イ．役員の住所変更の資料として（回答数：1）
　　　ウ．役員の氏名変更の資料として（回答数：0）
　　　エ．その他（別紙回答書にご記入ください。）（回答数：0）
質問3　請求者本人による外国人登録原票の法務省への開示請求についてお聞きします。
　①　開示請求書の案内はわかりやすかったですか。
　　　ア．はい（回答数：64）　　　イ．いいえ（回答数：41）
　②　①で「イ．いいえ」と答えた会員にお尋ねします。
　　　具体的にどの箇所がわかりにくかったのか、別紙回答書にご記入ください。
　　　　　　　　　　　　　　　　　　　　　　　　　　　　（回答：→3参照）
　③　請求から開示までどの位の日数を要しましたか。
　　　ア．1ヵ月以内（回答数：37）
　　　イ．1ヵ月以上2ヵ月以内（回答数：44）
　　　ウ．2ヵ月以上（回答数：7）
質問4　死亡者の外国人登録原票の法務省への開示請求についてお聞きします。
　①　開示請求書の案内はわかりやすかったですか。
　　　ア．はい（回答数：31）　　　イ．いいえ（回答数：29）
　②　①で「イ．いいえ」と答えた会員にお尋ねします。
　　　具体的にどの箇所がわかりにくかったのか、別紙回答書にご記入ください。

(9) 「在留外国人にかかる登記申請手続に関するアンケート」の実施（2013年2月）とその結果（抄）

（回答：→3参照）

③　請求から開示までどの位の日数を要しましたか。
　　ア．1ヵ月以内（回答数：6）
　　イ．1ヵ月以上2ヵ月以内（回答数：17）
　　ウ．2ヵ月以上（回答数：11）
質問5　施行日以後、「外国人住民票」を添付して登記申請手続を行ったことはありますか。
　　ア．はい（回答数：113）　　　イ．いいえ（回答数：157）
質問6　質問5で「ア．はい」と答えた会員にお尋ねします。それは下記登記申請のいずれでしょうか。（複数回答可）
　①　不動産登記
　　ア．登記名義人住所変更・更正登記の変更・更正証明情報として（回答数：49）
　　イ．登記名義人氏名変更・更正登記の変更・更正証明情報として（回答数：9）
　　ウ．所有権移転の住所証明情報として（回答数：71）
　　エ．所有権保存の住所証明情報として（回答数：17）
　　オ．相続登記の相続証明情報の一部として（回答数：17）
　　カ．その他（別紙回答書にご記入ください。）（回答数：0）
　②　商業登記
　　ア．役員の死亡証明情報として（回答数：0）
　　イ．役員の住所変更の資料として（回答数：4）
　　ウ．役員の氏名変更の資料として（回答数：1）
　　エ．その他（別紙回答書にご記入ください。）（回答数：0）
質問7
　①　外国人住民票における外国人住民の氏名及び住所について、以下のうち該当するものをお答えください。（複数回答可）
　　ア．漢字圏の外国人住民の外国人住民票における氏名が正字に置換され登記記録上の氏名と相違するので困ったことがある。（回答数：19）
　　イ．非漢字圏の外国人住民の外国人住民票におけるカタカナ表記と登記記録上の氏名が相違するので困ったことがある。（回答数：12）
　　ウ．外国人住民票における氏名がローマ字だけなので登記申請情報の提供に困ったことがある。（回答数：19）
　　エ．外国人住民票に前住所が記載されていないので困ったことがある。（回答数：72）
　　オ．外国人住民票が消除されると保存期間が5年間なので将来困ることが予想される。（回答数：79）
　②　その他、外国人住民票における外国人住民の氏名及び住所等について困ったこと等があれば別紙回答書にご記入ください。（回答：→3参照）
質問8　質問7で外国人住民票における外国人住民の氏名及び住所等について、困った経験があると答えた会員にお尋ねします。どのようなケースで困り、どのように対処した

237

資料 I

のか、別紙回答書にご記入ください。（回答：→ 3 参照）
質問 9 　外国人住民票と外国人登録原票の開示についてご意見があれば別紙回答書にご記入ください。（回答：→ 3 参照）

ご協力ありがとうございました。（回答期限：平成25年 3 月15日（金））

3 　在留外国人にかかる登記申請手続に関するアンケート （別紙回答書の記述内容）

（編注）　回答中、同一の内容と思われる回答は適宜省略した。
質問 2 　①不動産登記　エ．その他（別紙回答書にご記入ください。）
- 根抵当権仮登記抹消の変更証明書、所有権保存登記、住所証明書、抵当権抹消の変更証明、帰化申請、遺贈の登記・遺言執行者の沿革のため

質問 3 　②　①で「イ．いいえ」と答えた会員にお尋ねします。具体的にどの箇所がわかりにくかったのか、別紙回答書にご記入ください。
- 請求書記載方法が複雑。
- 本人出頭の要否、代理人請求の可否。
- 案内そのものの存在がわかりにくかった。
- 法務省の担当部署がわかりにくい。
- 本人しか請求できないので、必要事項を記入する説明をしたが、全て日本語で書いてあるため内容の理解をしてもらうのにかなり手間取った。
- 請求書の様式の説明。
- 保有個人情報開示請求書の 1 、開示を請求する保有個人情報のチェック欄「□最後の原票のみ□1999年以降に書換えされた全ての原票□その他」と区別されているがその区別の意味がわからない。
- 開示請求権者がわかりにくい。添付書類がわかりにくい。
- 書式について。請求権者の不明確さ。
- ※返信用封筒を同封すること（切手も貼って）HP にこの件について触れていない。
- 「 1 　開示を請求する保有個人情報」→「本人以外の者」「当該本人以外の者」等、細々とした記載が依頼者には理解しづらかったようです。
- 添付書類である住民票の作成期限が30日以内。
- 1999年以降に書き換え等された全ての原票という意味がわからない。
- HP のどこに記載があるのか、さがしにくかったです。また、ご本人か法定代理人しか請求できないとされているにも関わらず、日本語での請求フォームしかなく、ご本人への説明に苦慮しました。制度の変更点につき英語での説明がどこにあるのかも同様で、かなり苦労してさがしました。
- 請求書の記載事項が詳細、多岐にすぎると感じた。しかも、説明の表現に分かりにくい部分があった。
- キーワードが分かっていないと、所定のページにたどりつけない点。

⑼ 「在留外国人にかかる登記申請手続に関するアンケート」の実施（2013年2月）とその結果（抄）

質問4　死亡者の外国人登録原票の法務省への開示請求についてお聞きします。
　②　①で「イ．いいえ」と答えた会員にお尋ねします。具体的にどの箇所がわかりにくかったのか、別紙回答書にご記入ください。
 ・請求方法が記載が判らない。
 ・請求者・請求の範囲の説明等がわかりづらい。
 ・H24.7.9以後に死亡した外国人が「死亡者」に当たるのか、それとも質問3の外国人登録原票に当たるのかが分からない。別に居住する受権者（親族）からの申請が却下された。
 ・行政サービスによる写しの交付と行政機関個人情報保護法による開示請求の差異がよく分からない。
 ・死者に係る全ての事項が開示されない（黒ぬりされる等）。
 ・死亡した外国人に係る外国人登録原票の写し交付請求書の1の(7)最後の原票の請求、平成11年以降・・・。その他の区別の意味等が分かりにくい。
 ・専門的な説明がわかにくい
 ・添付書類が分りにくい。開示内容が分りにくい。
 ・疎明資料について書かれていない。
 ・「本人」の相続人が「本人」の情報の開示請求する場合の提出すべき書面は？
 ・亡父亡母の請求を同時にするときに請求者の住民票が1通でいいのかどうか。手数料が無料であることがわかりにくい。
 ・キーワードを入れても、**HP**を検索できない点。

質問7　②その他、外国人住民票における外国人住民の氏名及び住所等について困ったこと等があれば別紙回答書にご記入ください。
 ・日本にない表記の漢字でした。
 ・外国人登録原票をとりよせてもらったが1カ月以上時間がかかった。
 ・日本に入国する前の外国における住所の表記がないので困った。
 ・中国国籍の方で、住民票と印鑑証明書（日本の自治体のもの）が簡体字、コンピュータ登記記録が繁体字で見た目が全く似ていなかったので、同一性の判断に困った。
 ・通称名の有無がわかりにくい。
 ・非英語圏（北欧）の外国人であったためアルファベット表記とカタカナ表記が日本人の感覚としてはアンマッチなものであった。例）**ANDERS**（アンディシュ）
 ・開示請求の手続が長期に渡ることが見込まれたため。
 ・外国人住民票におけるカタカナ表記と夫の戸籍（日本人）に記載されているカタカナ表記が相違していた。
 ・氏名（姓と名）が日本人と逆になっているので、そのままでよいのか（登記事項として）登記所に尋ねた。→そのままでよいとのことで申請　EX）山田花子→ハナコ山田
 ・外国人である登記名義人の住所変更登記申請において、外国人住民票には平成24年7月8日以前の住所が記載されないため住所移転の経緯が証明できず、法務省に対し外

239

資料 I

国人登録原票の写しを請求して解決した。
- 不動産の売買で見積もりの時に住所変更があるのかわかったので1ヶ月決済までの日をずらしてもらった。
- 住所沿革書面として外国人登録原票を取得したが、前住所から現住所への移転履歴において、現住所の記載が原票上誤っていたため、住所のつながりを示す方法として原票の誤った記載に基づく住民票を作成した上で、住民票上で地番誤記を理由とした正しい住所記載をした。
- 前住所の表示がない。住所の変更、沿革も記載証明すべし。
- 原票の取寄せに時間がかかりすぎて間に合わない
- 今後、原票のない人がでてきた場合、本籍地をどうやって調べればよいのか…。
- 抵当権の追加担保を設定する際に物件の住所が現在と異なるため原票が必要となったが、その書類が出ないため融資が受けられない。
- 本籍地が記載されていないので相続登記等が困難。
- 外国人住民票に外国人の氏名がローマ字のみで表記されていたため、所有権移転登記の登記権利者のカタ仮名での表記方法に困った。
- 施行前の住所変更の経緯が分からないので登記手続までに時間がかかる（切実）。
- 登記義務者が外国人の場合、現在の住民票では前住所の記載がない為開示請求するが時間がかかりすぎて決済に支障が生じた。

質問8　質問7で外国人住民票における外国人住民の氏名及び住所等について、困った経験があると答えた会員にお尋ねします。どのようなケースで困り、どのように対処したのか、別紙回答書にご記入ください。
- 不動産住所変更登記の添付書類として、住民票のみでは不足なため、登録原票開示請求で対処したが、日数がかかりすぎ取引に影響が出た。
- 登録原票はしばらく役所でも発行できる又は住民票に原票と同じ内容を記載してもらえるようにしてもらえると助かる。
- 法務局に行き、同じ字として扱われることを確認した。
- 購入時と売却時の表記が「ウー」と伸ばす伸ばさないと差異があり困った。日本留学時の所有マンションを帰国後再度来日し売却するのに日本の住所が繋がらない。法務局相談し上申書を作成して登記を行った。
- 平成24年7月9日（施行日）の記載が、必ず記載される（省略されない）ようにして欲しい。前住所とのつながりが不明確となるので困る。
- 住所変更登記と売買による移転登記を連件で申請する際、登録原票記載事項証明書の発行を待つと取引自体が成立しないケースがあり、上申書で対処した。
- ローマ字表記を見てこちらで考えた発音と、申請人本人の口から発せられる発音がほんの少し違っていた。最終的に本人の妻（日本人）に、カタカナでどう表記するか決めてもらった。
- 1. 前住所が記載されていないため必ず外国人登録原票を取る必要がある。2. 申請者

(9)「在留外国人にかかる登記申請手続に関するアンケート」の実施（2013年2月）とその結果（抄）

本人に法務省に請求するよう説明する必要がある。3．請求後受領までに1か月以上要した。
- 住民票にカタカナ表記名を登録されている方であったため、住民票登録のカタカナ表記で登記を行いました。仮にカタカナ表記を登録されていなければ、将来、所有権転移登記の義務者となった場合に、同一性が確保できるか不安を感じた。
- 不動産売却（所有権移転）の義務者の住所変更登記。義務者は母国に帰国中だったため、原票取得が本人申請だけなので、早くから来日してもらった。事前に法務省に頼んで、原票の発行を早めてもらった。司法書士が代理出来るとよい。
- 上記②にケース（外国人住民票におけるカタカナ表記と夫の戸籍（日本人）に記載されているカタカナ表記が相違していた。）で登記官に相談し住民票に記載されたカタカナ表記で処理することとなった。
- 外国人登録原票の写しを取得して添付した。
- 想像していたよりは早かったが、開示請求書の発送から、原票の写しが請求者に到達するまで約10日間かかった。
- 住所変更登記の申請で前住所が記載されてないので、ご本人に「外国人登録原票記載事項証明書」を取得していただいた。
- やはり開示請求に時間がかかりすぎるのは問題と思う。登記申請も待って頂くしかなく、スムーズに依頼人のニーズに答えられず心苦しかった。
- 証明（原票）は各市でできる様に。氏名、住所沿革は住民票に記載すべし。
- 相続の場合の被相続人と登記名義人の同一性が確認できない。日本人か外国籍の人か判断しにくい場合に対応に困る。
- 住所の沿革がとれないので、原票をとった
- 上申書＋印鑑証明書＋権利書写を添付して申請
- 所有権・債務者の氏名の文字が登記上と（印鑑証明書）住民票と異なることとなったため、説明に困った。
- 変更事項がいつの時か本人が覚えていないケース。
- 1．変更証明書として使用できない。2．保存期間が5年であると公的証明書がなくなり、立証にこまる。大変なことになるのでは。3．本国に正確に届いているとはかぎらないので（特に定住外国人）将来どのように処理するのか心配である。
- 登記名義人が登記を受けた後に、その居所を移転した場合の"同一人証明"として役立たない。
- 売側が外国人であって従前の原票がとれないため売買に予想外の時間がかかる
- 住所が7月9日付の住所なのでそれ以前の住所についての記載がないので原票の開示請求をした。
- 外国人住民票制度の前に住所変更し、外国に帰っていた登記名義人につき、登録原票の写しを取得する必要がありましたが、現在の住民票がない（出国済みなため）ので、郵送による請求ができない、窓口でないとダメと言われました。しかし、日本へ来る

資料 I

- 予定もなかったため、仕方なく上申書と登記識別情報通知の写しをもって、住所変更を証する情報として扱って頂くよう法務局におねがいし、何とかなりました。
- 帰化した人の住民票についても、最初の住民票について前住所がのりません（外国人住民票も）。取引日当日に、住民票で住所がつながらないことがわかったら、大変困ります。
- 発行元の町役場に要請して、カタ仮名表記を補記してもらった。
- 法務局から氏名について印鑑の字と住民票の字が相違すると言われ、免許証のコピーを出来ればつけて欲しいと言われ、仕方なくつけた。
- 氏名がローマ字だけで、通称も記載されていなかった。氏名をカタカナで表記するのに困った。本人に発音を聞きカタカナで登記申請をした。

質問9　外国人住民票と外国人登録原票の開示についてご意見があれば別紙回答書にご記入ください。

- 記載事項証明書に顔写真の写しがあり、個人情報保護の観点から疑問を感じた。
- 外国在住の外国人は出頭して交付請求する事が難しい。事実上開示請求が不可能。代理人申請を認めるべき。（同趣旨の意見7件あり）
- 簡体字、繁体字、ローマ字、アラビア文字、日本のカナ等全部名前については併記してほしい。
- フリガナさえ付ければどのような文字でも登記できるようにした方が良い。
- 以前（改正前）は短期滞在者も外国人登録原票の取得ができたのにもかかわらず、現行では、できなくなり、日本の住所での登記ができなくなったのがおかしいのでは…また、この制度について疑義を申し立てる機関が整備されていないことも疑義を感じる。
- 住民票に2012年7月9日以前の住所も記載できるようにすべきである。（同趣旨の意見5件あり）
- 登録原票の開示請求をしてから開示されるまでの時間がかかりすぎる上に、場所が一ヶ所、本人しか請求できない等、登記上大きな障害となっているので改善を望みます。（同趣旨の意見12件あり）
- 所有権登記名義人表示変更に使用する場合には、開示方法を抄本形式に変更する。※写真等その他の事項は登記には不要である。※名変の場合は住所（氏名）変更の経過が分かれば良いので、原票の写しではなく、住所経過の抜き書きできないか。
- いままでの原票みたいなものがあればよいと思う。写真まで添付される必要はない。
- 本人のみならず任意代理人でも請求できるようにしてほしい。（同趣旨の意見3件あり）
- 開示請求の手続の受付窓口を各都道府県の法務局に設けて、請求手続をやりやすくしてほしい。
- 一部市町村で行っているように、登録原票を行政証明のようなかたちですべての市町村で発行できる様にお願いしたいです。（同趣旨の意見1件あり）

⑼ 「在留外国人にかかる登記申請手続に関するアンケート」の実施（2013年2月）とその結果（抄）

- 原票をもっと簡単に取得できるようにしたい。
- 当市には外国人2名居りましたが1名は登録しないまま20年程前に死亡、他の1名は登録してあったが本国名と日本国名を必要に応じて使いわけていたようであり、支障はなかった。
- 法務省のみでなく元々データ保管していた役場（外国人住民票移行前）においても登録原票の開示請求及び交付を行えるようお願いしたい。（同趣旨の意見13件あり）
- 外国人住民票になり、従前の住所、氏名、通称が記載されなくなった、同様に国籍国の住所、出生地や家族も記載されない。今後相続登記が難しくなりそうである。
- 外国人が転々と住所を移転している場合、住所の履歴を証明するのに労力を要することが予想されるので日本人のように附票を作成できないかを検討すべきである。
- 改正法施行前に帰化し、施行後、死亡した者の請求先が法務省か入管なのか事前に照会したが、担当者もよく解っていなかった。
- 外国人住民票に平成24年7月8日以前の住所も記載すべき。外国人登録原票の写しの郵送による交付を希望する場合、代理人司法書士への郵送を認めてほしい。外国人登録原票の写しについて、印刷状態が悪く読みづらいため改善してほしい。
- 外国人住民票について、非漢字圏のF, M, Lname（Last Name, Middle Name, First Name）の順番がどう登記されるか、申請人・代理人側に…→統一されてない！（市役所）。
- 相続登記をするにあたり、本籍地番や家族事項、その他変更事項等が外国人住民票には記載されない為、その度原票請求をし相当な日数を要する。大変不便である。
- 自治体によるとのことですが「登録情報証明書」という名称で旧登録原票記載事項証明書と同じようなものを発行しているところもあります。これをもって現行の登録原票の写しに代るものとして使用できれば。
- 国籍を必須の記載事項にする。所有権取得者について国籍記載の必要がある。
- 本人しか申請でできないし、本人しか進捗状況を聞くことができないので急いでいる時困った。特に全く日本語の読み書き、会話ができない外国人の場合問合せに苦労した。急ぎの登記の場合対応できないので何とかして欲しい。
- 住民票の前住所及び戸籍取得するための本籍地を記載してほしい。
- 急ぐ登記申請には困る。行政庁によりコピー（写し）があるとことないとこがある（写しのある行政庁を知りたい）。
- 1．長年の外国人登録原票の役割を切りすてた住民票になっているのでは？ 2．これまでの外国人登録原票と新外国人住民票を切りはなすのは支障が生じている。
- 添付資料について、どのようなものを添付するかについてはもう少し柔軟に考えるべきではないか。
- 開示請求方法を分りやすく示して欲しい。
- マスキングをやめてほしいのと、請求権者の明確化。
- 「本籍」又は"登録基準地"を記録してほしい。

資料 I

- 外国人住民票と原票とはもともと同じ用途のものなのでその制度の変更により外国人の方々はとまどっています。従来の原票についても即日とれるように変えるべきである。
- 請求から開示まで、1ヶ月以上かかるので、所有権移転登記の義務者（売主）に住所変更等が必要な場合、決済までに間に合わない可能性があるので、開示までの期間を短縮していただければと思います。
- 外国人住民票に本籍が記載されるようにして欲しい。
- 兄弟姉妹からの請求では一部が黒ぬりされて開示されるので相続関係が調査できません。
- すでに出国した外国人が、登録原票の開示請求をするのがとても難しいと思います。任意代理人による請求を認めるか、日本にある関係者の住所地に郵送できるようにするなどしなければ、今後、取引に支障をきたすおそれが大きいと思います。
- 外国人登録原票請求では、本人に郵送してもらいましたが、本人では、書き方がわからないと言われた事があります。

資料 II

資料Ⅱ

法務省入国管理局長宛て「外国人住民に係る渉外民事実務の課題について（提言）」

日司連発第2053号
平成25年（2013年）3月26日

法務省入国管理局
　　入国管理局長髙宅茂殿

日本司法書士会連合会
会長　細　田　長　司

外国人住民に係る渉外民事実務の課題について（提言）

　当連合会「外国人住民票」検討委員会において、下記のとおり外国人住民に係る渉外民事実務の課題に関する意見をまとめましたので、提言いたします。

記

　全国に隈なく均在する司法書士は、日本に在留する外国人住民（以下「外国人住民」という。）の生活に寄り添いながら日々生起する民事法上の問題に関するアシストを行い、外国人住民の市民生活の円滑な営みに助力しているところである。

　外国人住民に関する法制度は、平成24年7月9日施行された「出入国管理及び難民認定法及び日本国との平和条約に基づき日本の国籍を離脱した者等の出入国管理に関する特例法の一部を改正する等の法律」（以下「入管法等改正法」という。）（平成21年法律第79号）及び「住民基本台帳法の一部を改正する法律」（以下「住基法改正法」という。）（平成21年法律第77号）により、その様相が一変した。

　連合会は、平成23年12月16日総務省宛に「住民基本台帳法施行令の一部を改正する政令の一部を改正する政令案」及び「住民基本台帳法施行規則の一部を改正する省令の一部を改正する省令案」に対する意見書を提出した。意見書では、「住基法改正法」で創設される「外国人住民票」制度が外国人住民

246

の利便性を没却している上に外国人住民に係る渉外民事実務（渉外家事実務）の執務に支障をもたらすという観点から修正すべき点を具体的に述べた。

　本提言は、上記意見書の趣旨に沿って、第一に外国人住民の身分関係書面取得の問題点、第二に外国人住民の識別・同定に欠かせない氏名・住所等の変更記録の取得の問題点、第三に外国人住民の氏名表記とその呼称をめぐる問題点、第四に外国人住民の身分情報や識別・同定情報のデータ開示についての問題点、第五にそれら身分情報やデータの保存期間の問題点を指摘し、それら問題点を克服すべき方途を示したものである。

　「入管法等改正法」「住基法改正法」の施行から約8か月が経過した。本提言が、日本における外国人政策を牽引する貴局の今後の諸施策に反映されることを切に願うものである。

【提言1】外国人住民の下記事項の情報を蓄積し、当事者又は親族が知り得る制度上の措置を講じるべきである。

① 「国籍の属する国における住所又は居所」（外国人登録法（以下「旧外登法」という。）（昭和27年法律第125号）第4条第1項第7号）

② 「出生地」（旧外登法第4条第1項第8号）

③ 「本邦にある父母及び配偶者（申請に係る外国人が世帯主である場合には、その世帯を構成する者である父母及び配偶者を除く。）の氏名、出生の年月日及び国籍」（旧外登法第4条第1項第19号）

④ 日本における戸籍法上の出生届、死亡届、婚姻届、離婚届等を保存管理する市町村名

（説明）　身分情報は、市民が社会生活を営む上で必要不可欠な情報である。それは外国人住民も同様である。親が誰か、配偶者が誰か、子が誰か、それらの識別・同定は、氏名・国籍・生年月日・性別によりなされる。その上で、法の適用を通して、法定代理人は誰か、扶養義務者は誰か、相続人は誰かなどが明らかになる。

資料Ⅱ

　外国人住民の身分情報は、基本的にその本国（国籍国）が保有すべきと考えられる。しかし、国外で成立した身分変動行為が諸種の事由により本国の身分登録簿等に反映できない場合がある。また、諸外国の中には外国で生じた身分変動行為を記録するシステムを採用しないところや出生簿、婚姻簿、離婚簿、死亡簿など個別的な身分登録簿を統合するシステムを有しないところもある。

　いずれにしても、外国人住民の身分情報は、本国の身分登録簿（個人単位・家族単位）の記載、本国の各地に点在する身分証書の記載、本国官公署（駐日領事館等）の証明書の記載、日本で身分行為が成立した場合はそれを証する書面等の記載を照合して、その全容を把握することになろう。

　【提言1】は、外国人住民の本国の身分情報の取得と日本における身分情報の取得に関する提言である。

（事例1）「国籍」を「韓国」とする外国人住民Aは、1934年韓国「慶尚北道…郡…面…里…番地」で出生し、1944年渡日し、1960年日本で韓国人Bと婚姻、日本で3人の子（C・D・E）をもうけ、2013年に死亡した。

---

　①は、旧外登法第4条第1項第7号の登録事項である。この登録事項は、原則として、本国（国籍国）の生活の本拠を記載していたが、日本に定着・居住し本国に生活の本拠がない外国人には身分登録簿が備え置かれている地を記載する取扱いであった（入国管理局・「平成12年3月外国人登録事務取扱要領ほか」110頁「第6－3－⑿」、平成20年4月25日付法務省官登第5887号入国管理局登録管理官通知）。したがって、外国人住民が本国から自己の身分登録証明書を取り寄せるには必要不可欠な記載内容である。

　（事例1）の場合、韓国の身分登録簿である家族関係登録簿の事項別証明書を取り寄せるには、同人の氏名（姓名）と「登録基準地」の情報が必要である。旧外登法の「国籍の属する国における住所又は居所」欄には「登録基準地」と思われる地（上記の「慶尚北道…郡…面…里…番地」）が記載されていた

ので、それを手掛かりに在日領事館等から同人の本国の身分関係書面を取り寄せることが可能である。日本の公的記録簿から「国籍の属する国における住所又は居所」の記載が消滅することは、本国の身分登録簿に繋がる指標を消滅させることになり外国人住民の身分情報の取得が困難になる。

　②は、旧外登法第４条第１項第８号の登録事項である。この登録事項は、外国人の出生地が日本国内か日本国外かを問わずその地（最小行政区画）を記載する取扱いであった（入国管理局・「平成12年３月外国人登録事務取扱要領ほか」第６－３－⑾）。外国では、出生・婚姻・離婚・死亡等の身分変動の記録が点在しているところがある一方で、身分情報の履歴を出生地に備える出生簿等に付記して記録するところがある。出生地が容易に確認できれば、出生地が海外である外国人についてはその所在地から出生証明書や出生簿に付記記録された身分情報を取り寄せることが可能であり、出生地が国内である外国人については「出生届」を受理した市町村名を推認できる資料となる。

　（事例１）で、Ａの子らが本国の身分登録簿に記載されておらず、かつ、同一世帯の構成員でもない場合、子（Ｃ・Ｄ・Ｅ）の「出生地」の記載を手掛かりに近傍の市町村で「出生届」の記載事項証明書等を取得し、「出生届」の親欄等からＡとの親子関係が判明することがある。

　日本の公的記録簿から「出生地」の記載が消滅することは、日本における身分変動事実を確認する指標を消滅させることになり外国人住民の身分情報の取得が困難になる。

　③は、旧外登法第４条第１項第19号の登録事項である。ここには、世帯構成員ではない日本に居住する世帯主の父母及び配偶者の氏名・生年月日が記載されるので、外国人住民の身分関係を推認させる貴重な情報になる。日本に定着・居住する外国人の家族形態も大家族から核家族への変化が顕著であり、単身世帯も増加している。住民基本台帳法（以下「住基法」という。）第７条第１項第４号の世帯主と世帯構成員との身分関係だけでは、その家族関係を把握するのには不十分である。

　（事例１）で、Ａの同一世帯を構成しない日本に在る父母や配偶者Ｂの氏名

等の記載があれば、その記載は貴重な身分情報である。

④は、外国人住民の身分情報の取得に欠かせない日本の戸籍法上の各種届書の市町村名の情報である。外国人が日本において出生・死亡した場合は市町村長への届出義務があり、市町村長に婚姻・離婚等の届出が可能な場合もある。届出を受理した市町村長は、届書を受理した受付年月日等を受付帳に記載し（戸籍法施行規則第20条、第21条）、受理した届書を閲覧に供し（戸籍法施行規則第66条の2）、それら届書の記載事項証明書や受理証明書を発行することができる（戸籍法第48条第1項、第2項、戸籍法施行規則第14条、第66条）。しかし、外国人の届出地は原則として「所在地」（戸籍法第25条第2項）であることから、外国人住民票の「住所」や在留カード及び特別永住者証明書の「住居地」と異なることがある。そこで、届書を受理した市町村名が判明すれば、外国人住民の届書の記載事項証明書や受理証明書を取得することが容易になり、それら各種届書の記載によって外国人住民の身分情報の一部が明らかになる。

（事例1）で、Aの出生届書の記載事項証明書やBとの婚姻届書の記載事項証明書を取得できれば、それら届書からAの親の氏名等やBの氏名・婚姻年月日がわかり、C・D・Eの出生届を取得できればそれぞれの氏名等が分かり、A・Bとの親子関係がわかる。

なお、受理市町村名は、それら届書を受理した他の市町村長からの通知に基づくときは「他の市町村名」を当該外国人住民の住民票の備考欄に記載し、住所地市町村がそれら届書を受理したときは「住所地市町村名」を当該外国人住民の住民票の備考欄に記載すれば良いのである。

【提言2】外国人住民の氏名に関して
① 外国人住民の氏名がローマ字表記だけの者には、「在留カード」「特別永住者証明書」（以下「在留カード等」という。）の裏面や「外国人住民票」の備考欄にカタカナ表記を付すべきである。
② 「漢字告示」により正字に置換した「在留カード等」や「外国人住民

> 票」の氏名の漢字表記につき、元の漢字表記と正字の漢字表記との対応関係を証する書面を交付すべきである。
> ③ 「在留カード等」や「外国人住民票」の漢字氏名には「ふりがな」を付すべきである。

(説明)【提言２】は、外国人住民の識別・同定に関する提言である。

①は、外国人住民の氏名が在留カード等や外国人住民票にローマ字表記だけで記載されている者の識別・同定のための方策である。

> (事例２) 外国人住民Ａの在留カード等や外国人住民票の氏名欄に「ＬＥＥ　ＹＩＰ－ＳＡＥ」と記載されている。

在留カード等の外国人の氏名は原則として「旅券等」記載の「ローマ字」だけで記載される(出入国管理及び難民認定法施行規則(以下「入管法施行規則」という。)第19条の６第１項等、同第19条の９第２項等)。そこで、ローマ字表記の氏名を戸籍や登記・登録等に記載する場合に、その「ローマ字」表記氏名を「カタカナ」でどのように表記して記載するかが問題になる。

このようなとき、旧外登法の取扱いでは「アルファベット」表記の氏名に併記名といわれる「カタカナ名」を備考欄に記載することがあった(入国管理局・「平成18年３月外国人登録要領別冊」108頁)が、それもないときは同人からの音読による聞き取りなどで戸籍や登録・登記等の氏名欄に記載することとしていた。音読の聞き取りなどの方法では聞き取り方の相違によってはそのカタカナによる表記に違いが生じることがあった。例えば、(事例２)の場合にＡのカタカナ表記が「リーイプサエ」や「リーイプセ」と異なるときがある。

そこで、氏名が「ローマ字」だけで表記されている者には、在留カード等の裏面か外国人住民票の備考欄に「カタカナ」を付記して、その表記の仕方を統一させて、同人の識別・同定に支障を生じることのないようにすること

が必要である。

②は、ローマ字氏名に併用して漢字表記がなされている者で旅券や本国官公署発行の書面と在留カード等や外国人住民票の漢字表記が異なる者の識別・同定のための方策である。

> （事例3）外国人住民Aの旅券等の漢字氏名が簡体字「张玉莲」なので、職権で「張玉蓮」に置き換えられて在留カード等や外国人住民票に表記されている。

氏名に漢字又は漢字及び仮名の氏名を使用したいとの当事者からの申出があった場合は、「ローマ字」に併用して在留カード等の氏名にその漢字又は漢字及び仮名の氏名を表記することができる（入管法施行規則第19条の7第1項等）。しかし、使用したいと申し出た漢字が簡体字や繁体字等であれば、「漢字告示」（入管法施行規則第19条の7第5項、平成23年法務省告示第582号）が定めた正字の「漢字」氏名に置換される。この漢字の置換作業は、平成24年5月7日を基準日として作成された「仮住民票」においても職権でなされた（平成24年2月10日付総行住第19号総務省自治行政局通知第4「仮住民票の記載」2−(1))。

法務省のホームページ上では、漢字置換の基本原則とその対応などが公開されているが、外国人住民が自らその内容を見て自己の氏名がどのように置換されたかを確かめられるとは到底思えない。地方入国管理官署では、法務省入国管理局の情報システムにより簡体字等を入力すると、対応する正字に自動的に置き換えられるとのことである（福谷孝二ほか『新しい外国人住民制度の窓口業務用解説』（日本加除出版、2012年）71頁）。

そこで、旅券等に記載の簡体字等の漢字氏名及びすでになされた戸籍・登記・登録等に記録された簡体字等の漢字氏名と、在留カード等・外国人住民票記載の正字の漢字氏名を照合するために、入国管理局長又は市町村長は、元の簡体字等の漢字氏名と正字の漢字氏名の「対応関係を証する書面」を交

付すべきである。「対応関係を証する書面」の発行により、本人の識別・同定が容易となり、第三者に対してもその同一性を証明できることになる。

③は、ローマ字氏名だけの者は①により「カタカナ」を付すべきであるが、漢字氏名の者の氏名の呼称は「ふりがな」を付して外国人住民の識別・同定と正確な呼称に努める方策である。

> （事例4） 外国人住民Ａの在留カード等や外国人住民票の漢字氏名が例えば「金花子」の場合、本人からの聞き取りにより例えば「キムファジャ」と「ふりがな」を付す。

上記のケースで、当事者からの音読の聞き取りによって在留カードや外国人住民票に「ふりがな」を付すことにする。それにより、入国管理局や市町村の窓口で外国人住民を呼称する場面だけでなく、日常生活の場面においても正確に「漢字氏名」が呼称され（最三小判昭和63年2月16日民集42巻2号15頁参照）、外国人住民の識別・同定に資することにもなるであろう。

> 【提言3】 市町村長から法務大臣に通知すべき事項に下記事項を加えるべきである。
> ① 「世帯主についてはその旨、世帯主でない者については世帯主の氏名及び世帯主との続柄」（住基法第7条第1項第4号）
> ② 「通称」「通称の記載及び削除に関する事項」（住基法第7条第1項第14号、住民基本台帳法施行令（以下「住基法施行令」という。）第30条の25）

（説明） 【提言3】は、外国人住民票の記載事項で①②の情報は市町村長から法務大臣に通知されない。①②ともに在留外国人の身分情報と識別・同定に欠かせない事項である。市町村から法務大臣に通知すべき事項（入管法第61条の8の2、入管法施行令第6条）に加えるべきとの提言である。

①は、住基法の記載事項としては唯一ともいえる身分情報である。しかも、

一定の場合には世帯主との続柄を証する書面の添付が義務付けられているので（住基法第30条の48、同法第30条の49）、その情報は正確な身分情報といえるものである。そこで、その身分情報及びその変更情報は、【提言1】の③で述べた身分情報とともに入国管理局において継続したデータとして保存すべきである。

②の「通称」は旧外登法でも「通称名」として外国人登録原票への記載が便宜認められていたが（入国管理局・「平成18年3月外国人登録要領別冊」107～108頁）、今次の改正では住基法の施行令により法令で規定した（住基法施行令30条の25）。今までも、外国人住民が登記・登録等をする際に通称名が氏名として記録され、また通称名は日常の場面でも使用されることが多い。「通称の記載及び削除に関する事項」とは、「当該通称を記載した市町村名及び年月日」と「当該通称並びに当該通称を削除した市町村名及び年月日」である（住基法施行令第30条の27第1項本文）。転出・転入の手続がとられても「通称」「通称の記載及び削除に関する事項」は住所地市町村の住民票に移記されるが（住基法施行令第30条の26第3項、同第30条の27第2項）、その記載と変更の情報は入国管理局において継続したデータとして保存すべきである。

【提言4】　入国管理局の開示請求手続について
① (a)「外国人登録法廃止後の外国人登録原票」(b)「死亡した外国人に係る外国人登録原票」(c)「出入（帰）国記録」の開示請求制度の整理を行い、使用用途別に開示すべき内容を明示して案内をすべきである。
② 上記開示請求手続は、市町村経由で行える制度を構築するか、市町村の窓口に案内用紙を備置するなど、当事者の利便性を考慮した措置を講ずるべきである。

（説明）【提言4】は、法務省等に保存されている外国人住民データの開示請求の改善策についての提言である。

上記開示請求手続について、(a)(b)は法務省のホームページ上で、(c)は法務

省入国管理局のホームページ上で案内がなされている。過去に「外国人登録」をしていた者は(a)(b)(c)の開示請求によるが、平成24年7月9日以降の外国人住民票のデータは「外国人出入国記録マスタファイル」に保存されるため、(c)の開示請求によるとのことである。また、(a)(c)の開示請求書の提出先は法務省大臣官房秘書課個人情報保護係であり、(b)の開示請求書の提出先は法務省入国管理局出入国管理情報官室出入国情報開示係である。

開示請求者は(a)(b)(c)いずれも本人及びその法定代理人であるが、(b)は「行政サービスによる写しの交付」請求も可能で、その交付請求者は、(1)死亡した外国人の死亡当時の同居の親族、(2)死亡当時の配偶者、直系尊属、直系卑属又は兄弟姉妹、(3)上記(1)(2)の法定代理人である。(a)(b)(c)は「行政機関の保有する個人情報の保護に関する法律」（平成15年法律第58号）第12条等による開示請求であるが、(b)は上記(1)(2)(3)の請求者による場合は、「外国人登録原票に亡くなった方と交付を請求された方以外の方に関する個人情報が含まれている場合、行政機関個人情報保護法により提供してはならない」のでその部分を消除した写しが交付されるとのことである。

①は、それら開示請求手続を整理して外国人住民の使用目的に従い開示手続に応じる方法を講じ、外国人住民の利便性に資する制度にすべきとの趣旨である。

開示請求手続の整理とは、第一に、開示請求先の一本化である。現在は、(a)(c)と(b)では開示請求先が異なるが、それら請求先を同じ請求先にすることである。

第二に、入国管理局に保存されているデータの開示請求の案内を一本化することである。例えば、その名称を「外国人登録原票が必要な方へ」「外国人住民票の記録が必要な方へ」として案内することが考えられよう。

第三に、使用用途に従った開示手続の対応である。例えば、過去の「住所」「氏名」「通称」の確認やその届出年月日や変更年月日が必要、「死亡した何某」の相続のために「国籍の属する国における住所または居所」「出生地」「世帯構成員でない世帯主の父母及び配偶者の氏名等」、「世帯主と世帯構成員の氏

資料Ⅱ

名とその続柄」の確認やその変更履歴が必要など、その使用用途を明らかにさせて、入国管理局側ではその必要とする事項を(a)(b)(c)のデータから抽出して開示するというものである。ただし、相続等で(b)の「死亡した外国人に係る外国人登録原票」が必要で「行政サービスによる写しの交付」を本人又は法定代理人以外が請求する場合は、別に添付書類が必要との案内をしてはどうであろうか。

なお、(c)の「出入（帰）国記録」には、住所や氏名等の届出年月日は記録されるが変更年月日は記録されず開示されないと聞き及ぶが、住所の移転年月日は市町村から伝達されており（入管法施行令第2条第1項第6号、入管特例法施行令第3条第1項第6号）、その記録の開示は可能である。その他の事項の変更年月日も記録し開示請求に応じるべきである。

②は、外国人住民の利便性を考慮して、(a)(b)(c)の開示請求手続を地方自治法第2条第9項第1号の「第1号法定受託事務」とし、その手続窓口を住所地市町村とするか、又は市町村の窓口に開示請求を案内するパンフレット等を備え置き、市町村の窓口担当者が開示手続を説明するなどの措置を講じるべきとの趣旨である。後者については、入国管理局が静岡県浜松市、埼玉県さいたま市、東京都新宿区に開設しているワンストップ型相談センターがその参考になろう（法務省入国管理局編『平成24年版出入国管理』87頁）。

【提言5】　以下の保存期間を大幅に伸長すべきである。

① 「廃止外国人登録原票」「死亡した外国人に係る外国人登録原票」データの保存期間

② 入国管理局に集積される「外国人出入国記録マスタファイル」データの保存期間

③ 「外国人住民票」の保存期間（住基法施行令第34条第1項）

④ 戸籍の記載を要しない各種戸籍届書の保存期間（戸籍法施行規則第50条第2項）

法務省入国管理局長宛て「外国人住民に係る渉外民事実務の課題について（提言）」

(説明)【提言5】は、外国人住民の識別・同定に必要なデータや身分情報記録の保存期間を大幅に伸長すべきとの提言である。

　①のデータは、平成24年7月8日まで「外国人登録」をしていた者の外国人登録原票の記載事項のデータである。これら記載事項の中には、当該外国人の「国籍」「居住地」「氏名（通称を含む）」「国籍の属する国における住所又は居所」「出生地」「世帯主との続柄」「本邦にある父母及び配偶者（申請に係る外国人が世帯主である場合には、その世帯を構成する者である父母及び配偶者を除く。）の氏名、出生の年月日及び国籍」などの記録とその変更履歴が残されている。これらデータには、当該外国人の識別・同定に関する事項や同人と一定の身分関係にある者の人的事項が大量に含まれ、相当期間必要になる情報ばかりである。しかも、平成24年5月7日を基準日として作成された「仮住民票」には前住所や住所を定めた年月日が記載されず、それより前の氏名や通称名も記載されていない。

　また、旧外登法上の登録事項であった「国籍の属する国における住所又は居所」「出生地」「本邦にある父母及び配偶者（申請に係る外国人が世帯主である場合には、その世帯を構成する者である父母及び配偶者を除く。）の氏名、出生の年月日及び国籍」も外国人住民票には記載されていない。

　以下に事例を四件掲げた。事例ごとにその必要性を述べてみる。

（事例5）　国籍を「韓国」とする外国人住民Aは、昭和50年（1975年）出生以来父母の通称「金山」を使用し、平成7年（1995年）外国人住民Bと婚姻しBの通称「新井」を使用している。Aが通称「金山」を使用していた事実を証したい。

　このケースは通称の履歴が必要な場合である。Aの外国人住民票には仮住民票作成時点（平成24年5月7日）の「新井」の通称だけが記載されているので、通称「金山」から「新井」への変更した事実とその変更年月日を確かめる必要がある。そのためには、平成24年7月9日に廃止された登録原票の

257

資料Ⅱ

データから、廃止前の約20年前の記録を確かめる必要がある。

> （事例6）　国籍を「中国」とする外国人住民Aは、昭和50年（1975年）に「Y市」の自宅を購入し、平成23年（2011年）に死亡した。その不動産登記の所有者欄の「住所」には自宅を購入する前の住所「X市」が記載されている。Aの自宅購入前の「X市」の住所を証したい。

　このケースは、住所の履歴が必要な場合である。Aは平成24年7月8日前に死亡しているので、「死亡した外国人に係る外国人登録原票」により、自宅購入前の「X市」の住所から自宅がある「Y市」の住所に変更した事実とその変更年月日を確かめる必要がある。そのためには、「死亡した外国人に係る外国人登録原票」のデータより、死亡から約36年前の記録を確かめる必要がある。

　②の「外国人出入国記録マスタファイル」には、平成24年7月9日以後の外国人住民のデータが保存される。それらデータにも、当該外国人の識別・同定に関する事項や同人と一定の身分関係にある者の人的事項が含まれ、相当期間必要になる情報ばかりである。

　③について、現行法では、住民票は「改製」又は「消除」された日から5年間保存される（住基法施行令第34条第1項）。住民票の「改製」は市町村長が「必要があると認めるとき」に行われ（住基法施行令第16条）、「転出」等や「死亡」等があれば、市町村長は住民票を「消除」しなければならない（住基法施行令第8条、第10条等）。外国人住民の住所等の記録は外国人住民票が「改製」されるか、「転出」等してから5年が経過すれば市町村には存在しない。また、当該外国人が死亡すると外国人住民票が消除され、転入地の外国人住民票に移記されていた「通称の記載と削除に関する事項」も消除から5年が経過すれば市町村には存在しない。外国人住民票の住所や氏名（通称を含む）の変更記録は、当該外国人の識別・同定に必要な事項であり、相当期間必要となる情報である。

> (事例7) 外国人住民Ａは、平成24年（2012年）8月に「Ｘ市」で出生し外国人住民Ｂ・Ｃの両親と居住していたが、平成30年（2018年）に両親とともに「Ｙ市」に転入し、平成43年（2031年）に単身で「Ｚ市」に転入した。出生地「Ｘ市」を知りたい。

　このケースでは、Ａの「Ｚ市」の外国人住民票には前住所「Ｙ市」の住所が記載されているが、「Ｙ市」の住民票の除票は、「Ｚ市」に転出してから13年が経過しているので消除されている。したがって、Ａは「出生地」である「Ｘ市」の住所を確認できない。
　④は、【提言１】の④で述べた在留外国人の身分情報の取得に欠かせない在留外国人の戸籍届書の保存期間である。
　受付帳の保存期間は「当該年度の翌年から150年」である（戸籍法施行規則第21条第３項）。日本人に係る戸籍記載完了後の届出書類は本籍地の管轄法務局等に送付され、管轄法務局等の届書の保存期間は「当該年度の翌年から27年」である（戸籍法施行規則第49条第２項）。さらに、戸籍の除籍簿の保存期間は「当該年度の翌年から150年」と定められている（戸籍法施行規則第５条第４項）。
　しかし、外国人の届書類で「戸籍の記載を要しない事項について受理した書類」の保存期間は、婚姻や協議離婚等の創設的届出書類は「当該年度の翌年から50年」であるが、出生・死亡や報告的届出書類は「当該年度の翌年から10年」である（戸籍法施行規則第50条第２項）。このような短期間の保存期間では在留外国人の身分情報が早期に散逸してしまう。

> (事例8) 国籍を「ブラジル」とする外国人住民Ａは昭和60年（1985年）に日本で出生し、国籍を「ブラジル」とする外国人住民Ｂと平成17年（2005年）に日本で婚姻した。Ａ・Ｂは平成19年（2007年）裁判離婚し、その報告的届出をＡの所在地の市町村に届け出た。Ａは、平成32年

> (2020年)に再婚しようとしてBとの報告的離婚届書を取り寄せることにした。

　このケースでは、Aの出生届は10年が経過しているので受理市町村では保存されておらず、A・B間の婚姻届は50年間保存されているので受理市町村で届書の記載事項証明書等を取得できるが、A・B間の報告的離婚届書は10年しか保存されないので受理市町村から届書の記載事項証明書を取得できない。

　ただし、いずれの届書の取得も【提言1】④の届書を受理した市町村名が明らかでなければ取得はできない。

　このように、①②③④のデータの保存期間は現行より大幅に伸長する必要がある。①②のデータの保存期間は、「法務省文書管理規則」(平成23年4月1日付法務省秘文訓第308号)第16条の定めにより、文書管理者は、「別表第1」の標準文書保存期間基準に従わなければならないが、その保存期間を大幅に伸長すべきである。また、③の「外国人住民票」の保存期間は在外者等(住基法施行令第34条第2項)の保存期間に準じて「「改製」又は「消除」された日から80年」に伸長し、④の「創設的届出書類」や「出生・死亡や報告的届出書類」の保存期間は、受付帳や除籍簿の保存期間に準じていずれも「当該年度の翌年から150年」に伸長すべきと考える。

　なお、③④の保存期間の定めは貴局の所管外の法令ではあるが、日本の外国人政策の牽引役である貴局が速やかに所管の部局と改正に向けた協議をすべきである。それにより「外国人との共生社会」実現に向けたさらなる進展が図れるものと確信する。

以上

あとがき

❖第1回「外国人住民票」検討委員会を2011年8月5日に開催後、約1年で『外国人住民票の創設と渉外家族法実務』(民事法研究会)の発刊(2012年5月17日)まで漕ぎ着けた。出版は日司連への委員会報告の延長線上にあるものであるが、同書籍を通じ、法務省入国管理局から日司連に対し、「外国人に関する情報の収集、把握・管理の仕方等について、実務面を含めて意見を聞きたい」との申出があった。その後、3回連絡会が開催されており、実務家の視点による研究、現場からの声の重要性を再確認した。

総会における提案の趣旨であった「外国人住民票の在り方を検討し、その改善策について提言を行う」という目的は達成されたかどうかはわからないが、2年間の委員会活動の終わりに、本書が出版されることを共に活動を行ってきたメンバーと喜びたいと思う。　　　　　　　　（北田五十一）

❖2011年6月、日司連総会で「外国人住民票」検討委員会が設置されてからははや2年が経過した。外国人登録法が廃止されて、「外国人住民票」に移行したことによる実務上の問題点を指摘しそれに変わる方策を委員会は検討してきた。

学生であった70年代は外国人といえば在日のことであったが、今やその比率はかなり少なくなってきた。したがって、委員会で検討した外国人とは在日以外の外国人も当然に含まれる。実務上、在日以外の他の外国人はどうなるのだろうかと考えた。何十年後の日本は人口が減少し今以上に外国人を受け入れなければならないといわれている。否応なしに外国人との共生社会を迎えるであろう。その時、私たち委員会の2年間がどう評価されるだろうか。　　　　　　　　　　　　　　　　　　　　（姜　信潤）

❖2012年7月9日の住基法改正法の施行から、はや10カ月が経とうとしている。この間に外国人住民をめぐる課題の何が改善されて、何が改善されなかったのでしょうか。廃止外国人登録原票の写しの入手に手間取り廃車手続が迅速にできないので、帰国を予定している外国人が適正な手続を行え

あとがき

ないずそのまま放置された車はどうなったのでしょうか。それよりも、名変ができずに困った外国人住民はどうしたのでしょうか。それこそ日々、外国人住民に寄り添いながらも、登記手続を研鑽している専門家の腕の見せ所ではなかったでしょうか。同職に対するアンケートをみるとその場の様子が手に取るようにわかるようです。テクニックに頼るのも、注意してかからねばなりません。ここは、地道に一歩一歩前進し続けるほかはないのでしょう。
（高山　駿二）

❖東日本大震災、原発事故から2年余り、被災地の司法書士としてとにかく慌しい日々を過ごしてきました。週末に「外国人住民票」検討委員会の会合へ参加し、夜中まで資料を調査したり、報告書を作成したりすることが「正直、辛いなあ」と感じたこともありましたし、昨年6月の大阪での公開報告会にも参加できず、関係者の方々にご迷惑をおかけしました。しかし、今となって振り返ってみると、これほど充実した活動をでき、確かな足跡を残せたということは、私にとって大きな財産となりました。

　西山委員長、姜副委員長、北田委員、高山委員、元委員の小西伸男先生、日司連の加藤常任理事、事務局の三浦太郎様、そして本委員会のメンバーに私をご推薦くださった渉外司法書士協会の山北英仁会長、他にワークショップや報告会にご参加くださった全国の司法書士のみなさまにこの場をお借りして御礼申し上げます。

　本当にありがとうございました。
（大和田　亮）

❖月日の経つのは早いもので、日本司法書士会連合会に「外国人住民票」検討委員会が設置されて2年が経過しようとしています。委員会の名称に「」をつけたのも西山委員長の強い要望があったからですが、ここには、「外国人住民票」制度が抱える諸問題に対する同氏の思いが込められています。昨年（2012年）7月にわが国において外国人住民に住民票制度が制度化されことは他国に先鞭をつける、画期的なことでした。しかし他方において、住民票の記載事項については、個人情報保護法の制度趣旨から「公開する情報は最低限度に」との要請があるため、従前の本国における住居地等の

あとがき

　記載などが省かれることとなりました。実はこのことが我々登記の専門家のみならず定住外国人の方々へ与える影響は決して小さくありませんでした。ただ、相互主義の問題も絡み問題は単純ではなさそうです。

　そのような折、法務省入国管理局の方々と意見交換をする機会を与えられ、住民票のみならず、在留カード等の記載事項についてかなり突っ込んだ意見交換をすることができました。本書はその意見交換により、入国管理局の担当官から有益な示唆を受けたものが随所に散りばめられています。また、内容は昨年出版した『外国人住民票の創設と渉外家族法実務』の続編と位置づけられるものになっています。

　本書を上梓するにあたり、2年前当委員会主催で全国数箇所で開催したワークショップにおいて、冒頭の開催趣旨説明の中で西山委員長が外国人の人権についてふれられた部分が記憶によみがえってきます。それは、「マクリーン事件」に関して述べられたものですが、このマクリーン事件とは、外国人の人権を語るにあたり、リーディングケースとなる判決です。マクリーン事件において最高裁判所は、「権利の性質上日本国民のみを対象としていると解されものを除き」外国人にも憲法の保障が及ぶとする「性質説」に立つことを判示しました。とともに、忘れてはならないのが、「森川キャサリーン事件」です。近い将来、「外国人との共生社会」の実現が現実味を帯びてきた時、このキャサリーン事件で争点となった定住外国人の再入国の問題が必ず議論の俎上となるはずです。

　最後になりますが、西山委員長をはじめとする委員会の皆様にはこの2年間大変お世話になりました。今後は、この委員会の事業は他の部署で研究・検討される予定ですので、引き続きご指導のほどよろしくお願いいたします。

（日本司法書士会連合会　常任理事　加藤憲一）

■執筆者一覧■

日本司法書士会連合会「外国人住民票」検討委員会

  委員長 西山 慶一（京都司法書士会）
      （執筆担当：第1章2、第1章3、第3章1、補章1、2）

  副委員長 姜 信潤（大阪司法書士会）
      （執筆担当：第1章概要、第2章4）

  委 員 高山 駿二（愛知県司法書士会）
      （執筆担当：第1章1、第2章1、第2章3、第3章2、
      補章概要）

  委 員 北田五十一（大阪司法書士会）
      （執筆担当：第3章概要、第2章2）

  委 員 大和田 亮（福島県司法書士会）
      （執筆担当：第2章概要、第1章4）

〔資料整理〕 西山慶一、高山駿二、北田五十一
〔要領通達整理〕 西山慶一、高山駿二、北田五十一、
      姜信潤、大和田亮

〔編者所在地〕

日本司法書士会連合会

〒160-0003　東京都新宿区本塩町 9 - 3
☎ 03-3359-4171(代)　FAX 03-3359-4175
http://www.shiho-shoshi.or.jp/

「外国人住民票」その渉外民事実務上の課題と対応

平成25年 6 月21日　第 1 刷発行

定価　本体 2,100円（税別）

編　者　日本司法書士会連合会「外国人住民票」検討委員会
発　行　株式会社　民事法研究会
印　刷　株式会社　太平印刷社

発行所　株式会社　民事法研究会
　　　　〒150-0013　東京都渋谷区恵比寿 3 － 7 －16
　　　　〔営業〕☎03－5798－7257　FAX03－5798－7258
　　　　〔編集〕☎03－5798－7277　FAX03－5798－7278
　　　　http://www.minjiho.com/　info@minjiho.com

カバーデザイン／袴田峯男　ISBN978-4-89628-874-2 C2032 ¥2100E
組版／民事法研究会（Windows7 64bit+EdicolorVer9+MotoyaFont+Acrobat etc.）
落丁・乱丁はおとりかえします。

■12のモデルケースを通して戦略的事件解決の思考と手法が獲得できる！■

事例に学ぶ
離婚事件入門
―紛争解決の思考と実務―

離婚事件研究会 編

Ａ５判・348頁・定価 2,940円（税込 本体2,800円）

▷▷▷▷▷▷▷▷▷▷▷▷▷▷▷▷ **本書の特色と狙い** ◁◁◁◁◁◁◁◁◁◁◁◁◁◁◁◁

▶熟年離婚、ＤＶ、内縁関係の解消などさまざまなケースを通して戦略的事件解決の思考と手法を獲得する実践的手引書！
▶本書を通読、または必要とする事案を読むことで離婚事件の処理を疑似体験し、事件終結に至る思考プロセスをたどり、実務家に不可欠となる問題点把握能力や事案処理遂行能力を高め、若手法律実務家のＯＪＴを補完する！
▶第１編では、戦略的思考の重要性という視点から、ヒアリング時の心がまえ・留意点を中心とした手続を解説！
▶第２編では、離婚事件の３大争点である愛情（離婚原因）、子ども（親権・監護権者指定、面会交流）、金（慰謝料、財産分与、年金分割）を踏まえ、相談から解決に至る離婚処理事件の流れや思考プロセスをドキュメンタリー形式で解説！
▶これから事件に取り組む弁護士、司法書士、修習生等必読書！

本書の主要内容

第１編 はじめに
　　―「戦略的離婚紛争解決」のススメ
第２編 離婚事件の現場
　　―モデルケースを素材として
　第１章　当事者の逡巡と代理人の対応
　第２章　離婚原因の存否と和解離婚
　第３章　性交渉拒否は「婚姻を継続し難い重大な事由」にあたるか
　第４章　慰謝料の相場
　第５章　財産分与請求・慰謝料請求の行使期間
　第６章　拡大する紛争―慰謝料請求、子の引渡し、財産分与、面会交流、刑事事件
　第７章　監護権・親権
　第８章　離婚原因・親権の争い方
　第９章　ＤＶ（ドメスティック・バイオレンス）事件・保護命令
　第10章　離婚事件における保全手続・障害を有する子の生活費
　第11章　内縁・婚姻予約の解消
　第12章　判決による離婚

発行　**民事法研究会**

〒150-0013　東京都渋谷区恵比寿3-7-16
（営業）TEL. 03-5798-7257　FAX. 03-5798-7258
http://www.minjiho.com/　info@minjiho.com

■家事事件手続法に対応し、書式も最新の様式を反映させ改訂！■

相続人不存在の実務と書式〔第2版〕

水野賢一 著

A5判・285頁・定価 2,835円（税込 本体2,700円）

▷▷▷▷▷▷▷▷▷▷▷▷▷▷▷▷ 本書の特色と狙い ◁◁◁◁◁◁◁◁◁◁◁◁◁◁◁◁

▶相続財産法人の成立要件、相続財産管理人の選任、相続財産管理人の実務、権限外行為の許可、各種公告・催告、弁済、特別縁故者への分与、国庫帰属、終了まで、手続の流れに沿ってわかりやすく解説！
▶書式は通常のものと家庭裁判所備付用紙のものと両方を掲載！
▶実務上重要な判例については、コラム欄を設けて事案・判旨を紹介しコメントを付すとともに、実務上留意すべき点については、参考となる判例を掲載し、わかりやすく解説！
▶相続人不存在事件にかかわる弁護士、司法書士等の実務家にとって必携となる手引！

❀❀❀❀❀❀❀❀❀❀❀❀❀❀ 本書の主要内容 ❀❀❀❀❀❀❀❀❀❀❀❀❀❀

第1章 相続財産の管理
第2章 相続財産法人の成立
第3章 特別代理人の選任
第4章 相続財産管理人の選任
第5章 相続財産管理の実務
第6章 権限外行為の許可
第7章 相続債権者および受遺者への請求申出の公告・催告

第8章 弁済
第9章 相続人の権利主張催告の公告
第10章 相続人の出現
第11章 特別縁故者に対する相続財産の分与
第12章 共有（準共有）者、共同相続人への帰属
第13章 相続財産管理人の報酬
第14章 国庫帰属
第15章 相続財産管理人の任務の終了

発行 民事法研究会

〒150-0013 東京都渋谷区恵比寿3-7-16
（営業）TEL. 03-5798-7257　FAX. 03-5798-7258
http://www.minjiho.com/　info@minjiho.com

■すべての問題に適切に対処できる実践的手引書を大幅増補！■

詳解 職場のメンタルヘルス対策の実務〔第2版〕
―関連書式から訴訟実務・判例まで―

坂本直紀・深津伸子・大濱正裕・ランスタッド株式会社 EAP総研　編著

Ａ５判・531頁・定価 5,040円（税込 本体 4,800円）

▷▷▷▷▷▷▷▷▷▷▷▷▷▷▷▷▷▷▷ **本書の特色と狙い** ◁◁◁◁◁◁◁◁◁◁◁◁◁◁◁◁◁◁◁

▶精神疾患の予防、発症時の対応から紛争解決の指針まで明示した決定版！

▶第２版では、厚労省新認定基準に対応するとともに、実務担当者を悩ませる最新のテーマについてのＱ＆Ａ、訴訟実務・判例分析を追録し、大幅増補！

▶過重労働・ハラスメントの労災認定、復職可否をめぐる適切な対応策と類型ごとの紛争処理の指針、EAPの活用などを立体的・有機的に関連させて詳解！

▶職場のメンタルヘルスに取り組んでいる人事・労務担当者、経営者、法律実務家などあらゆる関係者にとって極めて至便！

❖❖❖❖❖❖❖❖❖❖❖❖❖❖❖❖❖ **本書の主要内容** ❖❖❖❖❖❖❖❖❖❖❖❖❖❖❖❖❖

第１部　事前対策・事後対応
　第１章　メンタルヘルスとは
　第２章　事前の予防策〜心の病を防ぐ諸対策
　第３章　事後の対応策〜社員が心の病を発症したら
　第４章　メンタルヘルスをめぐる訴訟実務
第２部　現場のケーススタディＱ＆Ａ
　　　　―EAPの活用も含めて―
　Ｑ１　社内のメンタルヘルス対策
　Ｑ２　残業の抑制、社員の健康管理の増進
　Ｑ３　メンタルヘルスに関する労災請求
　Ｑ４　社内でのコミュニケーションの円滑化
　Ｑ５　ハラスメント相談窓口
　Ｑ６　リハビリ出勤
　Ｑ７　海外でのうつ病
　Ｑ８　出向社員のメンタル不調
　Ｑ９　派遣労働者のメンタル不調
　Ｑ10　産業カウンセラーの活用
　Ｑ11　退職勧奨
　Ｑ12　メンタルヘルス紛争のリスク回避
　Ｑ13　残業削減が困難な場合のリスク回避
　Ｑ14　EAPの考え方と具体的な取り組み
　Ｑ15　メンタル不全者に対するEAPカウンセリングの具体例
　Ｑ16　システムズ・アプローチによる問題解決
　Ｑ17　リチーミング研修による問題解決
　Ｑ18　非定型うつ（新しい型のうつ）と対応

発行　**民事法研究会**

〒150-0013　東京都渋谷区恵比寿3-7-16
（営業）TEL. 03-5798-7257　FAX. 03-5798-7258
http://www.minjiho.com/　info@minjiho.com